当 代 中 国 和 平 理 论

THE CONTEMPORARY CHINA'S
THEORY OF PEACE

当代中国和平理论

THE CONTEMPORARY CHINA'S
THEORY OF PEACE

张　钊◎著

新　华　出　版　社

图书在版编目（CIP）数据

当代中国和平理论 / 张钊著

北京：新华出版社，2015.6

ISBN 978-7-5166-1745-8

Ⅰ.①当… Ⅱ.①张… Ⅲ.①和平学—研究—中国—现代

Ⅳ.①D068

中国版本图书馆CIP数据核字（2015）第123021号

当代中国和平理论

作　　者：张　钊

出 版 人：张百新　　　　　　　责任编辑：王　婷

封面设计：伍民力　　　　　　　责任校对：刘保利

责任印制：廖成华

出版发行：新华出版社

地　　址：北京石景山区京原路8号　　邮　　编：100040

网　　址：http：//www.xinhuapub.com　　http：//press.xinhuanet.com

经　　销：新华书店

购书热线：010-63077122　　　　中国新闻书店购书热线：010-63072012

照　　排：新华出版社照排中心

印　　刷：北京凯达印务有限公司

成品尺寸：165mm×230mm

印　　张：19　　　　　　　　　字　　数：200千字

版　　次：2015年6月第一版　　　印　　次：2015年6月第一次印刷

书　　号：ISBN 978-7-5166-1745-8

定　　价：36.00元

图书如有印装问题，请与出版社联系调换：010-63077101

目 录

摘 要 ……………………………………………………………001

绪 论 和平：一个重大但又容易被忽略的根本理论问题………001

一、问题的提出 ………………………………………………002

二、有关文献综述 ……………………………………………009

三、开展研究的总体设想 ……………………………………027

第一章 人类和平历程与和平理论的总体考察 ………………034

第一节 人类和平的历史概况 ………………………………035

一、作为人类与生俱来文明因子的原始和平 ……………035

二、古代以"征服—同化"方式实现和平 ………………038

三、近现代以缔结条约形式实现"均势—霸权"和平 …043

四、当代以和平力量积极维护和努力缔造持久和平 ……048

第二节 和平观念的起源及历史脉络 ………………………052

一、西方和平思想的历史演化 ……………………………053

二、中国和平思想的深厚传统 ……………………………068

第三节 马克思主义在人类和平思想史上的重大进步 ……078

一、马克思恩格斯提出的科学的和平理论 ………………078

二、列宁斯大林对和平理论在20世纪前期的推进 ………084

第二章　当代中国和平理论的形成和发展⋯⋯⋯⋯⋯⋯090

第一节　新中国成立及社会主义建设初期的和平理论⋯⋯⋯091

一、新中国成立及社会主义建设初期和平问题的历史背景⋯092

二、毛泽东关于和平的理论⋯⋯⋯⋯⋯⋯⋯⋯⋯⋯095

第二节　我国改革开放前期的和平理论⋯⋯⋯⋯⋯⋯⋯102

一、我国改革开放前期和平问题的时代背景⋯⋯⋯⋯⋯102

二、邓小平关于和平的理论⋯⋯⋯⋯⋯⋯⋯⋯⋯⋯106

第三节　冷战结束的新形势下的中国和平理论⋯⋯⋯⋯⋯113

一、冷战结束的新形势下中国和平问题的时代背景⋯⋯⋯113

二、江泽民关于和平的理论⋯⋯⋯⋯⋯⋯⋯⋯⋯⋯117

第四节　党的十六大、十七大期间中国和平理论的新发展⋯⋯123

一、党的十六大、十七大期间中国和平理论发展的

时代背景⋯⋯⋯⋯⋯⋯⋯⋯⋯⋯⋯⋯⋯⋯123

二、胡锦涛关于和平的理论⋯⋯⋯⋯⋯⋯⋯⋯⋯⋯126

第五节　党的十八大以来中国和平理论的进一步深化⋯⋯⋯132

一、党的十八大以来影响中国和平理论发展的

国际国内总体形势⋯⋯⋯⋯⋯⋯⋯⋯⋯⋯⋯132

二、习近平关于和平的理论⋯⋯⋯⋯⋯⋯⋯⋯⋯⋯135

第三章　当代中国和平理论的科学体系⋯⋯⋯⋯⋯⋯⋯143

第一节　当代中国和平理论的本质与基本特征⋯⋯⋯⋯⋯144

一、当代中国和平理论的本质⋯⋯⋯⋯⋯⋯⋯⋯⋯⋯144

二、当代中国和平理论的基本特征⋯⋯⋯⋯⋯⋯⋯⋯154

第二节　当代中国和平理论的基本定位⋯⋯⋯⋯⋯⋯⋯159

一、当代中国和平理论的历史方位 ··························159

二、当代中国和平理论的全球定位 ··························162

三、当代中国和平理论的时代背景 ··························165

第三节　当代中国和平理论的主体架构 ······················168

一、和平与发展是当今时代的主题 ··························169

二、和平发展道路 ··171

三、独立自主的和平外交政策 ······························172

四、和平共处的国际关系准则 ······························173

五、积极防御的国防战略 ··································174

六、和平统一的两岸政策 ··································177

第四节　当代中国和平理论的行动规范 ······················179

一、当代中国和平理论的行动框架 ··························179

二、当代中国维护和平的行动原则 ··························184

第四章　当代中国和平理论与世界和平 ····················189

第一节　当今世界的和平架构及其与
　　　　中国和平理论的关系 ····························189

一、当今世界和平架构的现状 ······························190

二、影响当今世界和平架构的主要因素 ····················195

三、当今世界和平架构与中国和平理论的关系 ··············204

第二节　当代西方主要和平理论及其与中国和平理论的关系 ···209

一、当代西方主要和平理论 ································209

二、当代中国和平理论与西方和平理论的差异分析 ··········226

第五章　当代中国和平理论面临的挑战和发展趋势·················232

第一节　当前困扰中国和平状况的主要理论流派·················232

一、遏制论···233

二、和平演变论···234

三、中国威胁论···235

四、中国责任论···237

五、干涉主义···239

六、"台独"论···240

七、恐怖主义、分裂主义、极端主义·····························241

八、民粹主义、激进主义···243

第二节　当代中国和平理论发展需要解决的问题·················245

一、处理好自身和平发展与世界和平发展的关系·················245

二、加强世界话语权竞争，参与世界话语权建设·················246

三、解决和平理论与国内思潮的关系·······························249

第三节　当代中国和平理论的发展前景·····························251

一、在中国特色社会主义理论体系中占据愈益重要的地位···251

二、指导中国人民团结一心走和平发展道路·····················253

三、促进世界持久和平、共同繁荣·······························255

结　论　坚持和发展中国和平理论，

　　　　坚定不移走中国和平发展道路·····························258

中外文参考文献···263

CONTENTS

Abstract ·· 001

INTRODUCTION. Peace: A Fundamental but Often–ignored
Theoretical Issue ··· 001

    I. The Raising of the Issue·· 002

    II. Literature Review ··· 009

    III. Research Design ·· 027

CHAPTER 1. General Survey on the Historical
Development and Theories of Human Peace/034

SECTION 1. Introduction to the History of Human Peace ········· 035

    I. The Primitive Peace as Human Inherent Civilized Characteris
      tic ··· 035

    II. Realizing Peace in the way of "Conquering and Assimila
      tion" in the Ancient Time·· 038

    III. Making Peace of "Balance– Hegemony" by Treaties in
      the Modern Times·· 043

    IV. Making and Actively Maintaining Enduring Peace by Peace
      ful Forces in the Contemporary Era ······························· 048

SECTION 2. The Origin and Historical Development of the Idea of
      Peace ··· 052

    I. The Historical Evolution of Western Thoughts of Peace ··· 053

II. The Profound Tradition of Chinese Thoughts of Peace ⋯ 068

SECTION 3. The Important Progress Caused by Maxism in the History of Human Thoughts of Peace ⋯⋯⋯⋯⋯⋯⋯⋯⋯⋯ 078

    I. The Scientific Theory of Peace by Marx and Engels ⋯⋯ 078

    II. Lenin and Stalin's Contribution to the Progression of Peace Theory in the Earlier 20th Century ⋯⋯⋯⋯⋯ 084

CHAPTER 2. The Formation and Development of Contemporary China s Theory of Peace/090

SECTION 1. China's Theory of Peace in the Period of the Establishment and Socialist Construction of the People's Republic of China ⋯⋯⋯⋯⋯⋯⋯⋯⋯⋯⋯⋯⋯⋯⋯⋯⋯⋯⋯⋯⋯ 091

    I. The Historical Background of China's Peace Issues in the Period of the Establishment and Socialist Construction of the People's Republic of China ⋯⋯⋯⋯⋯⋯⋯⋯⋯ 092

    II. Theories and Remarks Concerning Peace by Mao Zedong ⋯⋯⋯⋯⋯⋯⋯⋯⋯⋯⋯⋯⋯⋯⋯⋯⋯⋯⋯⋯ 095

SECTION 2. China's Theory of Peace in the Earlier "Reform and Opening Up" Period ⋯⋯⋯⋯⋯⋯⋯⋯⋯⋯⋯⋯⋯ 102

    I. The Historical Background of China's Peace Issues in the Earlier "Reform and Opening Up" Period ⋯⋯⋯⋯⋯ 102

    II. Theories and Remarks Concerning Peace by Deng Xiaoping ⋯⋯⋯⋯⋯⋯⋯⋯⋯⋯⋯⋯⋯⋯⋯⋯⋯⋯⋯ 106

SECTION 3. China's Theory of Peace under the New Circumstances after the End of Cold War ⋯⋯⋯⋯⋯⋯⋯⋯ 113

    I. The Historical Background of China's Peace Issues under the New Circumstances after the End of Cold War ⋯⋯ 113

    II. Theories and Remarks Concerning Peace by Jiang Zemin ⋯⋯⋯⋯⋯⋯⋯⋯⋯⋯⋯⋯⋯⋯⋯⋯⋯⋯⋯⋯ 117

SECTION 4. The New Development of China's Theory of Peace between the 16th and 17th National Congress of Communist Party of China ·· 123

    I. The Historical Background of the Development of China's Theory of Peace between the 16th and 17th National Congress of Communist Party of China ························· 123

    II. Theories and Remarks Concerning Peace by Hu Jintao··· 126

SECTION 5. The Improvement of China's Theory of Peace since the 18th National Congress of Communist Party of China ········· 132

    I. The International and Domestic Situation Influencing the Development of China's Theory of Peace since the 18th National Congress of Communist Party of China ··············· 132

    II. Theories and Remarks Concerning Peace by Xi Jinping ··· 135

CHAPTER 3. The Scientific System of Contemporary China s Theory of Peace/143

SECTION 1. The Nature and Characteristics of Contemporary China's Theory of Peace······································ 144

    I. The Nature of Contemporary China's Theory of Peace ··· 144

    II. The Characteristics of Contemporary China's Theory of Peace ··· 154

SECTION 2. The Position of Contemporary China's Theory of Peace ··· 159

    I. The Historical Orientation of Contemporary China's Theory of Peace·· 159

    II. The World Position of Contemporary China's Theory of Peace ··· 162

    III. The Background of times of Contemporary China's Theory

of Peace ·· 165

SECTION 3. The Basic Building Blocks of Contemporary China's Theory of Peace ·· 168

    I. The Judgment that Peace and Development are the Themes of the Present Era ···································· 169

    II. The Path of Peaceful Development ··············· 171

    III. The Independent Foreign Policy of Peace ········· 172

    IV. The International Principles of Peaceful Coexistence······ 173

    V. The Military Strategy of Active Defence ··········· 174

    VI. The Policy of Peaceful Reunification Regarding the Relations across the Taiwan Straits ··················· 177

SECTION 4. The Code of Conduct Included in Contemporary China's Theory of Peace·································· 179

    I. The Framework of Conduct Included in Contemporary China's Theory of Peace ························· 179

    II. The Principle of Conduct of Contemporary China's Maintaining of Peace ·························· 184

CHAPTER 4. The Contemporary China s
Theory of Peace and World Peace/189

SECTION 1. The Structure of Contemporary World Peace and its Relations with China's Theory of Peace ··············· 189

    I. The Status Quo of the Structure of Contemporary World Peace ································· 190

    II. The Main Factors Influencing the Structure of Contemporary World Peace ································· 195

    III. The Relations between the Structure of Contemporary World Peace and China's Theory of Peace ··········· 204

SECTION 2. The Main Contemporary Western Theories of Peace

and its Relations with China's Theory of Peace ·············· 209

  I. The Main Contemporary Western Theories of Peace ····· 209

  II. Analysis of the difference between the Contemporary China'

    s Theory of Peace and the Western Theories of Peace ··· 225

CHAPTER 5. The Challenges and Prospects for the Contemporary China s Theory of Peace/232

SECTION 1. The Main Schools of Theory Disturbing China's

Peaceful Situation ··· 232

  I. The Containment Theory ····························· 233

  II. The "Peaceful Evolution" Theory ················· 234

  III. The "China Threat" Theory ····················· 235

  IV. The "China Responsibility" Theory ··············· 237

  V. Interventionism ································· 239

  VI. The "Taiwan Independence" Theory ··············· 240

  VII. Terrorism, Separatism and Extremism ·············· 241

  VIII. Populism and Radicalism ····················· 243

SECTION 2. The Problems to be Resolved in the Development of

Contemporary China's Theory of Peace ················· 245

  I. How to Deal with the Relations between China's Peaceful

    Development and the World Peaceful Development ········ 245

  II. How to Promote China's Power of International Discourses

    as well as its Participation in the Construction of World Dis

    courses ····································· 246

  III. How to Deal with the Relations between China's Theory

    of Peace and its Domestic Trends of Thought ·············· 249

SECTION 3. The Prospects for the Contemporary China's Theory

of Peace ··· 251

  I. To Take an Increasingly Important Position in the Theoreti cal System of Socialism with the Chinese Characteristics··· 251

II. To Guide the Chinese People's Adhering to the Path of
Peaceful Development in Unity ···························· 253

III. To Promote Enduring Peace and Common Prosperity of the
World ·· 255

CONCLUSION. Upholding and Developing China's Theory of
Peace, Unswerving Adhering to the Path of Peaceful
Development ······························ 258

References ································ 263

摘　要

　　持久和平，是人类亘古不息的梦想。但与轰轰烈烈的战争相比，长时期以来，人类追求和平之路却隐而不彰。直到20世纪中叶之后，追求和平、缔造和平、促进和平、维护和平才成为引领世界和人类进步的时代潮流，和平与发展由此逐渐成为当今时代的主题。当代中国的和平局面亦缔造于此际，当代中国的和平理论在此过程中也逐步形成并发挥着日益重要的作用。

　　本书试图将当代中国的和平理论置于人类历史发展与世界格局变化的大背景下，通过马克思主义的立场、观点和方法，系统论述当代中国和平理论的发展历程、理论体系、当代中国和平与世界和平的关系，以及中国和平理论的发展前景，指出中国必须坚持中国特色的和平之路，为世界持久和平与共同繁荣作出贡献。

本书对人类和平历史进程的分析，是在没有"世界和平史"之类文献可以借鉴的情况下，根据马克思主义的立场、观点与方法，提出人类和平经历了古代以"征服—同化"方式实现和平、近现代以和约形式缔结"均势—霸权"和平，目前已进入以和平力量缔造并积极维护持久和平的阶段，从而确定了当代中国和平问题的历史方位。

本书还系统梳理了马克思主义诞生以来和平理论的发展历程，尤其是马克思主义中国化过程中有关和平的理论，主要包括毛泽东、邓小平、江泽民、胡锦涛、习近平有关和平的理论及论述，并结合相关的时代背景，缕清了当代中国和平理论的主要发展线索和不同历史时期的重点。

在上述研究分析的基础上，对当代中国和平理论进行了系统化尝试，研究了当代中国和平理论的历史方位、世界定位、时代背景、本质特征、主体架构、行动规范等，基本涵盖了当代中国和平理论的方方面面。

本书还注重以全球视野关注当代中国的和平问题，将当代中国和平问题作为世界和平的一个重要组成部分，对中国和平与世界和平进行比较分析，从兼容并包、交叉互动的角度，总结当代中国和平对世界和平的促进。本书力图透过表象，抵近本质，在正本清源的同时，对世界与中国和平的有关思潮做出呼应，并兼顾理论的深透性与实践的客观性。

通过本书的分析论证，可以初步得出以下结论：当代中国和平局面的形成既是人类进步的产物，又是中华民族努力奋斗的结果，二者互为因果；当代中国和平理论是马克思主义中国化的和平理论，既是社会主义的和平理论，又是中国特色的和平理论；未来，中国必须进一步丰富和发展和平理论，坚定不移地走和平发展道路，在抓住世界给予中国的机遇的同时，也把持久和平、共同繁荣的机遇贡献给整个世界。

ABSTRACT

Enduring peace is an everlasting dream for mankind. However, mankind's path of pursuing peace, unlike that of fighting wars, has barely been evidently marked and carefully recorded. Therefore, there is no wonder that as late as in the mid-20th century when the pursuing, making, promoting and maintaining of peace began to gain global momentum, and accordingly peace and development became the theme of modern era. It was from that period that the existing state of peace for contemporary China actually originated and the theory of peace has come into shape and grows increasingly influential.

The book attempts to study contemporary China's theory of peace in the context of historical development of mankind and the evolution of international structure. From the perspective and standpoint of Marxism and by adopting Marxist approaches, the book systematically discusses the development and theoretical system of contemporary China's theory of peace, the relationship between the contemporary China's peace and the world peace as well as the prospects for the development of China's theory of peace, with the conclusion that China must adhere to the path of peace with Chinese characteristics and make its due contribution to the lasting peace and common prosperity of the world.

With little literature for reference on the history of world peace, the book's analysis on human peace process is conducted from the perspective and standpoint of Marxism and through adopting Marxist approaches, pointing out the three phases of human peace development: realizing peace in the way of "conquering and assimilation" in the ancient time; making peace of "balance−hegemony" by peaceful treaties in the modern times; and making and actively maintaining enduring peace by peaceful forces in the current era. Thus, the historical position of contemporary China's peace issues is defined.

The book also systematically reviews the development of the theory of peace since the birth of Marxism and focuses especially on the theory of peace during the process of Marxism localization in China, which mainly includes the theories and remarks concerning peace by the Chinese leaders such as Mao Zedong, Deng Xiaoping,Jiang Zemin, Hu Jintao and Xi jinping. In addition, with a reference to their respective historical background, the book summarizes the thread of development and focuses of the contemporary China's theory of peace in different historical periods.

Based on the above research and analyses, the book attempts

to systemize the contemporary China's theory of peace by conducting a comprehensive research including its historical orientation, world position, background of times, nature and characteristics, major structure and code of conduct, which covers all the elements of the contemporary China's theory of peace.

In addition, the book attaches importance to study the contemporary China's theory of peace from a global perspective. By putting the Chinese peace issues into the whole picture of global peace, the book compares China's peace with the world peace, summarizing the contribution of China's peace to the world peace, through the angle of the interaction with each other. The book attempts to study the nature through its phenomenon and responds to trends of thought on world peace as well as China's peace, with an approach of combining the profoundness in theory and the objectivity in practice.

In conclusion, peace in contemporary China results from both human progress and the consistent strive of Chinese people, with the two factors serving as both cause and effect to each other. Being both a socialist theory of peace and a theory of peace with Chinese characteristics, the contemporary China's theory of peace is a localized Marxist peace theory. In the future, China should further enrich and develop its theory of peace and stick to the path of peaceful development, by both seizing the opportunity provided by the world and presenting chances for lasting peace and common prosperity of the whole world.

和平：一个重大但又容易被忽略的根本理论问题

当前，中华民族正在中国共产党的领导下，朝着中华民族伟大复兴的目标前行。实现中华民族的伟大复兴，是近代以来几代中国人的夙愿，凝聚了中国人民在屈辱中奋起抗争，争取"国家富强、民族振兴、人民幸福"[①]的不懈探索，是"中华民族近代以来最伟大的梦想"[②]。在这个伟大的"中国梦"中，和平问题具有基础性、前提性、理论性、实践性等多重重要意义叠合的性质。中华民族伟大复兴的一个重要内容就是不懈追求和平、创造和平、维护和平、利用和发展和平成果。中华民族的伟大复兴需要和平的国际环境与和谐的国内环境；同时，中华民族的复兴之路必然也是一条和平的发展道路，中国以自身的发展促进世界和平，以此成为影响世

[①] 习近平：《顺应时代前进潮流，促进世界和平发展》，2013年3月24日《人民日报》，第2版。

[②] 《习近平在参观复兴之路展览时强调，承前启后、继往开来，继续朝着中华民族伟大复兴目标奋勇前进》，新华社北京2012年11月29日电。

界格局向和平合作方向发展、推动建立国际社会持久和平的重要因素。可以说，没有和平，就不会有中国今天的辉煌成就；没有和平，也不会有中国未来的长远发展。当代中国的和平问题，是影响世界格局走向和当代中国前途命运的重大问题。当代中国的和平理论，是对中国人追求和平、创造和平、利用和平、维护和平的伟大实践的理论总结与理论指引，是中华民族伟大复兴在和平方面的理论性成果。要深入探索当代中国的和平问题，必须分析当代中国的和平理论，把当代中国的和平理论作为影响世界格局走向和当代中国前途命运的重大课题来研究。只有深入了解当代中国和平理论，世界和中国人民才能更好地理解当代中国的现状，更好地把握中国未来的发展走向。

一、问题的提出

然而，作为理论研究的对象，当代中国和平理论却差强人意。查阅中国国家图书馆的库存，迄今中国没有以"中国和平理论""中国和平问题"为题的图书出版；拥有中国期刊全文数据库、中国博士学位论文数据库、中国优秀硕士学位论文全文数据库、中国重要报纸全文数据库和中国重要会议论文全文数据库等数字化资源的"中国知网"，也检索不到含有"中国和平理论""中国和平问题"字眼的文献。而与此同时，与"中国和平"有关的文献却浩如烟海。在国家图书馆的中文文献库中以"和平"为主题词进行检索，可以检索到6600本著作；再加上"中国"进行二次搜索，可以搜索到3900本著作。"中国知网"以"中国"与"和平"同时搜索，可以搜索到121万份文献资料。大多数文献中，"和平"都有限定词或者并列词，如"和平发展""和平统一""和平演变"等。总之，虽然和平是学者经久不衰的研究主题，但从总体上对当代中国和平问题进行研究的专著和论文却寥寥无几。

造成这一局面的原因何在？

一方面，和平是人类生存与发展最基础、最根本的状态之一，其内涵具有某种程度上的不言自明性，这使研究人员常常使用"和平"一词解释其他概念，但却并不注重"和平"的概念本身。例如，《中国大百科全书》中就没有"和平"词条，与和平有关的词条包括"和平学""和平发展""和平文化""和平主义""和平共处"等①；《不列颠百科全书》中也没有"和平"词条，与和平有关的词条有"和平主义"等②。由于这个原因，甚至有学者认为，没有必要对"和平"的概念进行界定，而应该利用人们对"和平"的共识来创造和平。例如，在西方被称为"和平学之父"的挪威和平学学者加尔通就认为："越是具体地界定和平，其内涵就越丰富，达成的共识就越少。"因此，应该把和平当做一个基础的而非上层的观念③。这在一定程度上影响了人们对和平的研究，国际上如此，中国也是如此。

---

① 《中国大百科全书》（第二版），中国大百科全书出版社2009年版，第9卷第334～336页。

② 《不列颠百科全书》（国际中文版），中国大百科全书出版社2007年版，第12卷第536页。

③ 【挪】约翰·加尔通著：《和平论》，陈祖洲等译，陈仲丹审校，南京出版社2006年版，第3页。

另一方面，人类的和平状态在一定程度上具有庸常的特点，类似于佛教里"无"或"空"的概念，常常需要借助其他概念的衬托才能凸显出来。例如，"战争与和平""暴力与和平"等，是通过与和平逆向的概念来描述和平；"和平与发展""和平与安全"等，是通过与和平顺向的概念来描述和平；"和平发展""和平过渡""和平演变"等，是通过和平的概念界定其他概念；"民主和平论""贸易和平论"等，是通过其他概念来描述和平。总之，和平是空洞的，模糊的，需要通过对比才能勾勒出和平的轮廓。由此导致的结果是，许多研究虽以和平为旨归，着重点却落到"战争""暴力""裁军""国际秩序"等实现和平的相关概念上。

还有一个原因，人类对和平的追求、人类的和平观念虽然古老、历史悠久，但对和平的研究却相对年轻，成果也较少。与战争相比，人类发动战争的能力，似乎远远优于缔结和平的兴趣，因此恩格斯说"战争比和平发达得早"[1]。而世界范围内的和平研究发端于19世纪，美国始于南北战争后期，西欧国家始于19世纪末。1948年，美国曼彻斯特学院成立了世界上第一个和平研究机构。1959年，挪威奥斯陆国际和平研究所成立，并出版了世界上第一种和平研究期刊《和平研究杂志》[2]。而在我国，和平学的研究起步于2001年，2004年南京大学开设了3门和平学课程[3]。专门的和平研究的相对滞后，使得许多其他学科专业到和平领域里跑马圈地。从有利的一面看，这无疑丰富了和平研究的广度与深度；但不利的

---

① 《马克思恩格斯选集》（第二卷），人民出版社1995年版，第27页。

② 刘成：《和平学》，南京出版社2006年版，第1~2页。

③ 刘成：《和平学》，南京出版社2006年版，第10页。

一面则是和平研究打上了许多其他学科的烙痕。尤其是当前中国还没有系统开展以马克思主义及其中国化理论成果为指导的和平研究，因而导致当代中国和平理论总体上的缺位。

然而，由于重大的历史与现实原因，开展当代中国和平理论研究具有相当的必要性与紧迫性。

（一）和平是无数中华民族志士仁人用生命与鲜血换来的胜利果实。为什么战旗美如画，英雄的鲜血染红了它。中华民族的伟大复兴是一个从低谷与屈辱中奋发向上的过程。这个过程绝对不是鸟语花香、细雨和风，而是围绕着剥削与斗争、压迫与反抗、生存与灭亡，充满了激烈的角逐与较量。当前，中国能够拥有一个相对和平的国际环境和和谐稳定的国内环境，无不得益于无数仁人志士用生命与鲜血换来的和平果实。位于中国首都北京市中心的天安门广场是中国人民政治活动的中心，天安门广场正中心耸立的人民英雄纪念碑上，由毛泽东起草、周恩来题写的碑文就记录着中华民族百折不挠、争取和平的历程：

三年以来，在人民解放战争和人民革命中牺牲的人民英雄们永垂不朽！

三十年以来，在人民解放战争和人民革命中牺牲的人民英雄们永垂不朽！

由此上溯到一千八百四十年，从那时起，为了反对内外敌人，争取民族独立和人民自由幸福，在历次斗争中牺牲的人民英雄们永垂不朽！

重温人民英雄纪念碑的碑文，有助于理解和平在中华民族伟大复兴的整个历史全局中的极端重要性。

（二）和平是当代中国改革与发展的前提与基础。当前中国正在共产党的领导下以经济建设为中心，不断深化改革，力争在本世纪中叶全面建成小康社会。中国实行改革开放的一个重要时代前提，是对时代主题的定位从过去的革命与战争转变为当前的和平与发展。1985年左右，邓小平通过对国际政治、世界经济、新科技革命等的细致观察和深刻分析，基本明确了对时代主题的认识。他说："现在世界上真正大的问题，带全球性的战略问题，一个是和平问题，一个是经济问题或者说发展问题。"① 1987年10月，党的十三大在邓小平的思想基础上，明确提出"和平与发展是当代世界的主题"②。如果没有和平稳定的国际和国内环境，中国就不可能集中精力发展自己，造福人民，中国的现代化步伐就有可能推迟或者放缓。进入21世纪后，虽然国际形势错综复杂，世界很不安宁，但和平与发展的时代主题依然未变。2002年11月，在党的十六大报告中，江泽民在对国际国内全局深刻把握的基础上提出21世纪头20年"是一个必须紧紧抓住并且可以大有作为的重要战略机遇期③"。和平正是这个重要战略机遇期的重要前提与基础。

（三）和平是中国对世界未来走向的庄严承诺与责任担当。由于

---

① 邓小平：《和平和发展是当代世界的两大问题》，《邓小平文选》（第三卷），人民出版社1993年版，第105页。

② 《沿着有中国特色的社会主义道路前进：在中国共产党第十三次代表大会上的报告》，《改革开放三十年重要文献选编》（上），中央文献出版社2008年版，第501页。

③ 江泽民：《全面建设小康社会，开创中国特色社会主义事业新局面》，《江泽民文选》（第三卷），人民出版社2006年版，第542页。

和平主要涉及的是国与国之间的关系问题，所以和平问题必然要被置于世界的大背景下进行考量。新中国自诞生以来，始终都是自身和平的坚定维护者，同时也是世界和平的坚定维护者。中国坚定不移地走和平的发展道路，是马克思主义指导思想决定的，是社会主义国家性质决定的，是与第三世界国家和发展中国家休戚与共的历史命运决定的。中国既以自身的和平促进世界和平，又作出了维护世界和平的庄严承诺，在世界和平问题上担当起自身的责任。作为联合国安理会常任理事国，中国主张建立公正合理的国际政治经济新秩序，主张通过对话方式和平解决国际冲突与争端，坚决反对各种形式的霸权主义和强权政治。胡锦涛在党的十八大报告中提出，"中国将坚持把中国人民利益同各国人民共同利益结合起来，以更加积极的姿态参与国际事务，发挥负责任大国作用"，[①] 就体现出中国对维护世界和平的责任担当。

（四）和平是中国应对风险和挑战、维护中华民族生存与福祉的立场与追求。和平是一个动态的过程，和平始终处于风险与挑战、安全与冲突角逐的漩涡中。要维护中华民族的生存与福祉，中国必须坚定不移地把和平作为追求目标，通过参与世界和平的建设，实现自身的和平与安全。尤其是在当前世界正在发生深刻复杂变化的大背景下，大国关系深刻调整、各方利益诉求错综复杂、不安全不稳定的热点地区激烈动荡、人类共同安全面临的挑战因素不断增加，中国更应该站在和平、发展、合作、共赢的立场上，通过自身的和平发展，推动世界的持久和平。没有和平的立场，中国在应对

---

① 胡锦涛：《坚定不移沿着中国特色社会主义道路前进，为全面建成小康社会而奋斗》，人民出版社2012年版，第48页。

风险与挑战时就容易误入歧途；没有和平的追求，中华民族的生存与福祉就不会长久。2012年7月，习近平在北京出席"世界和平论坛"时指出，"当今世界总体和平稳定与局部冲突动荡并存、发展与安全的机遇和挑战同在，我们唯有同舟共济、合作共赢，才能逐步实现世界的普遍和平与安全，"① 就反映出中国站在和平的立场上对和平的追求。

同时，在理论层面上，从马克思主义发展史、马克思主义中国化、中国特色社会主义理论体系的丰富性与完整性的角度看，研究当代中国和平理论也具有重大意义。中国革命与建设的社会主义实践是不断丰富与发展马克思主义的过程。通过实事求是、与时俱进、辨伪存真、吸纳来自实践又被实践证实的各种新思想、新方法、新理论，作为科学社会主义理论成就高峰的马克思主义随着中国的不断发展也不断地丰富发展，不断走向新的辉煌。在中国，马克思主义的发展史同时也是马克思主义中国化的历史。自马克思主义随着十月革命的炮声被送入中国以来，马克思主义中国化经历了两次历史性飞跃，第一次历史性飞跃是马克思主义同中国革命与建设的实际相结合，产生的理论成果是毛泽东思想；第二次历史性飞跃是马克思主义同当代中国社会主义现代化建设的实际相结合，产生的理论成果是包括邓小平理论、"三个代表"重要思想、科学发展观等在内的中国特色社会主义理论体系。无论开创性解决了革命与战争问题的第一次历史性飞跃，还是创造性地实践着改革与发展使命的第二次历史性飞跃，当代

---

① 习近平：《携手合作，共同维护世界和平与安全——在"世界和平论坛"开幕式上的致辞》，新华社2012年7月7日电。

中国共产党人在和平问题上的实践与理论探索都占据重要一席。虽然中国共产党的历次重要理论探索都包含和平的内容，都强调和平在理论与实践上的统一，其成果可谓硕果累累，但这些理论大都散布于军事、外交、两岸关系、政党关系、国际关系、国际战略等比较具体的领域和专业之中，迄今没有相对完整、全面、综合的和平理论研究成果。

基于以上现实与理论原因，将当代中国的和平问题作为影响世界格局走向和当代中国前途命运的重大课题进行研究不仅是重要的，而且是必要的。

二、有关文献综述

虽然关于当代中国和平理论的全面性研究成果不多，但因为和平对于中国的重大现实、理论意义，与和平相关的文献材料却异常丰富。

（一）基本情况

1. 中国共产党、中国政府的文献

中国共产党、中国政府的文献是研究当代中国和平问题最丰富、最全面、最权威的文献资料。这类文献资料又可以大致区分为以下三类：

（1）中国领导人的经典论述。此类文献主要包括中国领导人的文集、文选、专题性文摘、年谱、重要讲话等。其中，有关毛泽东和平理论的有关文献可见于《毛泽东选集》（四卷本）《毛泽东文集》（八卷本）《建国以来毛泽东文稿》（八卷本）《毛泽东年谱（1893—1949）》《毛泽东年谱（1949—1976）》《毛泽东外交文选》《毛泽东军事文集》（六卷本）《建国以来毛泽东军事文稿》（三卷本）等；有关邓小平和平理论的有关文献可见于《邓小平文选》（三卷本）《邓小平军事文集》（三卷本）《邓小平年谱》等；有关江泽民和平理论的有关文献可见于《江泽民文选》（三卷本）《江泽民思想年编》等；有关胡锦涛、习近平和平理论的有关文献可见于一些重要讲话单行本，以及《人民日报》《求是》《光明日报》《学习时报》等报刊的相关专文，《习近平谈治国理政》《习近平总书记系列重要讲话读本》等。同时，如周恩来、叶剑英等一些领导人的言论也可以归入此列，可见于《周恩来选集》（二卷本）《周恩来外交文选》《叶剑英选集》《叶剑英军事文选》等。中国领导人的和平理论主要见于其有关外交与军事领域的言论。这些言论可以反映出当代中国和平理论的主要思想、基本判断、通盘考虑、整体框架，理论性强，高屋建瓴，言简意深，常常带有鲜明的个人风格，是当代中国和平理论的重要研究对象，并常常可以起到画龙点睛的作用。

（2）中国共产党、中国政府的其他文件。此类文献包括中华人民共和国法律法规、中国共产党的历届代表大会报告、中国政府历年的政府工作报告等，以及中国政府发布的白皮书等。从新中国成立之际的《共同纲领》，到历次宪法，中国都表明了和平建国、和平发展的理念。一些涉及中外关系、国家统一、领土主权权益的法律，也都在申明我国权益的同时坚持中国的和平主张。在中国重要会议的报告中，均有涉及和平的理论判断，一般集中于对形势的整体判断、外交工作、军队与国防建设、祖国统一等问题的表述中。由于这些会议定期召开，规律性强，报告内容精炼准确，通过对这些会议报告有关内容的研究，有助于我们把握中国和平理论发展的脉络和重点，掌握权威、规范的理论表述。

白皮书是官方机构正式发表的重要报告与文件，因封面只以白色装饰而简称"白皮书"。我国自1991年首次发布白皮书以来，许多白皮书均与和平相关，如《台湾问题与中国的统一》（1993年）、《中国的军备控制与裁军》（1995年）、《中国的防扩散政策和措施》（2003年）等。1998年，中国首次发布《中国的国防》白皮书，此后每两年发布一次，对于世界了解中国国防的防御性与和平目的具有重要文献价值。2013年4月，中国发布《中国武装力量的多样化运用》白皮书，首次以专题形式发布国防白皮书。特别是2005年发布的《中国的和平发展道路》白皮书和2011年发布的《中国的和平发展》白皮书，均在标题中点明了中国走和平发展道路的决心与方向，内涵丰富，涉及面广泛而全面，是开展和平理论研究的重要的权威文献。另外，自1987年以来，中国外交部每年编辑出版一本《中国外交》，对中国的外交政策和中国对国际形势的最新看法均有比较准确的阐述，对前一年中国外交的状态也有比较系统完整的介绍，虽无白皮书之名，但实际作用与白皮书相类。

（3）重要官员的言论，包括中国的重要官员对一些重要事件的表态、重要外事会见活动的表态、新闻发布会的应对、权威性的理论文章等。此类文献主要与中国涉外事务有关，有时也与港、澳、台、西藏、新疆事务有关。此类文献表明了中国共产党、中国政府的立场、观点，但并不以正式的文件的方式发表，而是通过谈话、会见、回答记者提问，以及发表理论文章等方式。此类文献大都针对具体事件，特别是外交部的新闻发布会更是以具体事件为主，但从中可以看到中国共产党、中国政府处理和平问题的具体情况。国家领导人在外事会见时的讲话一般不会刊载于文集中，尤其是江泽民、胡锦涛、习近平等领导人的外事言论，主要见于新闻消息，但却反映出中国以和平和对话的方式处理国际问题的立场和方法。这些文献大都以新华社、《人民日报》新闻方式发表，但在一些官方网站如外交部的网站还有更详细、全面的内容。针对一些重要政策性问题，一些重要官员还会选择发表理论性文章的方式阐明中国共产党、中国政府的立场。此类文章见于《人民日报》《求是》杂志等。从这些文章中可以看到系统、全面、理论性强的中方观点。如2010年10月党的十七届五中通过十二五规划后，戴秉国发表的理论文章《坚持走和平发展道路》[1]，就在国际上引起很大关注。基辛格在《论中国》中还专门辟出一个小节予以转述、分析[2]。

2. 理论热点

学术界、理论界对当代中国和平问题研究成果也比较丰富。根据当代中国和平问题研究可能涉及的有关问题，通过检索"中国知网"刊载的理论文章主题词的方式，可以对当代和平问题的理论"热"度做以下简单统计[3]：

---

[1] 戴秉国：《坚持走和平发展道路》，选自《〈中共中央关于制定国民经济和社会发展第十二个五年规划的建议〉辅导读本》，人民出版社2010年版，第72~90页。

[2] Henry Kissinger, On China, USA：The Penguin Press，2011，p.508~513。

[3] 检索数据截至2013年1月13日。

单一主题词检索	论文篇数	复合主题词检索	论文篇数
和平	112601	和平+中国	30413
和平统一	8753	和平+战争	11947
和平发展	7610	和平+民主	6293
时代主题	6620	和平+冲突	4236
安全环境	6610	和平+自由	3993
和平演变	4204	和平+邓小平	3921
和谐世界	3708	和平+毛泽东	3515
和平共处	3503	和平+马克思	3102
和平崛起	2932	和平+国际关系	3088
国际秩序	2845	和平+正义	1775
战争与和平	1616	和平+江泽民	1746
持久和平	1138	和平+胡锦涛	1665
新安全观	1115	和平+中日	1453
和平外交	1067	和平+周恩来	1326
和平运动	747	和平+中美	1290
和约	673	和平+和解	603
永久和平	512	和平+国际秩序	507
民主和平	389		
和平条约	351		
和平过渡	255		
霸权稳定	165		
和平学	114		
和平理论	90		

上述统计结果大致可以反映出理论界对当代中国和平问题的关注程度：

（1）和平发展问题，与之相关的是和平崛起问题，这个问题涉及中国将选择怎样的发展道路。此外，持久和平、共同繁荣的和谐世界是胡锦涛担任总书记期间提出的关于世界和平的理想图景；和平共处、和平外交是中国一贯坚持的外交理念，体现出中国对自身和平与世界和平的观念。上述问题也与和平发展问题相关，是理论界讨论较多的热点问题。

（2）时代主题问题，更完整的表述是"和平与发展是当今时代的主题"，是我国对全球性战略趋势的判断，奠定了中国和平发展的理论基础，理论界对此多有关注。

（3）国家因素，这是影响和平问题的根本要素之一，这与国家领导人对和平的观点息息相关，因此研究中国的和平理论离不开毛泽东、邓小平、江泽民、胡锦涛、习近平对和平问题的阐述，也离不开马克思、恩格斯、列宁、斯大林等马克思主义经典作家在和平问题上的立场、观点和方法。

（4）战争问题，战争与和平向来被认为是硬币的两面，研究战争问题必然要涉及和平，研究和平问题必然要涉及战争。由于战争问题对和平具有重大的决定性影响，所以理论界常常将战争与和平结合起来进行研究。第二次世界大战之后，战争往往表现为局部战争与武装冲突，和平问题也开始与安全问题息息相关，因此，和平与冲突的关系、安全环境、中国倡导的新安全观等也往往成为理论界从相反的方向研究和平问题的切入点。

（5）和平问题主要涉及国与国之间的状态问题，这属于宏观的国际关系的范畴。由于和平问题具有强烈的实践性色彩，因此，理论界对和平问题的研究往往与国际秩序、国际关系、中日关系、中美关系、中国与周边国家关系联系在一起。这些问题都得到了理论界的持续关注。

（6）如果说和平与战争、安全与冲突是从相对立的角度切入和平问题的话，那么，和平与正义、和平与民主、和平与自由、和平与和解则是从相近与相关的角度对和平问题的切入。这些问题的理论色彩比实践色彩更加强烈，往往由西方学术界提出理论观点，然后传入中国，引起中国理论界的关注。如"民主和平论"即由美国学者梅尔文·斯莫尔（Melvin Small）与戴维·辛格（J. David Singer）在1976年提出，后来成为影响很大的理论①。

霸权问题与和平问题相关度很高，但理论界对霸权的作用却存在相反的观点。一种观点认为霸权损害了和平，是影响世界和平稳定的消极因素；另一种观点则提出了"霸权稳定论"，指出世界的和平状况需要有一个超强的国家力量维护和保护，失去霸权的操控，世界将陷入冲突与混乱。秉持前一种观点的学者主要来自第三世界国家和发展中国家，包括社会主义国家、拉美一些国家、中东一些国家。我国学者大都支持这一观点，俄罗斯学者也比较认同这一观点。这些学者认为，多极化比霸权更有利于促进世界和平。美国及其盟国的学者一般比较认同后一种观点，并将其追溯到"罗马统治下的和平"时代，认为存在着从"罗马统治下的和平"到"荷兰统治下的和平""英国统治下的和平""美国统治下的和平"的历史脉络②。

上述6个方面的学术文献基本上可以从宏观的"历史—现在""世界—中国"的轴线上涵盖当代中国和平理论研究需要关注的主要

---

① 详见第四章第二节等有关章节。

② 详见第四章第二节等有关章节。

问题。但在考察相关文献时也不应该忽视以下与和平密切相关的问题：

——和平统一问题。理论界对和平统一问题的研究很多。我国的和平统一问题主要指对台的方针政策，这是中国自身的和平问题，虽然与国际因素有关，但总体上属于中国国内事务范畴。和平统一问题当然可以归属于当代中国的和平问题，但只应作为其中相对完整的一个局部问题。和平统一问题体现了我国在统一问题上的和平立场，与我国在处理国与国之间关系问题上的和平立场是一脉相承的。

——裁军、军控、防扩散问题。在国际上，裁军、军控、防扩散问题属于重要的和平问题范畴。这些问题起源于欧洲列强的军备竞争，迄今已超过百年，直到今天仍然备受瞩目。如伊核问题、朝核问题等都随时牵动着国际战略的敏感神经。但正因为上述问题的重要性与国际影响，无论国内还是国际都有专门的机构从事相关研究，或者进行实务磋商，如国际上有国际原子能机构，国内有外交部的军控司、中国军控与裁军协会等。中国军控与裁军协会还每年编写《国际军备控制与裁军》报告，介绍这一领域的最新情况。所以这个方面的研究已经进入专业化、技术化的阶段。在研究当代中国和平理论时，除了从大的国际背景或者从国际战略的角度涉及上述问题外，将不涉及这个方面具体的技术、政策与国际条约法规。

——和平演变与和平过渡问题。和平演变是西方资本主义、帝国主义势力企图颠覆社会主义政权而采取的长期政策，从上个世纪中后期开始一直延续至今。苏东剧变一直被认为是和平演变政策的成功范例。我国也始终处于和平演变与反和平演变的前沿。和平演变主要指利用和平手段、而不是战争手段，如政治的、经济的、文化的手段促使社会主义国家放弃社会主义、共产主义理想而采取资本主义政策，促使社会主义国家结束共产党的执政与领导。这与当代中国和平理论研究涉及的战争与和平、安全与冲突等问题无论在学理上还是在现实中均有较大区隔。因此，本文除了在第五章第一节有关中国和平的威胁因素中论及和平演变问题外，将基本上不涉及这一问题。

与和平演变相对应的是和平过渡。和平过渡与和平变革、议会和平斗争等涉及马克思恩格斯后期关于资本主义向社会主义过渡的方式问题。这一问题国内外学者均有关注。[①]中国有学者认为，马克思恩格斯在19世纪70年代以前集中探讨暴力革命，此后转而集中探讨和平过渡问题。[②]还有的学者从经济学的角度解读马克思恩格斯晚年的"和平变革"思想，认为科学技术的发展推动社会化大生产与资本互动，导致传统意义上的资产阶级和工人发生变化，"知识型"工人阶级成为新的"社会革命"的重要力量，股份制公司及工人自己的合作工厂使"和平变革"成为可能。[③]但也有许多学者不认为存在上述马克思恩格斯思想的转变。学者张飞岸认为，恩格斯晚年只是把议会斗争作为一种暂时的斗争策略，并没有否定革命，

[①] 如法国学者雅克·泰克西埃在其著作《马克思恩格斯论革命与民主》（社会科学文献出版社2012年版，姜志辉译）附录中专门列举了有关和平过渡的文献目录。

[②] 居阅时：《19世纪70年代后马克思关于和平过渡理论的形成》，《华东理工大学学报》（社科版）1999年第3期，第95~99页。

[③] 王盛辉：《"和平变革"思想的经济学解读》，《华东理工大学学报》（社会科学版）2007年第2期，第79~84页。

那些提倡议会斗争的改良主义者把社会主义的价值局限于经济利益，阉割了马克思主义的革命锋芒，给国际共产主义运动带来了很大的负面影响。①学者奚兆永认为，恩格斯晚年放弃暴力革命的论断完全违背了恩格斯有关论述的精神，在恩格斯看来，希望"和平长入社会主义"就像"虾要挣破自己的旧壳那样"，但事实上，要"用暴力来炸毁这个旧壳"②。无论如何，和平过渡也基本上不属于当代中国和平问题的考察范畴。

——和平运动、和平理论、和平学问题。理论界对和平运动、和平理论、和平学的研究较少，主要原因是中国还没有这方面的专门学科。但放眼全球，和平运动与和平学、和平理论却从实践与理论两个方面相互响应，影响很大，是一种不可忽视的国际思潮。事实上，中国也曾经是和平运动的积极参与方。新中国成立前后，中国积极参加第一届、第二届世界保卫和平大会，是世界和平运动的积极参与者。③到今天，中国仍然宣称中国是坚定的和平力量。将当代中国的和平理论放到世界和平学的大框架之中进行研究，无论从文献还是从学理的角度看，都是合理的、适当的。

---

① 张飞岸：《恩格斯晚年的合法斗争思想》，《马克思主义研究》2007年第7期，第84~88页。

② 奚兆永：《恩格斯晚年放弃暴力革命了吗?》，《红旗文稿》2007年第10期，第4~6页。

③ 事实上，世界保卫和平大会具有很强的冷战背景，中国的参与与苏联有密切关系，也带有很强的冷战时期的色彩。详见资中筠《从"牢不可破"到反目成仇》，《炎黄春秋》2014年第12期，第24~33页。

3. 争议较多的两个理论问题

有关和平理论的争议问题存在着宏观与微观、历史与现实等角度的区分。如和平统一问题就包含着通过和平发展实现统一与不放弃武力手段的辩证关系，但在整个和平问题框架内，这些问题总体上属于微观范畴；暴力革命与和平过渡问题，无论在第一共产国际、第二共产国际时期，还是在苏联时期、新中国建设初期，都属于重大而紧迫的现实问题，但到了今天已经与现实的政治与战略环境相距甚远了。总体而言，从宏观的、现实的角度看，当代中国和平理论方面存在两个比较突出的争议问题：（1）和平与发展是"时代"还是"时代主题"问题；（2）和平崛起问题。

（1）和平与发展是"时代"还是"时代主题"问题

"和平与发展是当今时代的主题"，这是中国特色社会主义理论体系的重要组成部分，因为"建设中国特色社会主义，是与世界形势的新发展和时代主题的转换密切联系在一起的"。[①] 中国共产党对时代主题的这一判断始于上世纪80年代中期。1984年5月29日，邓小平在会见巴西总统菲格雷多时指出："现在世界上问题很多，有两个比较突出。一是和平问题……二是南北问题。"[②] 之后，中国共产党逐渐形成了"和平与发展是时代主题"的共识。

但有的学者认为，"和平与发展是时代主题"与"我们已经进入和平与发展时代"具有同等意义。这方面的学者以社科院日本研究

---

① 罗文东主编，吴波、代金平副主编：《中国特色社会主义理论体系新论》，人民出版社2008年版，第27页。

② 《邓小平文选》（第三卷），人民出版社1993年版，第56页。

所原所长何方为代表。何方说，他于1986年首先提出和平与发展时代问题，"在国内以至世界上都可算得上第一个吃螃蟹的人"。[①] 但这种观点并没有得到中国共产党和中国政府相关文献的认同，在相关文献中没有"和平与发展时代"的提法，通行的只是"和平与发展是时代主题"。2000年前后，科索沃战争以及美军轰炸中国驻南联盟大使馆之后，何方又连续发表文章，认为"早在20世纪50年代，世界即从战争与革命时代进入和平与发展时代"。[②] 何方认为，"我们说和平与发展是当今时代的主题和基本特征，那自然就说明我们处在和平与发展时代，因为不可能存在背离自己主题和基本特征的时代"。[③]

与何方等学者持相反观点的学者认为，时代与时代主题并不等同。其中代表性的观点如中国社科院副院长李慎明认为，"时代和时代主题尽管有着一定的内在联系，但是，这两个概念在内涵和外延上的区别是显而易见的。时代主题是子系统，时代是母系统，两者不能混为一谈。"[④]

之所以会出现这样的分歧，关键区别在于该如何看待对"和平与发展"的威胁因素上。虽然二者都认同"世界大战打不起来"的

① 何方：《什么是时代和时代特征——和平与发展时代问题十讲（之一）》，《社会科学论坛》2011年第9期，第125页。

② 何方：《世界早已进入和平与发展时代》，《世界政治与经济》2000年第4期，第56页。

③ 何方：《什么是时代和时代特征——和平与发展时代问题十讲（之一）》，第131页。

④ 李慎明：《关于战争与和平问题的几点思考》，《中国和平发展与国际战略》，中国社会科学出版社2007年，第55页。

观点，但强调"时代"与"时代主题"等同的一方认为，在和平与发展的时代，即使和平与发展受到了挫折，但总的方向不会改变，不需要言过其实，矫枉过正；而强调"时代"与"时代主题"不能等同的另一方认为，虽然和平与发展是时代主题，但对和平与发展的威胁因素仍然存在，并且仍然可能破坏我国改革开放与和平发展的大局，因此必须居安思危，提高警惕。

总体看，二者的分歧突出表现在世纪之交如何看待中国与世界面临的安全威胁上，虽然二者的观点都强调了和平与发展的时代特征，但前者强调了对时代特征的坚持，而后者在强调坚持这一时代特征的同时提出了应对威胁的考量，因而更加具有辩证色彩。

（2）和平崛起问题

和平崛起的提法始于21世纪初，目前一般认为这一提法由著名理论家郑必坚首先提出。2002年12月，郑必坚率团访问美国时，在同美国人士的接触当中，针对中国威胁论和中国崩溃论在国外有一定市场的情况，开始认为有必要开展关于中国崛起道路的研究。[①]到2003年，国内已经出现一些关于和平崛起的论述。郑必坚提出和平崛起，是以"和平"回答外界的"中国威胁论"，以"崛起"回答外界的"中国崩溃论"，具有很强的对外宣示的色彩。2003年12月，胡锦涛在纪念毛泽东诞辰110周年座谈会的讲话中指出："坚持这条（中国特色社会主义）道路，就要坚持走和平崛起的发展道路，坚持在和平共处五项原则的基础上同各国友好相处，在平等互利的基础上积极开展同各国的交流和合作，为人类和平与发展的崇

---

① 见2004年4月22日郑必坚在中科院研究生院"中国科学与人文论坛"上的演讲。http://tech.sina.com.cn/other/2004-04-22/2013353260.shtml。

高事业作出贡献。"① 2004 年 3 月，在十届全国人大二次会议的记者招待会上，温家宝系统阐释了中国和平崛起的五点要义。②

虽然中国提出 "和平崛起" 的初衷是打消外界对中国经济发展、国家实力持续增强的顾虑，但这个概念提出之后却很快引起不少非议，主要原因是 "和平崛起" 英译 "peaceful rise" 中的 "rise"，在英语中有挑战现有秩序、导致权力失衡的含义，使西方常常联想到 20 世纪前期崛起的德国对英国的挑战、冷战时期崛起的苏联对美国的挑战。美国著名专栏作家、《新闻周报》国际版主编扎卡里亚在《后美国世界》一书中指出："（中国）高级外交官们对全球大谈中国崛起的想法感到畏惧。他们尤其担心那些视中国的崛起为威胁的美国批评者。"③ 由于这个原因，不久之后，虽然中国学者仍然继续使用 "和平崛起" 一词，但在中国共产党、中国政府的正式

---

① 胡锦涛：《在纪念毛泽东诞辰 110 周年座谈会的讲话》，新华社北京 2003 年 12 月 26 日电，http://www.people.com.cn/GB/shizheng/1024/2267174.html。

② 温家宝阐释的和平崛起五点要义包括："第一，中国的崛起就是要充分利用世界和平的大好时机，努力发展和壮大自己。同时又以自己的发展，维护世界和平。第二，中国的崛起应把基点主要放在自己的力量上，独立自主、自力更生，依靠广阔的国内市场、充足的劳动力资源和雄厚的资金积累，以及改革带来的机制创新。第三，中国的崛起离不开世界。中国必须坚持对外开放的政策，在平等互利的基础上，同世界一切友好国家发展经贸关系。第四，中国的崛起需要很长的时间，恐怕要多少代人的努力奋斗。第五，中国的崛起不会妨碍任何人，也不会威胁任何人。中国现在不称霸，将来即使强大了也永远不会称霸。"见《2004 年两会温家宝答中外记者问》，新华社 2004 年 3 月 14 日电，http://news.workercn.cn/contentfile/2010/03/02/085917244561009.html。

③ Fareed Zakaria，The Post-American World，New York：W.W.Norton & Company，p.119。

文件中"和平崛起"开始被"和平发展"取代。郑必坚在接受扎卡里亚采访时谈到"和平崛起"与"和平发展"的异同："概念是相同的，只是用词不同而已。"① 英国《金融时报》也说："2002 年以来，中国政府总是小心翼翼地以'和平发展'来描述中国与外部世界交往的战略。"②

对于中央慎提"和平崛起"而代之以"和平发展"，李肇星的观点具有一定代表性：" '崛起' 似乎暗含带有突然性，而且还会损害别人利益、损人利己。而中国的发展是利己又利人的。这里也可能有一个翻译问题：英文的 'rise' 有 '上升'、'兴起' 等意思，不一定非译成 '崛起' 不可。"③

总之，"和平崛起"概念的提出主要是为了因应中国综合国力不断提高的客观现实，但提出后却没有想到在国际上引起了与初衷相反的揣测与臆断。中国共产党、中国政府的正式文件不再使用这个概念的决定，更加坚定地表明了中国在和平问题上尽可能避免歧义的苦心。

（二）对文献状况的综合分析

总体而言，当代中国和平理论问题研究有关文献的现状与存在的问题是：

① Fareed Zakaria, The Post-American World, New York： W.W.Norton & Company, p.119。

② Kathrin Hille, "Return of warlike rhetoric from China," Financial Times, Jan 22, 2013。

③ 黄卓坚、党建军、毛玉西：《多想想自己的事情，慎提"中国崛起"：专访前外交部长李肇星》，2013 年 1 月 1 日《广州日报》A4 版，http：//gzdaily.dayoo.com/html/2013-01/01/content_2097770.htm。

1. 现状

（1）文献数量庞大、内容丰富全面。战争与和平问题是左右人类发展进程的最重大问题之一。近代以来，人类逐渐探索出缔造和平的方式和手段。特别是上个世纪的两次世界大战以及其后长达半个世纪的冷战时期，和平关乎人类的生存与福祉。中国既是和平的坚定捍卫者，又是受益者。为了有力地维护和巩固和平，中国进行了长期艰苦的斗争和探索，取得了丰硕的成果。所有这些，都留下了数量庞大、内容丰富全面的大量文献资料，成为开展当代中国和平理论研究的极大便利之处。国外也有学者认为："战争变为和平本质上是和平变为战争的反转。导致国家不再彼此交战的原因在解释国家为何开始彼此交战方面必定是适切的。和平的发生大抵遭到那些研究战争原因的人忽视；然而，它较少受到扭曲性的宣传和激情的影响，因而较容易予以分析。"①

（2）内涵明确，权威度高。无论哪个领域的和平问题，一旦人们将关注的视野聚焦于此，一般都会得到比较明确的界定，产生权威度高的论述。如"和平与发展是时代主题"的问题，虽然存在争议，但学界一般都会从马列原著特别是列宁的论述中展开对"时代"的论述，进而通过近代以来资本主义、帝国主义与社会主义的发展演变探寻时代主题的发展轨迹，继而推导出"和平与发展是时代主题"的结论。同样，对于"和平共处五项原则"的研究，都必须追溯到新中国成立初期我国与印度关于国与国之间基本关系准则

① 【澳】杰弗里·布莱内著：《战争的原因》，时殷弘译，商务印书馆2011年版，第5页。

的探讨，以及1955年的万隆会议上面向全世界的宣扬及其产生的巨大影响，而"和平共处五项原则"的内容则是缺一不可、完整全面的"互相尊重主权和领土完整、互不侵犯、互不干涉内政、平等互利、和平共处"。

（3）理论与实践结合紧密，始终处于时代前沿。和平既是人类的美好憧憬与崇高理想，又有赖于人类孜孜以求、并肩携手地创造与维护。在古代，和平常常是强大的军事力量征服之后形成的人类状况；但近代以来，特别是第二次世界大战之后，所有和平局面的形成无不是人类从理论到实践不懈探索、顽强努力的结果；而且，和平问题始终处于时代前沿，时刻与人类生死存亡面临的最棘手问题联系在一起。在理论与实践相结合方面，在因应最前沿的时代挑战方面，当代中国在和平问题上作出了巨大贡献，也产生了大量影响深远的文献资料。

2. 存在的问题

（1）基础理论相对薄弱。虽然有关和平的文献数量庞大，官方色彩浓厚，具有极高的权威性，但在和平的基础理论方面却空泛不实，比较薄弱，也缺乏非常权威的论述。鲜明的例子是，虽然与和平有关的专著和论文汗牛充栋，但直接冠以"和平理论""和平问题"的专著和论文却寥寥无几。与之相关的文献大都设定了"和平"的界定范围，如与"和平"相近的"发展""安全"等，与"和平"相对的"冲突""战争"等，以"和平"来界定的"和平统一""和平共处"等。产生这个局面的主要原因在于"和平"的概念本身比较空泛。虽然国外的和平学是一门显学，但在国内尚处起步阶段，参与者稀少。"和平"本身的论述往往要通过其他问题的论述来完成。基础理论相对薄弱虽然是其不利之处，但也是值得深入研究的空白点。

（2）学科门类归属复杂。与基础理论相对薄弱相关的，是与"和平"有关的理论问题被众多学科门类跑马圈地，不但留下的研究空间有限，而且彼此存在学科隔阂。如"和平统一"问题属于国内问题，涉及国家统一与分裂的战争与和平问题等，而一般所言的"和平"却指涉及国与国之间的战争与和平、冲突与和解问题，二者泾渭分明。那么，研究当代中国的和平理论，究竟要不要涉及"和平统一"问题呢？几经纠结，还是决定必须涉及，而且要作为重要的组成部分之一。这是因为：①和平统一问题虽然是国内问题，但不可否认它同时也是不折不扣的和平问题，研究当代中国和平理论不应将之排斥在外；②从和平学的角度看，当今世界的和平理论已经超越国与国之间的藩篱，以研究"用和平手段实现和平"为主旨，而"和平统一"当然也反映了我国以和平手段实现和平统一的政策，所以纳入中国和平理论的范畴也是合适的。但因为有关和平统一的权威论述已经非常充分，所以在研究中只能从和平统一在中国和平理论整体框架中的地位，以及和平统一对世界和平理论的积极影响等方面寻求突破了。

（3）理论创新面临困难。如上所述，和平统一问题的理论创新存在困难。不但如此，和平发展、和平共处、和谐世界等问题的理论创新都面临困难。在和平研究中，要想做到言前人所未言几乎已无可能。而且，由于和平问题往往事关国与国之间战与和的大局，官方文献的论述既充分又周全，有着明确而严格的界定，只有详尽研究原始文献，才能把握其内涵与真谛。如果望文生义，为了创新而创新，很可能差之毫厘，谬之千里。这一点，尤其需要在开展研究的过程中小心探索，小心求证。

（4）与国际上有关理论的对话交流存在短板。和平问题，无论从国际视野，还是从战略角度，还是从军事斗争的立场看，归根结底，都应该属于政治范畴。凡是与政治有关的，都无可避免地与政治的倾向性有关。和平理论也是如此。西方世界倡导的和平理论并不能完全被中国接受，同样的道理，中国倡导的和平理论也常常受到西方的质疑。而且，与中国仍然属于发展中国家、中国正在成为影响世界格局的新兴国家的状况相伴随的是，中国的和平理论在世界上仍然缺乏话语权，仍然被质疑，同时世界又非常渴望了解中国的和平主张，这就呼唤着中国的和平理论尽快与国际上的有关理论交流对话。既要坚持中国立场，又要让世界理解中国立场，这方面的和平理论仍然比较欠缺。

三、开展研究的总体设想

（一）切入点

1. 探索当代中国和平理论的客观实在性。当代中国的建设发展活动中是否存在和平理论？如果存在的话，这个理论是如何演变而来的，包含哪些内容？这是开展这项研究首先需要回答的问题。在世界范围内，虽然和平人人皆知，人人都盼，但从理论角度对和平研究的历史并不长，直到1959年国际和平研究所在挪威奥斯陆成立，才标志着和平学正式形成。而在中国，迄今没有以中国的建设发展实践为研究对象的和平理论。虽然如此，中国丰富的和平实践，实际上是由一系列理论支撑的，而且这些理论还有进一步发展进一步系统化的可能，因此，探索当代中国和平理论的客观实在性，是开展这项研究的第一个切入点。

2. 研究当代中国和平理论的本质特征。和平是人类存在的一个基本状态，当代中国的和平局面必然是世界整体和平的一个组成部分。同时，当代中国和平理论还必须存在于当代中国的总体理论框架内，即当代中国的和平理论必然是中国特色社会主义理论体系的一个有机组成部分。中国作为社会主义国家，本身就具有追求和平的本质。国外学者也认为："为什么资本主义必然要进行战争？其关键在于帝国主义，这是很明确的。因此，谋求和平的人不仅要反对帝国主义，也必须打破资本主义势力。这是一部分社会主义者和由马克思主义理论武装的革命主义者得出的结论。这里看到的是一种简单的方程式：资本主义=战争；社会主义=和平。"[①] 当代中国和平理论的本质特征既要符合世界和平演变的基本规律，又要具备自身独特性。这样的本质特征究竟是什么，这也是开展这项研究的切入点。

3. 统合当代中国和平理论的基本框架。由于中国已经进行了丰富的和平实践活动，所以开展这项研究不应刻意就和平理论问题创造新的概念、新的理论体系。如果刻意求新，反而可能弄巧成拙，丧失理论的解释能力。对当代中国的和平理论进行研究应以我们耳熟能详的理论问题为基础，如积极防御的国防战略、和平共处的国际关系准则、和平发展道路、和平统一政策等，通过框架式的理论

① 【日】入江昭著：《20世纪的战争与和平》，李静阁、颜子龙、周永生译，世界知识出版社2005年版，第29页。

设计，统合这些和平理论，力求搭建一个新的、具有统合性的基本理论框架。

4. 对比中外和平理论的异同。和平从来都不是某个国家单独的问题，和平从来都具有国际性。因此，应努力通过中外和平理论的对比，寻找中国和平发展的定位。在对比中，应致力于发掘中国和平理论的独特性及优越性，并批判性地借鉴西方和平理论，在探索中国和平的独特之处的基础上研究解释范围更加广泛的和平理论，以便阐述当代中国的和平理论对世界和平的意义所在。

总体而言，应从动态与静态相结合的角度切入和平的研究。其中，持续的和平是一种静态，新中国成立迄今相对和平的状态就是这种静态。但从战争与动乱进入和平状态的过程则是一种动态，新中国成立迄今相对和平的静态就是之前战争与革命的结果，同时，新中国成立后每一次局部的冲突与争斗，都充满着动态与静态的变量。因此，本文将以静态为立足点，研究动态的过程，包括从战争与冲突发展到和平的动态过程，以及从和平是否会发展到战争与冲突这一动态过程的可能性。

（二）着重点

1. 阐明中国的和平对世界和平的巨大贡献。中国的和平，其重大实践意义首先在于国内，中国的和平使中国人民能够有效应对战争危险和安全冲突，走上自由独立、和平发展的道路。但在实践中，中国和平对于世界和平的巨大贡献却往往少有人提，甚至被某些别有用心的西方理论抹黑。实际上，中国的和平是对世界和平的巨大贡献，首先是使殖民地国家、第三世界国家与帝国主义国家、发达国家的力量对比发生了重大改变；其次是中国和平本身起到了抑制战争、维护世界和平的作用。中国的和平作出的这些贡献均需要通过和平理论的研究进一步阐明。

2. 明确和平问题对于中国的使命任务。和平问题对于中国的使命任务需要从战争与和平、和平与发展的相互关系中研究、把握，还需要同时兼顾国内、国际两个大局，因此头绪复杂，关系众多，既涉及国家的总体发展战略，又涉及具体的军事、外交、外经贸、国家对外形象等问题。当前，在中国取得举世瞩目的飞跃发展的情况下，尤其需要树立并实践建立在和平基础上的发展道路，这都需要我们明确中国和平的使命和任务。

3. 廓清中国和平问题面临的主要困扰。后发国家的劣势、世界性大国的客观存在、社会主义国家的历史命运，使中国的和平问题从来都面临着许多困扰。这些困扰既来自国际，也来自国内，如一直甚嚣尘上的中国威胁论，正在引起关注的中国责任论，还有"台独"的威胁、分裂主义、国际恐怖主义、极端主义的威胁等等，都是困扰中国和平发展的因素。通过和平理论的研究，有助于廓清中国和平问题面临的主要困扰及其深层原因，把握症结所在以便对症下药。

4. 明晰中国和平道路的基本路径。中国的和平发展既是对世界的巨大贡献，又是由中国国情、国家性质、历史传统决定的必然道路。如何走好和平发展道路，需要和平理论的支撑。这些理论必须从实践中来，又能很好地为实践服务。目前，世界上存在着各种各样的和平理论，有些可以为我批判地接受，有些又必须坚决摒弃。同时，中国的和平道路要获得世界的理解和认可，也需要加强理论的解释工作。特别是当前中国的和平道路基本确定，细节尚待明晰。一个总体性的和平理论也将对明晰中国和平道路的基本路径有所裨益。

（三）难点及其解决方法

研究中可能遇到的问题及困难是：

首先是学理上的难题。和平理论的学科归属并不明晰，国内尚无和平学的学科门类，马克思主义、中国特色社会主义、军事、外交、国际政治、国际战略等学科门类均与和平理论有关，但又没有专门的分支，和平是宽泛而基础性的概念，要科学、准确地界定和平的学理，有一定难度。

其次是深入研究存在难度。正因为和平概念十分宽泛，所以泛泛而谈易，深入研究难。特别是许多关于和平的概念，如和平共处五项原则、和平发展、和平统一等，均有明确学科归属，长期以来是学者深入研究的重点，要把这些概念统合起来，并有一定创新，也十分不易。

第三，难以贯穿中西。研究和平，决不能自说自唱，满足于自圆其说，要贯穿中西，就要既有包容性，又能使用易于被西方理解的表述方式。要想在这一点上尝试成功，也存在难度。

面对上述难题，解决的办法和措施是：

对于第一个难题，争取高屋建瓴，研究探索类似于自由、民主、公平、正义等具有一定普遍性色彩的和平概念，既用于解释现有和平理论，又可以现有和平理论做支撑。

对于第二个难题，应将计就计，在"宽"上做足文章，利用和平概念内涵宽泛的特点，广收博取，多方面吸纳各种和平概念，以

"宽"作深，在信息量积累的基础上，比较、归纳、总结、推演，使整个论证达到一定深度。

对于第三个难题，应该有选择地借鉴西方和平学的范畴和材料，在此基础上，以当代中国和平理论的有关概念为砖瓦，搭建兼顾中西方理论要求的框架结构，在中国特色社会主义的"特"中寻找普遍规律。

（四）研究方法

1. 马克思主义的研究方法。马克思主义既是中国社会主义建设理论与实践的指导思想，也是进行学术研究的指导思想。要坚持马克思主义的研究方法，在马克思主义基本观点、方法的基础上，运用辩证唯物主义和历史唯物主义的手段对和平问题展开研究。运用马克思主义的研究方法，既包括马克思、恩格斯对于和平的理论与观点，也包括列宁、斯大林对于和平的理论与观点。

2. 历史比较的方法。把和平作为一种历史现象，从历史的演进中把握和平问题，包括当代中国的和平问题出现、发展、演变的历程，从中寻找规律性的理论观点。

3. 东西方比较的方法。将东西方进行比较，一方面明确了东方的特殊性，另一方面也正视了西方的话语强势。通过东西方的比较，明确自身特色，找准自身定位，并进一步确立中国的价值和地位。

（五）力求做到的创新之处

第一，概念新。和平的重要性人尽皆知，但正因为人人皆知，所以常常被人们熟视无睹，无论是以当代中国和平理论为题的专著，还是相关论文，都数量寥寥，这使整个论证过程可以广阔天地，大有作为。

第二，基础性强。每一个国家，每一个民族，每一段历史时期，都需要面对和平问题。和平问题是人类生存发展需要面对的最基本的问题之一，具有很强的基础性。同时，长期以来，这个基础性问题只宽泛地存在着，理论研究的开掘深度很不够。加强这个重要的基础性研究，也是这项研究的创新点之一。

第三，范围广。正如前面提到的，和平问题涉及马克思主义、中国特色社会主义、军事、外交、国际政治、国际战略等多种学科门类，从时间的纵线上看，历史、现实、未来都要关照，从地域的广度上看，国内国际、东方西方、第一第二第三世界都不能忽视，牵扯的范围非常广泛。这既是这项研究的特色所在，又是创新难点。

第四，"宽""深"相济。基础性强、范围广的特色，增加了对这项研究解释面"宽度"、解释力"深度"的要求。要做到"宽""深"相济，就要创造性地利用现有材料和研究成果，在论点提出、论证角度探索、论证过程推进等方面力求创新。

第一章

人类和平历程与和平理论的总体考察

　　要研究当代中国和平理论，首先应对人类的和平及和平理论作一个总体考察。迄今为止，无论国内还是国外，尚无一部"世界和平史"或者"中国和平史"或者"和平理论史"等类似的专著、专论，人类的和平进程及和平观念发展历程迄今未得到清晰阐释，也没有比较公认的权威理论。但因为中国是世界上的重要一极，当代中国的和平局面既是世界和平的重要组成部分，又是影响世界和平的重要因素。如果对世界和平的来龙去脉没有进行明确的阐释，研究中国的和平问题时也就容易陷于一隅、以偏概全。只有把当代中国的和平问题置于浩浩荡荡的世界历史大势之中，把当代中国的和平理论放到世界和平理论发展演进的历史大势之中，用历史的、辩证的、全局的观点观察分析，才有可能得出比较具有说服力的结论。

第一节　人类和平的历史概况

对人类和平的历史进行总体考察，面临两个难题：一是世界历史持续时间长，线索纷繁，很难理清头绪；二是前人研究成果相对匮乏，缺乏权威理论支撑，难以使自己的阐释服众。如何解决这两个难题？可以设想的办法包括：1. 宜粗不宜细，从整体上粗线条地勾勒人类和平的历史概况；2. 以辩证唯物主义与历史唯物主义的科学方法论和结论为指导；3. 借鉴有关的权威研究成果，融合化用，聚合到有关和平的问题上。

据此，可以大致按时间线索将人类和平的历史分为三个阶段：1. 古代以"征服—同化"方式实现和平；2. 近现代以缔结条约形式实现"均势—霸权"和平；3. 当代以和平力量积极维护和努力缔造持久和平。与之相对应的是三种类型的和平：1. 以"征服—同化"方式实现的和平；2. 以条约形式缔结的"均势—霸权"和平；3. 用和平力量维护和缔造的积极而持久的和平。而在这三种和平之前，则是最原始、最古老、作为人类与生俱来文明因子的原始和平。

一、作为人类与生俱来文明因子的原始和平

最原始、最古老的和平源自何时？要弄清这个问题，需要溯源到人类进化的历史。当前，关于人类起源的理论，除了充满宗教色彩的上帝造人论外，受到最广泛认同的是进化论。进化论认为，人

是通过不断地适应自然环境使自己不断进化而成其为人的。自然环境，而不是人类本身，是人类遇到的第一个敌人。包括人类在内的灵长类动物都属于采集食物为生的社会性群居生物。当食物来源充足的时候，人类并没有进化的动力与契机。但到了距今约260万年前的更新世时代①，地球经历了数次冰川时代，原本潮热的地球气候急剧变冷变干，树上的果实已经不能满足人类（更合适的称呼应该是"原始的人科动物"）生存需要，人类被迫到草原上谋生，逐渐由食物采集者进化到食物生产者，即开始了原始的农业（含畜牧业）及狩猎活动。传统上，这一时期被称为旧石器时期。

应该说，旧石器时期是人类相互协作、共同对抗自然挑战的和平时期。这一时期是否存在破坏和平的因素呢？可以设想的破坏因素包括三个方面：1.自然的挑战。包括恶劣气候、火山地震之类的地质灾害、大型动物袭扰等。在今天，类似的自然挑战已经成为人类共同的安全问题，如碳排放导致的气候变暖等，但在原始时期，人在自然面前极其弱小，面临的自然挑战也显得极为频繁，人类早就习以为常，也就不会将之认定为对和平安宁生活的破坏了。2.其他族群的侵袭。今天，战争与冲突往往可以归类为其他族群的侵袭，但在原始时期，人口密度很小，单独的人类族群人口数量也很少，因此发生冲突的概率很低。而且，人类农业生产的产量往往贫乏得难以果腹，还没有多余的食物吸引其他饥肠辘辘族群前来掠夺，因此也很少存在因为其他族群侵袭而破坏和平的情况。3.族群

---

① 关于人类进化的起始时间，传统的说法均定位于更新世时代，但近几十年的发现认为时间还应该提前到四五百万年前。虽然存在这些难以定论的观点，但并不影响我们讨论和平的起源问题。

内部的冲突。导致原始人类族群内部冲突的可能性不外乎两类，一是争当首领，二是争夺配偶。这两类冲突在动物中发生的概率极高，有时还会导致死亡事件。但这两类冲突在人类族群中并不一定必然发生。人类有可能以原始共产主义的方式将族群中能力出众的成员推举为首领，也有可能以年龄或者强壮为标准来推举首领。而在配偶方面，目前比较公认的是旧石器时代人类采用群婚制，族群内部的性关系并不固定，人类还不存在私有财产观念，为了将配偶据为己有而大打出手的概率不高，即使存在，也不大可能破坏族群整体的和平。

因此，可以说，人类是在适应自然挑战的过程中以和平的方式进化而来的，和平是人类与生俱来的文明因子。美国学者B.M·摩根说："不必费多少口舌就可以把战争排斥在文明的最初起因之外，因为大规模军事冲突似乎是文明的结果之一而不是文明的直接起因之一。首先，最早的礼仪中心显然是没有设防的；其次，比较早期的分散村社的社会组织未曾导致由于财富和权力集中于垄断者手中所造成的惯例性战争。"[1]

但人类的进化也同时孕育了战争与冲突的可能。首先是工具的使用。人类的工具取之于自然，又被用于改造自然。当人类拥有了改造自然的工具，如打制而成的旧石器，人类也就拥有了发动战争或者制造冲突的能力，因为这些工具也可以用于攻击人类。其次是食物的拓展，当人类不再限于以植物或者小型动物、昆虫为食，而将目光瞄准大型动物尤其是凶狠的肉食性哺乳动物时，人类发展出

---

[1] 【美】B.M·摩根：《地球上的人们：世界史前史导论》，云南民族学院历史系民族学教研室译，文物出版社1991年版，第402页。

了使用工具协同制敌的能力。这种能力一旦从大型动物身上转移到同类身上，就出现了战争的可能性。

史前时期人类普遍和平的丧失随着战争的出现而发生了质变。真正能够破坏和平的战争，只有到了新石器时代，到了人类由于生产力的发展，进而出现阶级分化、步入阶级社会以后才开始登上历史舞台。"由于旧石器时代的社会缺乏维持大规模的战争所必不可少的人力和物力，大规模的战争直到有了农业、生产率大大提高、人口相应增多时才成为可能。"① 从那时起，战争成为推动人类历史前进的一个重要因素，而建立在人类协作、互助、共同应对挑战基础上的和平却变得隐而不彰。和平从此成为战争如影随形的伴生物，人类创造历史的过程往往伴随着战争，而和平却不是考量因素。人类得到的和平并不是人类努力追求的结果，而是战争创造历史的某种附属。直到第二次世界大战之后和平才因国际关系体系的重大结构性变化在战争的阴影中突显出伟岸的身形。这其中，新中国的贡献也是重要因素之一。这是后话。

二、古代以"征服—同化"方式实现和平

当战争在阶级社会成为左右人类历史进程的主要因素之后，人类的和平往往是通过"征服—同化"的方式获得的。其中，征服主要指军事征服，即用军事手段获得控制权，进而消灭战争，取得和平。征服行动包括人类共同体之间的侵略战争，如国家之间、文明

① 【美】斯塔夫里阿诺斯：《全球通史：1500年以前的世界》，吴象婴、梁赤民译，上海社会科学院出版社1988年版，第69页。

之间、民族之间的侵略战争等，也包括某个人类共同体内部镇压与反抗的战争。当征服行动获得彻底胜利之后，人类就得到了和平。同化是另一种获得和平的方式。同化主要指不同人类共同体之间生产、生活、文明等非战争因素的差异化消失的过程。同化的过程有时候非常剧烈、充满强制性，如清朝初年满族统治者强制性的"剃发令"，但大多数情况下，同化是在和平的状态下以较缓和的方式实现的。在古代，征服往往是落后民族对先进民族的征服，这是因为落后民族往往拥有更加强大的军事力量；同化主要是先进民族对落后民族的同化，这是因为先进民族比落后民族在文明程度上更加具有优越性。但征服与同化有时候也同时进行，并行不悖。人类历史上存在着大量落后民族征服先进民族之后其自身反而被先进民族同化的例子，正如马克思指出的："野蛮的征服者，按照一条永恒的历史规律，本身被他们所征服的臣民的较高文明所征服。"[1]

古代世界的和平就是一个又一个帝国通过征服实现和平，通过同化延续和平，直到新的帝国崛起开始另一轮次循环的过程。在人类最早的文明集中地，美索不达米亚先后有阿莫里特人、赫梯人、亚述人的征服与统治；埃及受到的侵略与征服较少，因而保持了较长的和平时期，但底比斯人、希克索斯人、亚述人均分别征服过埃及；中国早在奴隶时代就呈现中心王朝交迭的局面，但夏、商、周均有"共主"[2]性质，它们的交迭都是典型的部落邦国征服活动；

---

[1]　《马克思恩格斯选集》（第一卷），人民出版社1995年版，第768页。

[2]　中国社会科学院历史所《简明中国历史读本》编写组编写的《简明中国历史读本》（中国社会科学出版社2012年版）说："夏商西周三代之君'天下共主'的地位，就是由尧舜禹时期邦国'盟主'或'霸主'转化而来的。"（第39页）

印度在公元前1500年左右曾经有一个文明神秘消失，之后是雅利安人的入侵并同化了当地人，形成了迄今仍然具有重要影响的种姓制度；希腊早期的迈锡尼文明由于被征服而消失，在经历城邦时期后先后被马其顿、波斯、罗马征服。

"征服—同化"主导人类和平的结果是产生了帝国的统治方式，即以集权的专制方式压制可能产生的反抗，维持和平的局面。最初的帝国始于大河文明。由于农业生产与防御游牧民族入侵的需要，中央集权式专制政体以王权、神权或者王权与神权相结合的方式出现了。公元前2300年前后美索不达米亚著名的萨尔贡一世建立的阿卡德帝国被认为是人类历史上第一个帝国。公元前337年，马其顿的菲利浦二世强迫战败的希腊联军结成以自己为盟主的科林斯同盟，实现了希腊的统一，从而开创了"马其顿主导的和平"方式。虽然"马其顿主导的和平"从菲利浦二世传到亚历山大大帝，为期很短就告破灭，但却为数世纪后长达200多年相对繁荣的"罗马统治下的和平"时期提供了帝国统治的模板。直到今天，人们仍然常常说到"不列颠统治下的和平""美利坚统治下的和平"。但这样的统治方式并不鲜见，并且"直到20世纪为止均占世界史的中心地位"。① 在东方，与西罗马帝国大致同一时期的汉朝就可以称为"汉朝统治下的和平"，之后还可以认为存在着"唐朝统治下的和平""清朝统治下的和平"等。欧洲中世纪时出现的和平、伊斯兰教产生及扩张时期出现的和平也可以归入此类。

对古代世界的和平影响最大的是西方史学家所谓的"蛮族入

① 【日】猪口邦子著，《战争与和平》，刘岳译，经济日报出版社1991年版，第11页。

侵"导致的征服与同化。所谓的"蛮族"主要来自从东起鄂霍次克海、日本海的亚洲东北海岸，西至格陵兰海、挪威海的欧洲西北海岸的整个欧亚大陆广袤的北部，而尤其以欧亚大陆北部腹地上欧亚草原的游牧民族为主。这是由于游牧民族虽然文明程度较低，但军事活动能力却更强。法国历史学家格鲁塞说："草原上的骑射手在欧亚大陆上统治了十三个世纪，因为他们是土地的自然创造物，是饥饿和惨苦的儿子；……才只有三百年，那射箭手不再是世界的征服者了。"[1] 当然，蛮族并不限于游牧民族。公元8—10世纪广泛劫掠欧洲沿海甚至欧洲大陆的维京人是渔猎民族而不是游牧民族；北宋末年入侵中原的金人、建立清朝的满族也主要是渔猎民族；只不过维京人以海上打鱼为主，而金人和满人以森林中狩猎为主。普遍的观点认为，作为征服者，渔猎民族比游牧民族更加原始、更加落后，因而更容易被更先进的文明同化。

虽然古代世界人类的各个文明还处于相对孤立的状态，但蛮族入侵却达到了那个时代最大的全球化水平。早在公元前2000—公元前1000年，乘坐马拉的战车、使用青铜或铁制武器的蛮族不断入侵，推动了由氏族、邦国组成的人类原始社会解体并过渡到奴隶社会。公元3—6世纪，不断的蛮族入侵又推动人类进入封建社会。在欧洲，西罗马帝国于公元476年的覆灭标志着中世纪的开始；在印度和中东，则开创了笈多帝国与萨珊帝国；在中国，则是汉朝灭亡后的魏晋南北朝时期，直到建立强大的唐朝。公元9—10世纪又发生了连续不断的蛮族入侵。欧洲在此过程中建立了查理曼帝国；中

---

[1] 【法】勒尼·格鲁塞著：《草原帝国》，魏英邦译，青海人民出版社1991年版，第6页。

国则是五代十国的混乱，直到建立宋朝；而在中东，新兴的伊斯兰乘势扩展疆域，在广袤的古代文明地区建立了穆斯林的统治。到11世纪，成吉思汗的蒙古铁骑又横扫欧亚，建立了空前绝后的庞大帝国。因此，蛮族既是古代世界威胁和平的主要因素，又是重建和平的重要力量。

西方史学家常常言必称古希腊。古希腊的和平的确具有自身鲜明特色。多山靠海的城邦文明并没有使古希腊产生东方式的帝国。虽然也是战争不断，但古希腊城邦却发明了利用条约限定和平的方式。公元前449年，雅典人与波斯人订立卡里阿斯和约，正式结束希波战争。这是人类历史上较早的通过订立和约结束战斗的例子。按照和约，波斯承认爱琴海、赫勒斯奔海峡和博斯普鲁斯海峡为希腊人的势力范围，不再派军舰至爱琴海，承认小亚细亚西部沿岸希腊诸城邦的独立自由；希腊同意塞浦路斯仍为波斯的势力范围，希腊不再援助埃及反抗波斯。伯罗奔尼撒战争后，雅典与斯巴达于公元前404年4月订立和约，规定雅典的"长墙和比里犹斯的防御堡垒必须拆毁，除了12艘警备舰以外，其他雅典的舰队一律交出投降；被放逐者允其回家，最后雅典人不论在战时或平时都必须承认斯巴达为盟主"。[1] 公元前387年，作为科林斯战争的结局，波斯人与斯巴达缔结"波斯国王和约"，强制性地规定，如果希腊诸城邦不遵守和约，波斯"将从陆上、海上，用舰队、用金钱"率领其他城邦反对它。[2] 这些条约虽然大都不是平等条约，但却避免了征服与同化的结果，使参与各方无论强弱保持了较大的独立性。

---

① 李天祜著：《古代希腊史》，兰州大学出版社1991年版，第505页。
② 李天祜著：《古代希腊史》，兰州大学出版社1991年版，第512页。

古希腊这种缔结合约的方式是后世人类实现和平的重要方式。但在古代的人类和平历史上并不是主要方式，影响也没有今天我们看到的那么大。而且，这种方式在古代历史上并非孤例。中国东周时期的春秋五霸就选择会盟的方式让竞争对手屈从于自己的霸主地位，同时放弃了对主要对手的征服。

三、近现代以缔结条约形式实现"均势—霸权"和平

以"征服—同化"方式实现的和平和以和约形式缔结的"均势—霸权"和平最大的区别之处在于，前者建立在对人类共同体消灭的基础上，尤其是对政治共同体的消灭，突出地表现为将一个国家、民族或宗教的独立自由从政治上使其消失；而后者一般会保留这种政治共同体，取而代之以政治、经济、军事、包括文化上的竞争，通过压制与反抗的较量达到均势的局面，有时候，均势各方的独立自由会得到某种程度的维护甚至尊重。因此，前者常常有和平之实，而无和平之名，其和平局面的形成依赖于征服者军事力量扩张的尽头；而在普遍重视以军事实力为后盾、以使用武力或者以武力相威胁为手段的近现代，均势的和平常常有和平之名，而无和平之实，被人们讥讽为"刺刀下的和平"。

导致"征服—同化"式的和平向"均势—霸权"和平发展演变的主要原因要从军事经济学的角度分析。在古代，肩负着征服并创造和平使命的帝国常常要受到帝国周期的制约，即随着征服范围的扩大，帝国的经济盈余和管理成本也逐渐扩大，直到超过从被征服地区获得的经济收益。这时候，帝国就会失去扩大征服范围的动

力，由扩张转而守成，从而出现了有实无名的和平。但这种和平又是对帝国管理能力的挑战，随着疆域的扩大，管理成本也大大增加。征服的盈余效应逐渐变成亏损。当帝国的经济及管理水平出现严重问题时，必然导致政治、军事方面的危机，从而陷入内乱或者被新的征服者征服的帝国周期。但到了近现代，"三种相互关联的重要发展打破了帝国周期。它们是：在国际关系中作为主角的民族国家的胜利；建立于现代科学技术之上的持续经济增长的出现；世界性市场经济的出现。这些发展相互强调，导致帝国周期为欧洲均势体系取代，随后则是19世纪和20世纪的霸权体系。"[①] 当军事征服的经济效益明显降低、付出的代价和可能产生的风险又明显增加，同时通过政治、经济、军事威慑等手段获得的收益又得到了相当程度的保证时，通过征服获得的和平逐渐让位于通过缔结和约维持相对均势的和平了。

这一转变的过程相当漫长。早在文艺复兴时期的意大利就已经可见这一转变的苗头。当时的亚平宁半岛城邦林立，由于劳动力大都被束缚在封建君主的庄园经济中，同时从骑士阶层中也分离出了一批职业化的军人，许多城邦的封建专制国王便雇佣这种职业军人担任军务，防御外敌入侵，并且伺机劫掠其他城邦，后来发展出雇佣战争。这种战争的目的已经不是消灭敌人，而是为了勒索赎金。"他们会把整个夏季时间都用来围攻一个要塞，这样就可以使战争无限地延长。当战役结束时，很少有人丧生，甚至毫无牺牲。"英国军事学家富勒将这种战争称为"专制国王的有限战争"，并认为这种战

① 【美】罗伯特·吉尔平著：《世界政治中的战争与变革》，武军、杜建平、松宁译，中国人民大学出版社1994年版，第115页。

争是"最崇高成就之一"。^①这时候已经出现了军事强者有意维持某种和平局面的情况。

以和约形式缔结"均势—霸权"和平的标志性历史事件是欧洲列强在1648年三十年战争结束时签署的威斯特伐利亚和约。今天，三十年战争及威斯特伐利亚和约被公认为欧洲近代史的重要开端，标志着中世纪政教合一左右世界的历史终结，主权国家成为历史舞台的主角。现代国际关系史也往往奉威斯特伐利亚和约为圭臬。威斯特伐利亚和约不但确立了国家领土、主权与独立等近现代基本国际关系准则，而且初创了欧洲均势的局面，并使通过缔结和约实现和平的方式直到今天仍然被世界各国普遍遵行。威斯特伐利亚会议还是欧洲历史上第一个国际会议，各国外交使节在会议期间就和约条款及礼宾等问题密切交流，为后世外交人员在战争与和平问题上纵横捭阖开创了先河。

威斯特伐利亚和约规定的均势局面建立在互不干涉、原则上的平等、尊重边界和国家互惠等概念的基础上，除了神圣罗马帝国和当时的欧洲强国西班牙被决定性地削弱外，参战各方无论输赢均有所获。但这种利益均沾的均势局面并没有维持多久。其后的欧洲虽然仍然通过签订和约实现和平，但以均势为主的局面越来越向霸权主导的局面倾斜。其后一百多年间，法国逐渐成为欧洲大陆最强大的国家，并在拿破仑时代达到顶峰。拿破仑战败后，欧洲于1815年签订维也纳和约，确定了取代威斯特伐利亚体系的维也纳体系，其实质就是建立了由列强保持均势的强国俱乐部，由强国靠霸权维持

---

① 【英】富勒著：《战争指导》，钮先钟译，解放军出版社1985年版，第3~4页。

和平并对弱国使用武力或以武力相威胁。

这一时期的典型，是敌视社会主义和国际工运、被人们称为"铁血宰相"的俾斯麦运用外交手段维持均势条件下的和平状况。俾斯麦本人其实也是发动战争的高手，他通过挑起对丹麦、奥地利、法国的战争，实现了德国自上而下的统一。随后，俾斯麦为了打压主要对手法国、巩固德国在欧洲大陆的主导地位，分别与奥地利、俄国、意大利等国签订同盟条约。由俾斯麦缔造的欧洲大陆均势局面，从1871年普法战争结束后开始，到1914年第一次世界大战开始时为止，维持了40多年欧洲大陆大国之间无战争的相对和平局面，这在战争频仍的近代是很罕见的。但这种和平无时无刻不处于战争的悬崖边缘，是一种典型的"刺刀下的和平"。

以和约形式缔结的"均势—霸权"和平到第一次世界大战、第二次世界大战之间遭到最严重的失败。惨绝人寰的第一次世界大战证明了无论均势还是霸权在赤裸裸的军事野心面前都不能成为和平的保障。一战后签订的凡尔赛和约被后来的历史证明是完全失败的和约，除了使英国、法国的霸权受益外，作为战胜国的美国拒绝在和约上签字，并且另外组织华盛顿会议以取而代之；同样作为战胜国，中国却蒙受耻辱，同样拒绝了签字，后来酿成五四运动，开启了中国现代史的大门；作为战胜国的一方，沙皇俄国由于被苏维埃俄国取代，虽然付出了极为惨重的伤亡，但居然被排除到了巴黎和会之外。直到第二次世界大战，全世界自由与正义的力量结成反法西斯同盟，通过艰苦卓绝的战斗，在付出无数牺牲的基础上，才使人类开始尝试建立新的和平方式，即以和平力量积极维护和缔造和平的新阶段。

但直到今天，建立在和约基础上的"均势—霸权"和平仍然客观存在，并且是当代国际关系的重要基础。"新千年很可能会不合常理地见证威斯特伐利亚体系最后的胜利，而不是失败。"① 这是因为，第一，均势具有某种超越意识形态的客观性，国际上的各种力量，无论其正义与否，当它们组成国际关系的复杂体系时都会出现力量的角逐，此时，出现某种均势，是产生和平的前提条件；第二，在现实的国际关系体系中，霸权主义和强权政治仍然存在，仍然具有强大的影响力，这既延续了数千年帝国统治的传统，又因时代变化有新的表现方式，霸权主义和强权政治是人类实现持久和平需要面对的主要问题。

为什么古希腊的"国王和约"不是古代世界的代表性和平方式，而同样孕育于欧洲的"均势—霸权"和平却是近现代代表性的和平方式？这是因为无论古希腊的"国王和约"不具有全球性的影响，在古代，具有全球性影响的只有"征服—同化"方式实现的和平。而产生于近代的"均势—霸权"和平虽然以欧洲为中心，但影响面覆盖了全球，使世界各地面临的战争与和平问题都可以从中窥其端倪。

需要注意的是，中国在近现代史上与列强签订的各种不平等条约，虽然也属于实现和平的和约，但并非中国与列强达成了均势，而是列强在中国划分势力范围的均势。对中国而言，起主导作用的绝不是均势，而只有霸权。

---

① 【法】夏尔-菲利普·戴维著：《安全与战略》，王忠菊译，社会科学文献出版社2011年版，第58页。

四、当代以和平力量积极维护和努力缔造持久和平

通过"征服—同化"实现和平的历史始于新石器时代人类进入阶级社会之后，而结束的时间却参差不齐。信仰伊斯兰教的奥斯曼土耳其帝国从15世纪开始在亚、非、欧大陆的扩张属于"征服—同化"活动，经过近百年的时间，奥斯曼土耳其帝国征服了几乎所有当时的阿拉伯国家，并将相对和平的局面一直维持到20世纪初帝国解体。西班牙、葡萄牙及英法等国对美洲的征服也属此列，在北美洲，只有18世纪后期的美国独立战争以及19世纪中期的南北战争打破了和平局面；在拉丁美洲，征服后的相对和平局面直到19世纪反殖民战争期间才被打破；当然，征服的代价是历时数千年的印加文明全面衰落。在中国，18世纪后期满清入侵中原建立的清朝也属此列，清朝前期的康乾盛世为时长达130年，是中国历史上罕见的持续繁荣昌盛的相对和平时期，当然在此期间，中国的边疆始终战火未熄。而沙皇俄国对远东的征服一直延续到19世纪末期，沙俄的历史遗产是继承其衣钵的俄罗斯直到今天仍然是当今世界陆地面积最大的国家。在非洲，19世纪欧洲的入侵使非洲各国与部落纷纷解体，整个非洲大陆被纳入欧洲的统治体系，直到20世纪中叶的殖民地解放运动才逐渐宣布独立，但政治与经济的依赖性仍然很强。

如果以1648年威斯特伐利亚和约的签订作为分水岭，标志着"均势—霸权"式和平形成的话，那么，可以说，直到今天，维持世界和平的国际关系体系仍然以"均势—霸权"方式为主。数百年来，均势与霸权时而以前者为主，时而以后者为主。在欧洲内部，

力量均衡的政治设计始终无法成功地将霸权的冲动关进笼子里。威斯特伐利亚条约后兴起的法国霸权到了拿破仑时代达到顶峰；随之以后被维也纳和约取代，法国的霸权让位于普鲁士及其后德意志帝国的霸权；普鲁士及德国的霸权兴盛百年，直到经历两次世界大战才被彻底驯服。在全球范围内，西班牙和葡萄牙、荷兰、英国、美国依次登上霸权的顶峰，建立自己主导的国际秩序，维持自己主导下的和平局面。但每一次霸权的转圜，都充满惊心动魄的较量，使和平历尽磨难。

事实上，实现和平的方式只有两种，一种是通过征服或同化，把对方彻底消灭，另一种是参战各方认为继续战争已经没有意义，从而通过谈判缔结和约。而缔结和约的方式又分为两种，一种是有条件或者无条件的投降，另一种是假手第三国或国际组织进行调停或裁决。有国外学者统计，19世纪初至1980年之间发生的主要的56起国家战争中，以把对方从政治上消灭而告终的战争只占13%，对方表示投降而结束的战争占68%。特别是20世纪的战争，几乎全是缔结停战协定或和约后结束的。[1]

那么，为什么说，从第二次世界大战开始，当参战的另一方结成反法西斯同盟，人类开始进入以和平力量积极维护与缔造持久和平的新时代呢？这是因为，人类历经几百年来均势与霸权的角逐与较量，特别是经历了第一次世界大战与第二次世界大战的惨痛教训，开始逐渐意识到以战争为手段、以霸权为目的的零和思维与行为方式的结果很可能是人类自身的灭亡，和平的力量由此登上了历

---

[1] 【日】猪口邦子著，《战争与和平》，刘岳译，经济日报出版社1991年版，第87页。

史舞台。

这是因为，一方面，追求和平是人类的共同梦想。早在16世纪初，欧洲人文主义的先驱伊拉斯谟在欧洲首先提议用和平而不是战争的方式对国王与亲王之间的争端进行仲裁。1713年，欧洲一位神父就提出一项"欧洲永久和平方案"，建议欧洲国家在法律基础上建立一种"和平参议院"以维护和平。20世纪前后，和平运动已经兴起。1899年和1907年，在荷兰海牙分别召开了两次国际和平会议。这两次会议虽然是在帝国争霸的背景下召开的，但包括霸权国在内的许多国家都不能拒绝和平之名，两次会议都签署了《和平解决国际争端公约》，规定缔约国必须承担"和平解决国际争端"和"尽量避免诉诸武力"等义务。1928年，15个国家和地区在巴黎签订了《关于废弃战争作为国家政策工具的一般条约》，又称《白里安—凯洛格公约》或《巴黎非战公约》，在人类历史上第一次以普遍性国际公约的形式，正式宣布废弃以战争作为推行国家政策的工具。这一系列的发展，使人类追求和平的共同梦想逐渐汇合成维护和平的普遍共识。

另一方面，人们对战争的反思较之以往更加深刻而彻底。过去，军事手段除了用于维护和扩展国家核心利益外，还常常作为尚武精神的表现方式，与荣誉、崇高、伟大等精神因素连在一起。人们认为，战争是一种光荣，而不是耻辱和罪行。但经过近代以来几百年战争的教训，特别是两次世界大战的浩劫，人们开始认识到，国家繁荣强盛不能依赖于征服，反而在和平时期集中精力进行生产建设才有可能使国力超越其他国家。甚至是在威斯特伐利亚条约之类的均势体系内，侵略者赢得战争胜利的情况也非常之少，20世纪没有一个挑起重大战争的国家最后赢得了战争，主动发动战争越来越成为冒险之举。除非战败国被彻底制服，否则即使战争获得了胜利，和平的局面也很难长久保持。而且，在核武器的阴影之下，在核大国的冷战对抗下，战争甚至不一定是零和的结果，还很有可能形成双输的局面。国际间的共识，使战争面临的道义谴责也越来越大。

维护和平与反对战争的力量交汇融合，形成了一股强大的和平力量，促使人类历史上战争与和平的博弈第一次全球性地向和平的一方倾斜。和平力量的兴起首先以世界反法西斯联盟为标志，正义的力量联合起来反对不正义的、邪恶的法西斯势力，并在取得胜利之后创建了凝聚正义力量共识的联合国，形成了迄今发挥着维护世界和平重要作用的联合国宪章。社会主义阵营的形成是和平力量出现的另一个重要标志。社会主义阵营的形成使人类社会的权力制衡关系第一次从强与弱的极端对比中出现了第三种力量，有力地平衡了帝国主义国家对广大殖民地半殖民地国家和地区的压倒性优势，使原本肆意妄为的霸权主义势力受到有力制约。与社会主义阵营的形成相呼应的，是发达国家内部和平反战力量的普遍兴起。发达国家内部的和平反战力量对发达国家的内政外交产生了越来越大的影响力，大大减少了发达国家发动战争的频度与烈度。最后，在上述因素的影响下，从上世纪40年代后期到60年代，在全世界范围内掀起了民族国家独立的浪潮，广大的殖民地半殖民地国家纷纷独立，形成了第三世界国家阵营。这些第三世界国家独立后，虽然在政治、经济、军事、文化等方面常常仍然受到原宗主国的制约，但它们的独立本身就是对征服与霸权的反抗，使和平力量有了更加深厚的国际基础。

中国既属于社会主义阵营，又是在殖民地半殖民地基础上经历浴血奋战获得自由独立的第三世界国家。作为世界第一人口大国、第三领土大国、唯一一个文明史从未中断过的历史古国，中国在世界和平民主阵营中占据举足轻重的地位。早在第二次世界大战期间，毛泽东就提出了全世界"和平民主力量"联合的思想。几十年来的历史证明，中国正以自身的建设与发展实践毛泽东的庄严承诺。中国既以自身的发展促进世界和平，又通过维护世界和平促进自身的发展。中国在维护世界和平中发挥的积极作用得到了全世界的普遍认同和尊重。在世界和平发展的新的历史阶段，中国已经成为维护世界持久和平的不可忽视的重要力量。

进入21世纪以后，虽然国际关系经历了深刻复杂的调整与变化，但和平与发展的整体格局并没有改变。2012年秋季召开的中国共产党第十八次全国代表大会重申了和平与发展仍然是当今世界主题的判断。这表明，世界和平的发展历程并没有发生质的变化，中国维护和平的整体环境仍然存在，中国的和平仍然发挥着积极有效的作用。

第二节　和平观念的起源及历史脉络

人类的和平理论与和平实践是并行的。和平理论是对和平实践的总结，同时又会反过来影响人类的和平实践。但总体而言，人类的和平理论略滞后于和平实践，这是因为在通过"征服—同化"实现和平的年代，有和平之实而无和平之名，和平往往只是征服与扩张停止的顺带结果，而一种理论要成立，必须是人类对实践活动的能动性反映，只有在人类主动思索和平问题并努力付诸实践时，和平理论才成为可能。

一、西方和平思想的历史演化

由于 1500 年以来的全球化过程主要是西方文明的全球化过程，西方的思想也伴随着这个过程形成了世界范围的影响力。要讨论人类和平思想的发展脉络，就有必要缕清西方和平思想的历史演化过程。这里，首先对和平进行词源学上的分析。

从词源上说，除中国之外，世界上的和平主要包括希伯来文的和平 shalom，阿拉伯文的和平 sala'am，印度教的和平 shanti，佛教的和平 ahimsa，古希腊的和平"斯潘岱"（spondai）、厄瑞涅（Eirene），古罗马的和平 pax，以及英语的 peace 等。

希伯来文的和平 shalom 与阿拉伯文的和平 sala'am 本意都是指平安，是人们口头问候的常用语。当一个人向另一个人问候"愿平安与你常在"时，另一个人会回答"愿你与平安常在"。这个词同样可以指人与人之间的平安、神与人之间的平安，以及国与国之间的平安。①

印度教的"shanti"主要是指人自身的内在和平，即人处在肉体—思想—精神状态高度和谐统一的状态，人体自身没有内在冲

---

① 维基百科：http://en.wikipedia.org/wiki/Shalom

突。①佛教的"ahimsa"主要是指"不害",即没有伤害,指对一切有生命之物都不加以伤害,是由梵文的"害"字加上否定性前缀演化而来。Ahimsa不但强调尊重生命,也强调尊重思想、言语、行为等;不但强调不伤害人类,也包括不伤害其他万物。Ahimsa后来在圣雄甘地的倡导下具有很大影响力。②

古希腊的和平最早使用"斯潘岱"(spondai)一词,原指某些节庆时期或者祭祀时期。在这一期间需要休战庆祝,如奥林匹克运动会期间所规定的休战。但在那个时候,频繁的战争是推动历史前进的主要因素之一,而和平时期,生产力的发展并不显著,并不足以导致生产关系的质的演进,因此,和平常常只是作为战争的结果出现,并不是推动历史前进的主要因素。由于"斯潘岱"常常有固定的日期,因此,这时候的和平既与战争进程无关,当然也与缔结和平无关了,和平往往是临时性的。

厄瑞涅(Eirene)是古希腊和平女神的名字。在当时,和平女神厄瑞涅是掌管季节与自然秩序的三位时序女神之一。之所以是时序女神之一,也是因为希腊人认为和平是临时性的,飘忽不定。大约公元前390年,出生于古希腊雅典阿提卡大区的演讲家安多基斯为了调停雅典与斯巴达关于科林斯战争的和约,发表了题为《论和平》的演讲,第一次提到一个新的术语和新的理想:公共和平(koiné eirene)。此后,"Eirene"一词取代斯潘岱(spondai),成为一种神圣化、永久化的理想追求,并且变成国际法的一个术语。但公共和平很快由于外部势力的侵入演变为帝国霸权的工具。从波斯

---

① 【挪】约翰·加尔通著:《和平论》,第330页。

② 维基百科:http://zh.wikipedia.org/wiki/%E4%B8%8D%E5%AE%B3

到马其顿再到罗马，"公共和平不仅成为外国干涉的明显标志，而且成为外国统治的一种法权形式"。① 到这个时候，厄瑞涅（Eirene）开始发展为古罗马的pax。

Pax的词源是拉丁语的paciscor，具有两层意思，即缔结契约与赞同秩序。在古罗马，pax与Pax Romana同义，都代表"罗马统治下的和平"。与古希腊厄瑞涅（Eirene）的临时性不同，在古罗马人的心目中，无论pax指代和约，还是指代罗马的统治秩序，都是永恒的。那个时候，雅典人对罗马皇帝德米特里乌斯唱的赞歌"赐予我们和平，因为你是主"② 就代表了当时的人们对罗马统治秩序的认同。

由pax的两层含义发展出西方和平的两大传统，第一，重视缔结和约；第二，重视服从于统治秩序。Pax隐含的"条约必须被遵守"之意，后来成为西方国际法传统的来源，无论这个条约是归降条约、友好条约、联盟条约，还是和平条约，因此，pax虽有和平之意，但所代表的契约却不仅仅是和约。Pax隐含的"统治秩序必须被遵守"之意，后来成为西方军事传统、霸权传统的来源，"如果你要获得和平，那就准备战争吧"，但正因此，这也成为西方和平传统的来源之一，至今仍然影响着世界。因此，被称为西方和平学之父的挪威学者加尔通说："主流西方人关于和平的思想在过去两千年变化不大。"③ 今天英语里的peace一词，其词源就是古罗马的pax，其含

---

① 【意大利】莫米利亚诺著：《古代世界的自由与和平》，王恒、林国华译，世纪出版集团、上海人民出版社2010年版，第62~64页。

② 【意大利】莫米利亚诺著：《古代世界的自由与和平》，第67页。

③ 【挪】约翰·加尔通著：《和平论》，第330页。

义也与 pax 有一脉相承之处。

总体而言，依据和平思想的科学主义与理想主义色彩不同，可以把西方和平思想分成两个主要方面、三个层次：（一）实践性的和平思想；（二）理论性的和平思想：1. 理想主义的和平思想；2. 现实主义的和平思想。其中，实践性的和平思想是科学主义或者理性主义的，主要是战争与和平的实际参与者甚至操作者的和平思想；理论性的和平思想是从理论角度对和平思想的探讨，其中的理想主义的和平思想是从理论上对人类期盼和平的共同梦想进行勾画、设计，现实主义的和平思想是依据和平发展的客观现实进行总结、阐发。这些和平思想往往或者相互影响，或者共同发挥作用，并不能截然分开。

（一）实践性的和平思想

古希腊时期马其顿国王亚历山大的思想代表着典型的帝国式的和平思想。在给波斯国王大流士的信中，亚历山大指责大流士"妄想破坏我在全希腊促成的和平局面"，并要求大流士"承认我是亚洲的最高霸主。不论你向我提出什么要求，都不能以平等地位相称，要我是你的一切的主宰"。[①] 可见，这种和平思想毋宁说是战争宣言。但在当时，面对战乱频仍的现实，人们也开始分析战争与和平的原因。修昔底德在《伯罗奔尼撒战争史》中指出，经济发展的不平衡是导致战争的根本原因。他说："使战争不可避免的真正原因是

---

① 【古希腊】阿里安著，《亚历山大远征记》，【英】E。伊利夫·罗布逊英译，李活译，商务印书馆1979年版，第67~68页。

雅典势力的增长和因而引起斯巴达的恐惧。"① 修昔底德还指出，和平优于战争，应该公平地、合理地、"宽大仁厚"地对待对手，不平等条约不可能获得持久和平。他说："人人都承认：和平是最大的幸福……难道和平不是有它的光荣，比在战争中被人家打败的危险性更少些吗？难道和平不是还有许多言语数不尽的其他好处，正如战争有许多言语数不尽的痛苦吗？"② "采取比较合理的态度，在宽大仁厚的心情中占用他们的敌人，使敌人料想不到战胜者能够提出那样温和的条件来的时候，持久的协定才可能成立。"③

　　奥古斯都既是罗马帝国的第一位皇帝，又是"罗马统治下的和平"的开创者。在经历早期的成功扩张之后，奥古斯都决定采取和平的策略，在保证帝国安全的前提下，致力于加强帝国内部的管理和统治。今天我们看到的古希腊、古罗马的辉煌历史遗迹大都得益于奥古斯都的和平政策。④ "罗马统治下的和平"从公元前27年一直延续到公元180年。去世前，奥古斯都命人勒石为铭，记录个人功业，史称《奥古斯都功德碑》，又称"安齐拉铭文"。奥古斯都写道："作为胜利者，我宽恕所有乞求原谅的公民。对于外邦人，凡可赦免而无害于安全者，我都宁愿赦免而不消灭他们。"我"没有把不该进行的战争加给任何人民"。当奥古斯都使西班牙和高卢"恢复和

---

① 【古希腊】修昔底德著，《伯罗奔尼撒战争史》，谢德风译，商务印书馆1960年版，第19页。

② 【古希腊】修昔底德著，《伯罗奔尼撒战争史》，第303页。

③ 【古希腊】修昔底德著，《伯罗奔尼撒战争史》，第277页。

④ 【英】迈克尔·格兰特著，《罗马史》，夏遇南、石彦陶译，国际文化出版公司1990年版，第215页。

平"返回罗马时，元老院专门为他树立了"庄严的和平祭坛"。①

正是在"罗马统治下的和平"时期，基督教诞生，并且逐渐长时间统治着西方思想界，成为影响西方文明进程的主要思潮之一。作为中世纪基督教神学的代表人物，圣·奥古斯丁从起因与方式等角度赋予了战争的合法性，成为现代"正义战争论"的理论基础。在为基督徒参加保卫罗马的战争辩护时，奥古斯丁在《上帝之城》中写道，"是对方的过错使明智之人不得不发动正义之战"，而且"有望带来持久和平的战争"胜于"无意于拯救的囚禁"②，从此通过"正义战争"打破不正义的危机局面，实现正义的和平成为政治家进行战争与和平抉择的一项重要理论依据。

17世纪的荷兰法学家格劳秀斯进一步阐发了正义战争论。他在《战争与和平法》中指出，由于战争是为和平而发动的，没有争端就不会引起战争，所以，应当把通常发生在国家间的所有这些纷争看做是战争法的调整对象，这样，"战争本身就会把我们引向和平"。③虽然格劳秀斯在《战争与和平法》中涉及和平的问题不多，而且字里行间透露出"格劳秀斯仍然是全球发动战争的狂热分子。他其实最不可能成为海牙和平宫的守护者"④，但这部国际法的开

---

① 张楠、张强：《〈奥古斯都功德铭〉译注》，《古代文明》2007年第3期，第10~25页。

② 【美】大卫·巴拉什，查尔斯·韦伯著：《积极和平——和平与冲突研究》，刘成译，南京出版社2007年版，第416页。

③ 【荷】格劳秀斯著，《战争与和平法》，【美】A.C·坎贝尔英译，何勤华等译，上海人民出版社2005年版，第27页。

④ 【美】理查德·塔克著：《战争与和平的权利：从格劳秀斯到康德的政治思想与国际秩序》，罗炯等译，译林出版社2009年版，第110页。

山之作开启了用国际法调节战争与和平问题的先河。随着后世国际法的逐步发展，日益完善的国际法体系越来越成为和平的保障。

《战争与和平法》出版于1625年，此后不久，威斯特伐利亚和约于1648年缔结。威斯特伐利亚和约除了确立主权国家的国际地位，从而使国际关系进入近现代历史外，在和平方面的主要思想是通过均势来维持和平，使不同国家之间的政治、经济、军事实力得以平均分配，导致没有一个国家或集团强大到足以征服其他国家和集团的局面。均势理论具有强烈的现实指向，它并不确立虚无缥缈的理想性目标，而只想最小限度地维持各国的独立、反对一个绝对的强权，并且力求避免大规模战争。均势理论"基本的行动原理可概括为以下几点：1. 牵制扩张主义；2. 非绝对化同盟；3. 重视外交交涉；4. 允许败者复活；5. 允许安全保障体系内弱小国家的独立或分割"。① 此后的国际体系都是在威斯特伐利亚体系基础上发展演化而来的，当这些国际体系维持较好的均势格局时，和平维系的时间就较久，反之和平就比较脆弱。

威斯特伐利亚体系还开辟了近代外交的历史。欧洲早在13世纪就出现了常驻使节②。在威斯特伐利亚会议期间，由于需要安排大量礼宾工作，外交规制逐渐形成。到17世纪后半期，常驻使节开始成为普遍制度。但长期以来，外交官并不是和平的主要推手，"外交的目的是把战争或者和平作为手段，来获取国家利益和壮大国

---

① 【日】猪口邦子著：《战争与和平》，刘岳译，经济日报出版社1991版，第168页。

② 【英】劳特派特修订：《奥本海国际法（上卷第二分册）》，王铁崖、陈体强译，商务印书馆1989年版，第230页。

力"①，因此，普鲁士国王腓特烈大帝曾说，外交离不开武力，就像音乐离不开乐器。②19世纪著名的外交家梅特涅、俾斯麦等都是一手挥舞大棒、一手操纵均势的高手。但随着和平解决国际争端的国际共识日益扩展，外交思想日益成为和平思想的重要源泉，外交逐渐成为防止战火的第一道防线。

在人类历史上，战争是影响和平的决定性因素，战争思想也与和平思想息息相关。当克劳塞维茨提出"战争无非是政治通过另一种手段的继续"③时，实际上表明了战争的目的在于战后和平的思想。但克劳塞维茨关于"使敌人无力抵抗是战争行为的目标"的观点受到后代的战略家的批评。作为大战略理论的开创者，英国学者利德尔·哈特提出，军事战略只限于研究与战争有关的各种问题，大战略则不仅要研究与战争有关的问题，而且要研究包括与战后和平有关的问题，大战略要结合使用战争的各种工具，以避免对未来的和平有所损害，要使和平得到保障，得以发展。因此，"战争的目的是要获得一个较好的和平"④，哪怕是参战的各方对较好的和平有着不同的看法。这就从整体上扭转了为战争而战争的观点，利德尔·哈特的大战略思想后来被国际战略学者普遍遵奉，成为从国际

---

① 【日】入江昭著：《20世纪的战争与和平》，李静阁、颜子龙、周永生译，世界知识出版社，2005年版，第11页。

② 【法】夏尔-菲利普·戴维著：《安全与战略》，王忠菊译，社会科学文献出版社2011年版，第183页。

③ 【普鲁士】克劳塞维茨著：《战争论》，中国人民解放军军事科学院小组译，商务印书馆1982年版，第43页。

④ 【英】利德尔·哈特著：《战略论》，中国人民解放军军事科学院译，战士出版社1981年版，第494页。

战略角度看待和平问题的重要思想。

（二）理论性的和平思想

1. 理想主义的和平思想

宗教思想是西方理想主义和平思想的重要源头。早期的基督教是和平主义的。《新约》中耶稣关于"不要与恶人作对。有人打你的右脸，连左脸也转过来由他打"[①]，"要爱你们的仇敌，为那逼迫你们的祷告"[②]的训诫奠定了基督教和平主义的基调。这种和平主义具有浓厚的宗教献身主义与理想主义色彩。在罗马帝国将基督教定为国教之后，基督教对外表现出了好战色彩，但在基督教徒内部的和平主义没有被彻底放弃。中世纪的基督教一直坚持《上帝休战协定》，即禁止在礼拜天或某些其他假日发动战争，其专用词 "holy day" 后来成为英语中 "holiday（假日）" 的词源。"上帝的和平"则禁止在某些宗教场所特别是圣地发生冲突。当基督教的掌权者支持十字军东征之类"正义战争"时，开始将绝对的和平主义视为对头，并对这些教徒加以迫害。但孟诺派、兄弟会等依然保持着和平的传统。大约于1647年，英国宗教人物乔治·福克斯建立了反对战争、支持和平运动的贵格派。1693年，美国的贵格派领导人威廉·佩恩发表了《现在与将来欧洲的和平》一书，号召建立一个拥有军事力量、可以强制执行的国际理事会来解决国家间的纠纷。

人文主义、启蒙思想是理想主义和平思想的另一个重要源头。

① 新约·马太福音5：39。

② 新约·马太福音5：44。

人文主义思想脱胎于宗教思想，但更强调尊重人的生命价值。但丁在《论世界帝国》的一开始就提出"人类需要统一与和平"。他认为，"世界和平是头等大事"①，为全面发展人类智慧，使人类在一切学科和艺术方面有所作为，必须建立一个实现世界和平目标的世界帝国——统一的世界君主国家。著名的人文主义先驱伊拉斯谟虽然本身是一位宗教思想家，但第一次从人道主义立场对国王拥有发动战争的权利提出了质疑。在《愚人颂》中，伊拉斯谟无情地讽刺教会高层"必须加入到狂暴的战争中，因为和平太安宁，也太无生气了"②。在《论基督君主的教育》中，伊拉斯谟专门论述了"和平之艺术"与"和平时期君主之要务"，提出必须训练君主在和平时期贤明治理的技艺，以便君主"可以永不需要战争之机谋"。③

启蒙思想家关于和平的思想并不统一，其中卢梭的思想具有更多理想主义色彩。在《论不平等的起源和基础》中，卢梭指出，私人财产权是战争的根源，因此要实现和平，必须在世界范围内取消私有财产权。卢梭的思想大大启发了德国古典主义哲学家康德。据说，卢梭晚年曾经帮助一位神父完成了一篇名为《永久和平》的摘录，到卢梭去世后得以出版。康德著名的论文《永久和平论》就是看到卢梭这篇摘录后受到启发创作的。④ 在《永久和平论》中，康

① 【意大利】但丁著：《论世界帝国》，朱虹译，商务印书馆1985年版，第6页。

② 【荷兰】伊拉斯谟著：《愚人颂》，许崇信译，辽宁教育出版社2001年版，第149页。

③ 【荷兰】伊拉斯谟著：《论基督君主的教育》，李康译，上海人民出版社2003年版，第101页。

④ 【美】理查德·塔克著：《战争与和平的权利：从格劳秀斯到康德的政治思想与国际秩序》，罗炯等译，译林出版社2009版，第233页。

德谴责了国家发动战争的权利，认为"任何国家均不得以武力干涉其他国家的体制和政权"，"战争只不过是自然状态下的一种可悲的、以武力来肯定自己权利的必需手段"，而且，即使有战争，也要讲荣誉，不能做不荣誉的事；即使在战争中，对敌人的思想方式也要保留某些信任，否则不可能缔结任何和约；任何交战方都不能是不义的，战争的结局决定了正义是在哪一方。① 康德的《永久和平论》还是建立和平主义的世界政府的最著名的理论设想。他说："必须有一种特殊方式的联盟，我们可以称之为和平联盟；它与和平条约的区别就在于，后者仅仅企图结束一场战争，而前者却要永远结束一切战争。"②

上述理想主义的和平思想在人类思想史上不绝如缕，虽然大都具有浓厚的乌托邦色彩，但却启发了人们追求和平、维护和平的梦想与勇气。直到今天，维护世界的持久和平仍然是世界各国及各种国际组织不可拒绝的道义责任。

2. 现实主义的和平思想

实践性的和平思想与理论性和平思想中现实主义部分区别之处在于，实践性和平思想具有实践上的可操作性，是对和平实践的直接总结，其目的在于直接指导和平实践；而现实主义的和平思想是从客观的角度研究分析和平问题，力图探求和平的原理及规律，给

---

① 【德】康德著：《永久和平论》，何兆武译，上海人民出版社2005年版，第9~10页。

② 【德】康德著：《永久和平论》，何兆武译，上海人民出版社2005年版，第21~22页。

人以启发，从而影响人类的和平实践。现实主义的和平思想一般建立在理性、科学的传统基础上，由专业的理论研究者提出。在古希腊罗马时期以及中世纪，现实主义的和平思想并不突出，从文艺复兴和启蒙时期开始，现实主义的和平思想随着近代政治学的发轫逐渐进入理论家的视野。到今天，国际战略、国际关系、军事学、国际政治、国际经济、和平学等学科专业都将视野关注到现实主义的和平问题。由于这方面的理论涉及领域众多，论点丛生，因此只能简要介绍。

启蒙主义时期的霍布斯和洛克等都对战争与和平的原因作出了自己的分析，对后代学者研究和平问题提供了重要理论依据。霍布斯在《利维坦》一书中认为，人类具有好战的本性，自然状态即为战争状态，即使冲突没有公开，建立在人类贪欲基础上的战争也是长久的。"在没有一个共同权力使大家慑服的时候，人们便处在所谓的战争状态之下"，而"所有其他的时期则是和平时期"[①]，因此，为了实现自我保护，人类在遵从某种社会公约的基础上把自己的自然权利交给一个绝对权威来统治，有时这个绝对权威甚至是暴君，从而在绝对权威的统治下实现了和平。当然，这种和平并不是天然的，而是出于理性计算的结果，因为和平是人类生存最有效的保障。因此，霍布斯主张，必须用剑保卫和平，如果"没有权高一切的万能国际主权者，就没有国际和平"。[②] 与霍布斯相反，洛克认

---

① 【英】霍布斯著：《利维坦》，黎思复、黎廷弼译，杨昌裕校，商务印书馆2009年版，第94~95页。

② 【美】约翰·麦克里兰著：《西方政治思想史》，彭淮栋译，海南出版社2003年版，第234页。

为，人的社会性决定了和平状态是自然而积极的，人们在自我保护的同时也有必要保护他人。但人性并不完美，因此战争并不合理但可能发生。依靠武力和专政来统治国家并不能带来和平，反而会引起国内冲突。

经济学出现后，理论家们开始从经济学的角度看待和平问题，一些学者提出了和平与发展的关系问题，一些学者在研究中涉及了像旧中国这样的落后地区与帝国主义国家经济上的战争与和平问题。其中较早的如德国经济学家李斯特认为，经济不平衡和贸易战争不可能带来永久和平，必须使各国的经济发展水平达到相对平均的程度，同时各国的政治制度也相应变动，才能在国家间结成"共同联盟"的基础上使"永久和平"得到保障。[①] 19世纪末期，英国的斯宾塞提出了经济发展与和平存在相互依存关系的理论。斯宾塞批评殖民国家进行海外战争的目的是要控制对外关系的主导权，他认为，扩充海外市场和对外移民可以和平地进行，从而降低战争的可能性。[②] 美国的宗教家兼评论家尼布尔发展了斯宾塞的观点，把落后国家的和平与发展问题列入考察范围，指出先进国家的经济力量在落后国家那里不能通过武力来保持，而只有用和平的手段，即通过实业家和技术人员之手来灌输，而且先进国家只有把经济力量

---

① 【法】范妮·库仑著：《战争与和平的经济理论》，陈波、阎梁主译，经济科学出版社2010年版，第19页。

② 【日】入江昭著：《20世纪的战争与和平》，李静阁、颜子龙、周永生译，世界知识出版社2005年版，第33页。

与军事力量分割开来，维持和平才成为可能。[①]

循环论与周期论是从世界体系与历史发展趋势的角度考察战争与和平的规律性问题。上世纪20年代，俄国经济学家康德拉季耶夫在对英国、法国、美国等国家的批发物价指数、公债价格、工资、进出口额和煤、钢铁产量的长期时间序列数据进行分析的基础上，指出存在着以50年左右为一个周期的"资源（农业）、技术革新、货币供给量（黄金产量）、战争和内乱"等四个环节的循环。据此，有学者给出了1500年世界进入全球化时代以来康德拉季耶夫长波的几个顶点：零波的顶点有30年战争，第一波的顶点有拿破仑战争，第二波的顶点有南北战争，第三波的顶点有第一次世界大战，第四波的顶点有越南战争。[②]

汤因比的战争与和平循环论也非常著名。汤因比通过研究文明的发展规律，提出了文明"起源—生长—衰落—解体"的历史循环论。汤因比还算出了平均为57.66年的战争周期，并主张如果把希腊主义世界、西欧、中国的历史合计在一起，那么战争周期是44.76年。他还指出，16世纪以后以"全面战争"为基轴，存在着"前兆战争""全面战争""小康期""增补战争"及"全面和平"周期，一个周期为115年。其中，第一个循环（1568年~1672年），是近代欧洲最初的霸主哈布斯堡家族维持霸权的世纪，同时荷兰独立战争和30年战争使哈布斯堡家族的霸权显著衰退；第二个循环（1672年~1792年），

---

① 【日】入江昭著：《20世纪的战争与和平》，李静阁、颜子龙、周永生译，世界知识出版社2005年版，第73页。

② 【日】猪口邦子著：《战争与和平》，刘岳译，经济日报出版社1991版，第96~98页。

是法国追求霸权的世纪，同时，在西班牙王位继承战争和法国—印第安战争中，法国在欧洲大陆以外的势力扩张受到明显局限，下一代霸主英国确立其地位；第三个循环（1792年~1914年），是在英国霸权中各种势力争夺下一代霸主的世纪，法国和俄国分别在拿破仑战争和克里米亚战争中遭受挫折，普鲁士成为大不列颠控制下的国际秩序的强有力的挑战者；第四个循环（1914年之后），是"美国的世纪"，德国通向霸权的道路被完全切断，美国通过第一次世界大战凌驾于英国之上，通过第二次世界大战成为20世纪的霸主。[①] 由于循环论与周期论具有过于强烈的机械性色彩，因此其说服力并没有受到广泛认同。

最后，谈谈和平学的理论。和平学的理论最初来源于理想主义的和平思想，延续了1815年纽约和平协会、1828年美国和平协会、1866年世界和平协会，以及1843年伦敦、1848年布鲁塞尔、1849年巴黎、1850年法兰克福等和平会议的衣钵。但第二次世界大战之后和平学在欧洲正式形成时已经具备了浓厚的现实主义色彩。早期的和平学主要研究如何在全球范围内加强一体化机制，以阻止暴力和战争。20世纪70年代末，美国和平学者肯尼思·博尔丁提出了思想和认识交流的重要性，认为战争与冲突的研究者应将其掌握的知识和信息服务于沟通和合作。挪威人约翰·加尔通将和平学研究从国家层面引入人类社会层面，从而成功开创了和平学的现代发展阶段。加尔通提出了消极和平与积极和平的概念，认为持久和平的前提条件是所有间接暴力（不公正、贫穷、压迫）都要消失。澳大利

---

① 【日】猪口邦子著：《战争与和平》，刘岳译，经济日报出版社1991版，第109，114~115页。

亚和平学者约翰·伯顿强调一种社群主义而不是国家主义的安全观，认为个人、群体乃至国家的安全需求只有通过持续的接触和适度的沟通才能得到满足。[1] 目前，全世界大约有500家和平学研究机构。按照加尔通的说法，"和平学是可教的、可调查的以及可行的实用科学"。[2]

二、中国和平思想的深厚传统

从词源学的角度看，无论是"和"，还是"平"，在中国都没有今天我们常常所说的"非战状态"的起源。《说文解字》中将"和"解释为"相应"，即同声相应、同气相和之意，主要指声律音乐上的协和。因此，《易经·中孚》中有"鸣鹤在阴，其子和之"之句；《尔雅·释乐》中有"大笙谓之巢，小笙谓之和"之句。《广韵》将"和"解释为"顺也，谐也，不坚不柔也"，形容某种东西的情状。从这层意思引申出来，《中庸》中有"发而皆中节谓之和"，《书经·尧典》中有"协和万邦"之句，《论语·学而》中有"礼之用，和为贵"之句。在这些意思中，"和"虽然仍然没有"和平"之意，但已经可以引申出"协调""和谐"之意。"和"成了儒家思想中的一个重要概念，为塑造中国思想传统中尊崇"和平"的思想奠定了基础。

从词源学的角度看，"和"主要涉及不同声音、不同物质、不同集团的关系问题，而"平"主要指某种物性的状态。《说文解字》将

---

[1] 《安全与战略》第251~254页。

[2] 张肖雯：《和平学视野下的中国与西方：访和平学之父约翰·加尔通》，2010年10月28日《中国社会科学报》第5版。

"平"解释为"语平舒"，即说话语气和缓、舒缓。《广韵》把"平"定义为"正也"，《增韵》将"平"定义为"坦也"，同时，"平"也指代实现"平坦"的动作。《尔雅·释诂》中说："平，成也。"《左传疏》中说："平者，和也。言其先不平，而今始平。又治也。""平"在今天"和平"中的含义，是从实现"平"的动词中引申出来的。如《春秋·宣十五年》中说："宋人及楚人平。"《疏》中说："成也。谓解恕和好也。"这时的"平"，也有缔结和约之意。

我国的《辞源》指出"和平"的三种含义：其一，心平气和，如《荀子·君道》中说："血气和平，志意广大。"其二，战乱平息，秩序安定，如《管子·正》中说："致德其民，和平以静。"《史记·秦始皇纪》中说："今皇帝并一海内，以为郡县，天下和平。"其三，乐声和顺，如《国语·周下》中说："声不和平，非宗官之所司也。"其中第二种含义即是我们常说的"和平"。[①]

从历史与文化传统看，可以毫不夸张地说，中华民族是人类历史上最热爱和平、最恪守和平的民族之一。这一点得到了全世界的普遍认同。正如孙中山所说："盖吾中华民族，和平守法，根于天性，非出于自卫之不得已，决不肯轻启战争。"中国和平思想的深厚传统体现在地缘环境、生产方式、国际战略、外交活动、军事战略、思想文化等诸多层面。

（一）从地缘环境的角度看中国的和平传统

一方水土养一方人。每一个国家、民族、社会、人群在生存与

---

① 《辞源》，商务印书馆1983年修订版，第502~503页。

发展过程中所采取的行为方式都离不开其生存的自然地理等地缘环境，而其地缘环境往往具有独一无二的独特性，这是人类文明多样性的一项极其重要的根源。中华文明能够延续五千年而没有中断，很大一部分原因就在于中国地缘环境的独特性。中国是一个大陆性国家，位于地球上最大的欧亚大陆的东端，幅员辽阔，广袤无垠。但同时，这块土地又相对封闭，北方是荒凉朔漠之地，一直延伸到寒冷的极地；西部同样是戈壁沙漠，还被昆仑山、天山等山脉与中亚、中东阻隔；西南部是印度板块与欧亚板块撞击形成的世界屋脊般的高原，是传统交通方式无法逾越的地球第三极；东南部则面临着地球上最辽阔的太平洋。广袤而又相对封闭的地缘环境，既养育了历史上平均人口基数和密度最大的居民，又阻挡了古代中国人走出去的脚步，使中国人安土重迁，从来没有进行大规模的扩张与征服活动。早在三皇五帝的传说年代，中国人就在部落、部落联盟的基础上初步形成了统一的政治架构，并且初步探索了这片土地的边缘。此后迄今的五千年里，中国人的生存范围就基本稳定在这个地缘环境里，虽然经济重心经历了两宋时期由北到南的变迁，虽然人口由少到多并始终在世界总人口中占据最大比例，但中国人没有因为人口土地的比例问题开展过任何对外扩张活动，其中一个很重要的原因，就是地理环境的限制。与之可以形成对比的是，古希腊罗马时期的地中海早在五六千年前就能够被原始的船筏航渡；中世纪的欧洲，骑士组成的十字军不需要克服什么天险就能够抵达中东；而在欧亚大陆的北方，游牧民族凭借马与马车的驮载，很容易在平坦辽阔的草原上迁徙征伐。只有中国人，祖祖辈辈耕耘于世代相传的土地上，成为东亚大地忠诚的"囚徒"。

（二）从生产方式的角度看中国的和平传统

传统上，中国属于典型的农业文明地区，世代务农的农耕文明也是促使中国坚守和平传统的一个重要原因。人类进入文明社会以后，首先发展起来的较为先进的文明就是农业文明，比农业文明更加先进一些的是商业文明，比农业文明落后一些的是游牧文明，介于农业文明与游牧文明之间的是畜牧业文明，比游牧文明更加落后一些的是渔猎文明。在所有这些文明形态中，农业文明最讲究和平。中国很幸运，从一开始就成为典型的农业文明地区。这使古代的中国自有人类记载以来生产力发展水平和劳动生产率一直在世界名列前茅，创造了光辉灿烂的古代文明。农业文明必须严格遵守一年四季的变迁规律，生产以时，这导致中国农民本分保守，不敢越雷池一步，遵守规则，固守农田的边界。上升到国家层面，则整个中国坚持守土有则，从来不事扩张，不主动挑衅对外宣战，因此形成小国寡民的局面。中国的农业文明是大河文明的产物。黄河与长江都是中华文明的母亲河。共同的生产方式，特别是共同治理大河的需要，很早就把中华民族联成一体，牢不可破。但农业文明的发达，又压制了其他文明的萌芽。农垦地区的扩大，使游牧地区越来越边缘化；农业产出的丰富，使畜牧经济发展受限，中国成为世界罕见的不以动物乳汁为主食的地区；农业生产将大量劳动力束缚在土地上，即使出现了商业文明的苗头，也总是受到压制，被排挤到社会主流之外；农业文明与大河文明的结合，孕育了专制主义的种子。因此，农业文明促使中国古代文明高度发达的另一面，是自秦汉以来中国文明几乎没有发展，陷入停滞之中。表现在战争与和平的关系中，则是安守和平，不思进取，缺乏尚武精神，缺乏改进军事能力的动力，导致中国在历史上屡受外敌入侵，既有国破家亡之时，也有受尽屈辱之时。特别是近代以来，在资本主义、帝国主义列强全球扩张、侵略掠夺的背景下，传统的农业文明生产方式已经无力保护中国的和平与发展。

（三）从国际战略的角度看中国的和平传统

国际战略并非中国历史文化传统所固有。国际战略是1648年威斯特伐利亚和约签署后在国家主权的概念基础上发展起来的具有西方色彩的近代化概念，因此，在中国的传统上处理战争与和平问题时不会考虑到国际战略的问题。但在研究当代中国的和平理论时必然会遇到国际战略问题，而这些问题又可以追溯到中国的历史传统。因此仍然可以从国际战略的角度看待中国的和平传统。

古代中国遇到的最突出的国际战略问题是敌强我弱、群敌环伺、敌人实力参差不齐。虽然中国的地理环境相对封闭，使中国免于许多外敌入侵的危险，但在中国西部和北部，尤其是北部，是近代以前中国主要外患的来源地。实际上，这儿也是全世界蛮族入侵的主要源头。正如有的西方学者所说，"游牧民迁徙方向一般是自东向西，因为欧亚大草原的地理坡度使大草原西部水源较充足、土地更肥沃，吸引着东方的游牧民。主要的入侵路线都起自北京附近"。[1] 实际上，游牧民族入侵的最短路线是向南侵略肥沃的农业地区，亦即中国内陆地区。在强敌环伺的国际战略格局之下，古代中

---

[1] 【美】斯塔夫里阿诺斯：《全球通史：1500年以前的世界》，吴象婴、梁赤民译，上海社会科学院出版社1988年版，第310页。

国人被迫探索更加可行的生存之道，并逐渐形成了重谋略的战略思维。正如孙子所说："故上兵伐谋，其次伐交，其下伐兵，其下攻城。"[1] 重视谋略的目的，就是为了争取以和平方式解决争端，避免刀兵相见。《孙子兵法·九地篇》中还有运筹"衢地"即四通八达之地的战略，"衢地则合交"，"衢地吾将固其结"，意思就是在国际关系比较复杂的地区注意通过结交一些国家、孤立另一些国家，实现自身最大利益，以"先至而得天下之众"[2]。在与诸侯国接壤的地区，要结交毗邻的诸侯国，并巩固和他们的结交，以取得他们的支持，从而在外交上孤立敌国。汉初晁错在写给汉文帝的《议兵事疏》中针对匈奴强敌压境的局面，提出了"以蛮夷制蛮夷"的思想，主张汉夷并用守边卫防，就是典型的运用谋略争取国际战略有利态势的和平方案。在汉朝后来的对匈战争中，汉武帝制定了以"断匈奴之右臂"同时通西域、联乌孙"以夷制夷"对付匈奴的战略，取得了农业文明抗击游牧文明入侵的罕见的胜利。直到近代，面临列强入侵，清朝也是屡屡采用"以夷制夷"的方法，虽然仍然难免屈辱的结局，但也或多或少维护了中国的利益。

（四）从外交活动的角度看中国的和平传统

与国际战略相同，外交也是近代以来才在处理国与国之间关系中受到重视。在古代中国，并没有今天的国际关系的概念，当然也没有现代意义上的外交，但这并不妨碍我们从外交活动的角度看待中国如何使用和平的手段取得对自己有利的局势。

---

① 《孙子兵法·谋攻篇》。

② 《孙子兵法·九地篇》。

总体而言，在古代中国的世界里，中国是世界的中心，"中国"的称呼也由此而来，"普天之下，莫非王土；率土之滨，莫非王臣"。其他国家无不如众星拱月，环绕在中国周围。而中国幅员之大，物产之丰富，人口之众多，文明之先进，无不远远超出其他邻国。中国认为自己无须通过侵略或者战争的方式取得周边的土地与资源，因此在外交活动中首先倾向于运用和平手段，以柔远人，营造以中国为中心、以附属国为藩篱的天下格局。中国与藩属国之间不是近代国与国之间的平等关系，而是封建意义上的君臣关系，当然，中国承认藩属国的独立，而藩属国必须承认中国皇帝高人一等的天下共主的地位。这种国际关系依靠册封与朝贡体制来维持。当藩属国的君主登基时，会争取中国的册封。而在定期的朝贡机制中，中国采用"厚往而薄来，所以怀诸侯"①的办法，"厚往，谓诸侯还国，王者以其材贿厚重往报之。薄来，谓诸侯贡献使轻薄而来。如此，则诸侯归服"。②通过这种办法，既营造了中国皇帝至高无上的尊严和地位，又使远方宾服，营造了世界和平。在外交活动中，中国还讲究感情与亲情的联结。和亲就是中国争取和平环境的重要手段之一。公元前200年，汉高祖刘邦在与匈奴交战中被围困，答应以和亲的办法缔结和平。这是中国古代和亲政策的开始。早期的和亲往往是迫不得已的。但和亲政策确实取得了重要的和平成果。王昭君、文成公主都因为和亲长时间地改善了边疆安全环境从而名垂青史。《孙子兵法》说"上兵伐谋，其次伐交"，所要表达的意思就是，可以通过外交活动取得比军事行动更有利的成果，达

---

① 《礼记·中庸》。
② 《礼记·中庸》，孔颖达注疏。

到"不战而屈人之兵"的目的。

（五）从军事战略的角度看中国的和平传统

与西方传统非常不同的是，在中国传统中讲到军事首先想到的却是和平。从古知兵非好战，战争，不是为了获得眼前的胜利，而是为了获得更好的和平。《孙子兵法》的第一句话"兵者，国之大事也"，就反映出中国传统的军事战略绝不是就兵言兵，而是着眼于为国家谋求根本利益。《孙子兵法》中充满了"全胜""慎战"的观点，就是提醒兵家不要拘于胜败一隅，而要着眼于战略，争取更加有利的胜利。如《孙子兵法·谋攻篇》中说："凡用兵之法，全国为上，破国次之；全军为上，破军次之；全旅为上，破旅次之；全卒为上，破卒次之；全伍为上，破伍次之。是故百战百胜，非善之善者也；不战而屈人之兵，善之善者也。"在提出战争最高境界的同时也指出了"不战"的上善之举。再如，《孙子兵法·火攻篇》中说："故明君慎之，良将警之，此安国全军之道也。"提出了"慎战"思想，认为这才是"安国全军之道"。先秦诸子中，《吕氏春秋》提出了"义兵"说。"义兵"，即正义之师，指出如果进行正义战争，则"义兵至，则邻国之民归之若流水，诛国之民望之若父母，行地滋远，得民滋众，兵不接刃而民服若化"[1]，也能达到"不战而屈人之兵"之效。在中国历史的大部分时间里，以"求和平、谋统一、重防御"为代表的中国战略文化的灵魂为中国人民带来了自身的繁荣和睦邻友好关系。[2]

---

[1] 《吕氏春秋·怀宠》。

[2] 李际均：《新版军事战略思维》，长征出版社2012年版，第38页。

重视防御，就是中国军事战略的基点。秦朝"北筑长城而守藩篱"目的即在防御。今天，万里长城作为中华民族的象征，既蕴含了坚忍不拔的民族精神，更是军事战略上防御的工具，代表了保家卫国的决心。但是，防御也有保守性一面，实行消极防御，特别是对待军事技术的基本态度上，古代中国多突出"道"与"器"之辩，重道轻器，忽视军事技术的发展与应用。清王朝后期，对外敌入侵抵抗不力，甚至不战而退、不战而降，从而给中国近代史蒙上屈辱的阴影。①

（六）从思想文化的角度看中国的和平传统

中国历来珍爱和重视和平，还体现在思想文化方面。明初郑和率领当时世界上最大的舰队，先后七次下西洋，到了30多个国家和地区，最远到非洲东岸和红海海口。但这支空前的大舰队从来没有像西方国家那样使用武力去建设海外殖民地，或者掠夺别国财富，而全部都是作为友好使者，促进中国与亚非各国的经济和文化交流。许多西方人至今都对此深感惊异，觉得不可理解。这是因为中国珍爱和平的思想文化传统既历史悠久，又具有鲜明的独特性。《尚书·尧典》说，"克明俊德，以亲九族，九族既睦，平章百姓，百姓昭明，协和万邦，黎民于变时雍"，表达的是不用武力、依靠道德实现和平的理想；《周易大传》中说，"圣人感人心而天下和平"，是呼唤圣人来感动人心、促进和平；《老子》第三十一篇说，"兵者不祥之器，非君子之器，不得已而用之"，表达的是正人君子对使用武力

---

① 李际均：《新版军事战略思维》，长征出版社2012年版，第39页。

和以武力相威胁的不屑；孔子《论语》里有丰富的仁道、恕道思想，"礼之用，和为贵""己所不欲，勿施于人"等思想受到全世界的推崇；《墨子》中专门有"非攻"一卷，呼吁君子辨别"义"与"不义"，行使"仁义"的"圣王之道"；《孟子》也提倡"仁政"，指出"得道者多助，失道者寡助。寡助之至，亲戚畔之；多助之至，天下顺之"；《管子》提出了"至善不战"的主张……这些丰富的和平思想既塑造了传统中国的思想观念，对今天也有启迪作用。挪威和平学者加尔通就认为，道家的阴阳论就比单纯地将和平与暴力对立起来具有更好的说服力，因为道家的见解是"和平中有暴力（被动的），暴力中有和平（主动的），阴存在于阳之中，阳存在于阴之中……阴与阳彼此对立，但从相互补充的角度上说，它们又共同存在着"。①

　　上述历史与文化传统，虽然起于远古，但大都定型于秦汉时期。从汉朝开始，中国的封建社会进入稳定与相对停滞的阶段，直到清末，这些基本的传统没有再发生大的本质性的变更。对于当代中国的和平理论而言，上述的历史与文化传统，既有客观的物理存在，又有主观的思想观念；既有利，又有弊，但都是不以人的意志为改变的历史事实。总体而言，这些历史与文化传统，为当代中国的和平理论积淀了丰富的思想底蕴，是当代中国和平理论必须继承并扬弃的宝贵财富。

---

① 【挪】约翰·加尔通著：《和平论》，第24~25页。

第三节　马克思主义在人类和平思想史上的重大进步

如前所述，人类追求和平的历程从第二次世界大战开始进入积极缔结并维护持久和平的新的历史发展阶段，人类历史上战争与和平的天平第一次全球性地向和平的一方倾斜。但这一发展进程的思想准备却要早得多。虽然反对战争、维护和平的思想自古就有，但真正要使这些思想从空想变得科学，从个别人、个别群体、个别国家零星的自发式的设想发展成人类社会整体性的自觉意识，还需要最广大的受剥削的无产阶级以及全世界弱小的受压榨的国家和地区的人民思想意识的普遍觉醒。正是马克思主义的形成与发展促成了人类和平思想史的这一重大进步，其中，马克思主义的和平理论是马克思主义的重要组成部分。

一、马克思恩格斯提出的科学的和平理论

马克思主义是马克思、恩格斯在19世纪工人运动的实践基础上创立的科学的理论体系。马克思主义辩证地、历史地、科学地回答了关于全世界无产阶级和全人类彻底解放的理论问题，形成了马克思主义哲学、马克思主义政治经济学和科学社会主义三个不可分割的主要组成部分。在马克思主义理论体系中，并没有专门的和平理论，与哲学、经济学、政治学、军事学、历史学等马克思主义涉及较多的学科门类相比，马克思主义涉及的和平理论也较少。但由于

马克思主义的理论体系博大精深、涵盖面极广，和平问题作为人类社会面临的基础性问题，在马克思主义著作中也被多次提及，渗透于马克思主义理论体系的方方面面。从马克思恩格斯著作的整体出发，可以发现科学的和平理论的坚固基石。总体而言，马克思恩格斯提出的科学的和平理论包括以下三个方面：（一）阐明了人类和平的本质；（二）指明了全世界无产阶级和全人类争取和平的方向；（三）解答了与和平有关的重大现实问题。

（一）阐明了人类和平的本质

马克思恩格斯通过运用历史唯物主义、辩证唯物主义的观点和方法进行严密的逻辑分析，深刻指出了战争的本质，同时也揭示了和平的本质，因为战争的爆发正是对和平的破坏。马克思恩格斯指出，生产力与生产关系的矛盾对于人类历史发展具有决定性作用，而战争无非是生产力与生产关系之间矛盾的表现方式之一，是二者矛盾不可调和的暴烈性表现方式。在百科全书式的《反杜林论》中恩格斯专门论述了暴力产生的生产力、生产关系根源："暴力仅仅是手段，相反地，经济利益是目的。目的比用来达到目的的手段要具有大得多的'基础性'。"[1] 因此，"一切历史冲突都根源于生产力和交往形式之间的矛盾"。[2] 在原始社会中期，人类进入氏族时期，随着私有制的出现，阶级出现了，对私有财产的争夺逐渐普遍化，战争开始登上人类历史舞台。如果说生产力与生产关系的矛盾是战争的根源的话，那么，这一根源更加鲜明地表现为阶级矛盾和阶级冲

---

[1]　《马克思恩格斯选集》第3卷，人民出版社1995年版，第503页。

[2]　《马克思恩格斯选集》第1卷，人民出版社1995年版，第115页。

突，而在政治、宗教、哲学、意识形态等领域内的斗争无非是表象而已。马克思恩格斯认为："一切历史上的斗争，无论是在政治、宗教、哲学的领域中进行的，还是在其他意识形态领域中进行的，实际上只是或多或少明显地表现了各社会阶级的斗争，而这些阶级的存在以及他们之间的冲突，又为它们的经济状况的发展程度、它们的生产的性质和方式以及由生产所决定的交换的性质和方式所制约。"① 针对无论历史上还是现实中民族之间、国家之间战争都比较突出的情况，马克思恩格斯承认"各民族之间的相互关系取决于每一个民族的生产力、分工和内部交往的发展程度。这个原理是公认的②"。但同时指出，民族矛盾的根源仍然是阶级矛盾，因为"旧社会中身居高位的人物和统治阶级只有靠民族斗争和民族矛盾才能继续执掌政权和剥削从事生产劳动的人民群众③"。同样，对于国与国之间的矛盾冲突，尤其是经济贸易冲突，尽管"各国间的竞争尽可能通过关税率、禁令和各种条约来消除，但是归根结底，竞争的斗争还是通过战争（特别是海战）来进行和解决的"④。强权国家"由于需要使军队有事可做，并且由于需要将革命潮流引开，使之关注国外，结果就产生了战争"⑤，因此，"只要有利益相互对立、相互冲突和社会地位不同的阶级存在，阶级之间的战争就不会熄

---

① 《马克思恩格斯选集》第1卷，人民出版社1995年版，第583页。

② 《马克思恩格斯选集》第1卷，人民出版社1995年版，第68页。

③ 《马克思恩格斯全集》第17卷，人民出版社1963年版，第316页。

④ 《马克思恩格斯选集》第1卷，人民出版社1995年版，第111页。

⑤ 《马克思恩格斯选集》第4卷，人民出版社1995年版，第513页。

灭"①。马克思恩格斯的上述论述表明，战争的本质来源于阶级矛盾，无论国家之间的战争还是民族之间的战争都无非是阶级矛盾的转化。要消除战争的根源，赢得长久的和平，必须致力于消除生产力与生产关系的矛盾，并进而消除阶级矛盾。

（二）指明了全世界无产阶级和全人类争取和平的方向

马克思主义是关于全世界无产阶级和全人类彻底解放的科学理论，全世界无产阶级和全人类解放并实现自由的过程必然会与人类争取和平的过程相伴。实现无产阶级和人类的自由、全面的解放是与实现人类持久、公正的和平分不开的。要想实现真正持久的和平必须拔除战争的根源。首先是必须使和平和发展联系起来，使生产力得到充分的发展。马克思恩格斯清醒地认识到，即使获得了眼前的和平，但"在极端贫困的情况下，必须重新开始争取必需品的斗争，全部陈腐污浊的东西又要死灰复燃"②。因此，无产阶级一旦开始建立一个崭新的社会，就必须"尽可能快地增加生产力的总量"③。其次是要在生产力充分发展的基础上推动生产关系和社会制度的革命性变革。马克思恩格斯指出，一旦社会生产力恢复其本性，"社会的生产无政府状态就让位于按照社会总体和每个成员的需要对生产进行的社会的有计划的调节"④，新的生产关系就会产生。在生产关系和社会制度发生革命性变革后，"人们才完全自觉地

---

① 《马克思恩格斯全集》第8卷，人民出版社1961年版，第249页。

② 《马克思恩格斯选集》第1卷，人民出版社1995年版，第86页。

③ 《马克思恩格斯选集》第1卷，人民出版社1995年版，第293页。

④ 《马克思恩格斯选集》第3卷，人民出版社1995年版，第754页。

自己创造自己的历史……这是人类从必然王国进入自由王国的飞跃"。① 第三是要进一步推动阶级、国家、战争的消亡，以消除战争根源。当无产阶级改造了生产关系和社会制度，无产阶级就将消灭阶级，成为国家的主人。无产阶级将"首先把生产资料变为国家财产。但是这样一来，它就消灭了作为无产阶级的自身，消灭了一切阶级差别和阶级对立，也消灭了作为国家的国家"②。此时，全世界无产者将联合起来，消灭人对人的剥削。"人对人的剥削一消灭，民族对民族的剥削就会随之消灭。民族内部的阶级对立一消失，民族之间的敌对关系就会随之消失。③""代替那存在着阶级和阶级对立的资产阶级旧社会的，将是这样一个联合体，在那里，每个人的自由发展是一切人的自由发展的条件。"④ 这也是马克思恩格斯在《共产党宣言》里阐明的理想。只有到这个时候，真正的、理想的、持久的和平才属于全世界无产阶级和全人类。马克思热情地指出："这个新社会的国际原则将是和平，因为每一个民族都将有同一个统治者——劳动!"⑤

（三）解答了与和平有关的重大现实问题

但是，马克思主义的和平理论并不只是瞄准邈远、理想的和平。马克思主义理论体系的历史使命是认识现实、改造现实，推动

---

① 《马克思恩格斯选集》第3卷，人民出版社1995年版，第758页。

② 《马克思恩格斯选集》第3卷，人民出版社1995年版，第754~755页。

③ 《马克思恩格斯选集》第1卷，人民出版社1995年版，第291页。

④ 《马克思恩格斯选集》第1卷，人民出版社1995年版，第294页。

⑤ 《马克思恩格斯全集》第17卷，人民出版社1963年版，第8页。

不合理的现实世界朝着公正合理的理想目标前进。因此，在马克思主义的和平理论中充满了对重大现实问题的敏锐观察、透彻分析、深刻揭示。首先，马克思恩格斯坚定支持使用暴力手段推翻旧世界，实现并维护新世界的和平。马克思恩格斯声言，共产党人的目的，"只有用暴力推翻全部现存的社会制度才能达到"①；"除了进行暴力的民主的革命以外，不承认有实现这些目的的其他手段。"②而且即使在革命取得胜利和平的果实之后，无产阶级仍然要用"最有权威的东西"迫使资产阶级屈服。其次，要始终对资产阶级的虚假和平保持警惕。1871年，马克思在同报社记者谈话时讲道，"英国资产阶级在它还垄断着表决权时，总是表示准备接受多数的决议。但是，请您相信，一旦当它在自己认为是生命攸关的重大问题上处于少数时，我们就会在这里遇到新的奴隶主的战争"。③第三，不排除和平达到目的的可能，但要准备采取暴力。1872年，马克思在阿姆斯特丹群众大会的演讲中说："我们也不否认……工人可能用和平手段达到自己的目的。但是，即使如此，我们也必须承认，在大陆上的大多数国家中，暴力应当是我们革命的杠杆。"④因此，虽然马克思、恩格斯都对由资本主义向社会主义过渡问题提出过暴力的和和平的两种可能性，但他们一贯认为革命的和平发展仅是一种例

① 《马克思恩格斯全集》第4卷，人民出版社1958年版，第504页。

② 《马克思恩格斯选集》第4卷，人民出版社1995年版，第530页。

③ 《马克思恩格斯全集》第17卷，人民出版社1963年版，第686页。

④ 《马克思恩格斯全集》第18卷，人民出版社1964年版，第179页。

外，而没有把"和平过渡"作为一种普遍道路。①

二、列宁斯大林对和平理论在20世纪前期的推进

马克思主义是发展的、与时俱进的、博大精深的理论体系。马克思恩格斯创建了马克思主义理论大厦，但他们从来没有宣称已经穷尽了马克思主义发展的可能性。当马克思主义发展的轮辐转到20世纪的时候，列宁斯大林通过创建世界上第一个社会主义政权，并领导这一政权收拾第一次世界大战留下的烂摊子、击退帝国主义的干涉战争、取得第二次世界大战的胜利，从而把马克思主义的和平理论成功推向了20世纪。列宁斯大林对马克思主义和平理论的发展主要体现在以下三个方面：（一）阐释了帝国主义时期革命、战争、和平的基本问题；（二）提出了和平共处的战略思想；（三）揭露了帝国主义的虚假和平及其危险性。

（一）阐释了帝国主义时期革命、战争、和平的基本问题

从19世纪后期开始，资本主义逐渐发展到帝国主义阶段。马克思主义者很早就注意到帝国主义破坏世界和平，引发世界大战的危险性。恩格斯早就指出，一旦爆发世界大战，"这将是一场闻所未闻的流血和浩劫，归根到底是前所未有的大伤元气"②，"如果战争一

---

① 李慎明：《全球化背景下的中国国际战略》，人民出版社2011年版，第193页。这是李慎明担任首席专家的"经典作家关于战争与和平问题的基本观点研究"课题组研究成果之一。

② 《马克思恩格斯全集》第36卷，人民出版社1974年版，第381页。

直打到底而没有发生内部动乱，那就会有欧洲二百年未发生过的衰竭"①。不幸的是，到了列宁斯大林时期，恩格斯预言的世界大战果然应验了。列宁斯大林必须面临的最棘手的问题就是如何在战争危险极端严峻的形势下进行社会主义革命、维护本国以及世界的和平。列宁明确指出了帝国主义战争的本质。他说，"帝国主义战争，即争夺世界霸权、争夺银行资本的市场和扼杀各弱小民族的战争是不可避免的"②，"它是由帝国主义的本质产生的"③，"抱着在资本主义下可能达到永久和平的幻想……除了欺骗群众以外，没有别的东西"④。针对考茨基等人提出"超帝国主义"有可能"出现裁减军备和实现持久和平"的论调，列宁做出严正批驳，指出这种"愚蠢可笑的胡说""不可避免地只会是前后两次战争中间的'暂时休战'"。⑤关于帝国主义时代革命、战争、和平的关系问题，列宁斯大林创造性地指出，应该利用帝国主义的战争开展社会主义革命，解放尽量广大的受压迫地区人民，争取更加持久的和平。列宁说："战争并不是由资本家强盗的恶念造成的，战争是由半世纪来全世界资本的发展及其千丝万缕的联系造成的。不推翻资本的权力，不把国家政权转到另一个阶级即无产阶级手中，就不能跳出帝国主义战争，不能求得民主的非强制的和平。"只有把帝国主义战争变成国内战争，把国家政权转到无产阶级手中，突破全世界资本主义的战

---

① 《马克思恩格斯全集》第37卷，人民出版社1971年版，第11页。

② 《列宁全集》第24卷，人民出版社1957年版，第426页。

③ 《列宁全集》第29卷，人民出版社1956年版，第168页。

④ 《列宁全集》第22卷，人民出版社1958年版，第287页。

⑤ 《列宁全集》第22卷，人民出版社1958年版，第265，289页。

线，"无产阶级才能使人类摆脱战争的灾祸，给人类以持久和平的幸福"[①]。

（二）提出了和平共处的战略思想

作为世界上第一个在一个国家实现的无产阶级政权，苏维埃政权成立之初，面临着极其险恶的战争环境，一方面是第一次世界大战的严重战争创伤使苏俄国内形势极其严峻，另一方面帝国主义不断发动干涉战争，苏俄境内战火不断。这种情况下，如何取得和平、医疗战争创伤是苏维埃俄国面临的首要任务。1917年10月26日（俄历11月8日），苏维埃政权颁布的第一个法令和第一个外交文件，就是代表苏维埃俄国对外政策的纲领性的《和平法令》。《和平法令》明确提出了"和平合作，承认各民族一律平等，尊重它们的民族独立和国家独立，不干涉它们的内政，无产阶级国际主义"等原则，并建议缔结旨在结束第一次世界大战的停战协定，以便进行和平谈判。1918年3月7日，列宁在俄共（布）第七次代表大会上作了"关于战争与和平的报告"，进一步阐述了包括立即签订对德和约、争取和平喘息时机等观点在内的和平共处思想，列宁说："历史告诉我们，和平是战争的喘息时机，战争是获得某种更好一点或者更坏一点的和平的手段……我们不知道，喘息时机会继续多久，我们要设法抓住时机。"[②]但列宁的和平共处思想绝不只是为了赢得和平喘息，列宁还考虑到了国际经济联系不可分割的特点。他指出："有一种力量胜过任何一个跟我们敌对的政府或阶级的愿望、意志和

---

① 《列宁全集》第24卷，人民出版社1957年版，第45~46页。

② 《列宁全集》第34卷，人民出版社1985年版，第20~21页。

决定，这种力量就是世界共同的经济关系。"①在回答美国记者关于苏俄"同美国保持和平的基础是什么"的提问时，列宁说："让美国资本家不要触犯我们。我们是不会触犯他们的。我们甚至准备用黄金向他们购买用于运输和生产的机器、工具及其他东西。"②值得注意的是，由列宁提出后来得到斯大林继承，并被发展成为苏联国家对外方针的和平共处思想还包含着和平竞赛的内容。如苏联共产党纲领就规定："和平共处是国际范围内社会主义和资本主义之间的和平竞赛的基础，也是两者之间阶级斗争的特殊形式。"③西方学者也注意到了这一点。美国前国务卿赖斯从政之前曾在学术文章中提出，苏联"在放弃将战争作为一种手段选择的同时，和平共处在其核心部分仍坚持两种天然敌对的制度之间的生死斗争"④。应该说，这种和平竞赛的思想具有比较明显的冷战色彩。

（三）揭露了帝国主义的虚假和平及其危险性

马克思主义发展到列宁斯大林时期，正是世界大战的悲剧最深重的时期，同时也是虚假的和平的帽子满天飞的时期。各种虚假的和平思想，有的是出于理想主义者天真的愿望，有的是出于战争贩子别有用心的编造，但这些虚假的思想带有极强的蛊惑性，很容易

---

① 《列宁全集》第42卷，人民出版社1987年版，第332页。

② 《列宁全集》第30卷，人民出版社1957年版，第333页。

③ 《苏联军事百科全书中译本（第一卷）》，中国人民解放军军事科学院编译，战士出版社1982年版，第181页。

④ 【美】保罗·肯尼迪编：《战争与和平的大战略》，时殷弘、李庆四译，世界知识出版社2005年版，第154页。

使人上当受骗。国外也有学者指出，上世纪30年代在英法两国的和平运动大概是第二次世界大战的一个原因，因为它加强了希特勒的讨价还价地位，给了他一种膨胀了的信心，以为潜在敌人全无打仗胃口。[①] 列宁斯大林对各种虚假和平及其危险性保持了充分的警惕性，并进行了深刻揭露。早在1916年，列宁就提出要"彻底地、经常地、勇敢地、毫无保留地揭穿本国政府和本国资产阶级的和平主义和民主的虚伪性"[②]。斯大林更是明确指出，和平主义者、民主主义者，以及帝国主义分子，"他们奉行和平主义只是追求一个目的：为了准备新的战争而用和平这种响亮的词句来欺骗群众"[③]。因此，列宁提醒人们警惕帝国主义战争期间的和平，因为"战争是平时政策的继续，和平是战时政策的继续"。[④] 列宁斯大林特别注意战争与和平的辩证关系，强调要用坚强的手段保障和平。列宁说："我们在采取各种促进和平的步骤的同时，也应当极力从事军事准备，绝对不能解除我们军队的武装。"[⑤] 斯大林也说："我们主张和平并捍卫和平事业。但是我们不怕威胁，我们准备以打击回答战争挑拨者的打击。"[⑥] 斯大林还指出，当时国际联盟提出的关于和平与裁军的论调只是空谈，"除了欺骗群众，除了使军备竞争更形加剧，除了使日益成熟的冲突更形尖锐之外，并没有什么良好的结

① 【澳】杰弗里·布莱内著：《战争的原因》，时殷弘译，商务印书馆2011年版，第254页。

② 《列宁全集》第23卷，人民出版社1958年版，第211页。

③ 《斯大林全集》第6卷，人民出版社1956年版，第248页。

④ 《列宁全集》第23卷，人民出版社1958年版，第194页。

⑤ 《列宁全集》第30卷，人民出版社1957年版，第414页。

⑥ 《斯大林全集》第13卷，人民出版社1958年版，第270页。

果"①。在核武器出现以后，斯大林提出："维护和平的利益需要首先消除（对原子武器）的垄断，然后无条件地禁止原子武器……只有鼓吹原子弹的人看到他们已不再是垄断者的时候，他们才会同意禁止原子武器。"②

如同马克思主义的诞生形成了人类思想史上的一次高峰一样，马克思主义经典作家的和平理论也科学地、实事求是地揭示了人类和平的本质、实现和平的路径，并且透过形形色色纷繁复杂的和平现象做到了去伪存真，实现了人类和平思想上的重大进步。相比较而言，马克思恩格斯对和平问题的论述虽然较少，但他们的理论基础性强、原理性强，无论从世界观还是从方法论的角度上都奠定了马克思主义和平理论的基础。而列宁斯大林的和平理论适应了帝国主义时代的新特点新形势，并且创造性地将其运用于真正的社会主义国家的和平实践，取得了巨大成功，为马克思主义和平理论的发展积累了宝贵经验。但是，由于列宁、斯大林是在没有前人经验借鉴的基础上探索一个相对落后的社会主义国家的和平理论，其理论与实践必然会产生这种那种偏差，面对庞大的帝国主义的压力，也难免会出现这样那样的失误。他们的成功经验和失败教训均对当代中国和平理论的发展起到了不可抹杀的启示作用。

---

① 《斯大林全集》第10卷，人民出版社1958年版，第238页。

② 斯大林：《关于原子武器问题答〈真理报〉记者》（载1951年10月6日苏联《真理报》），转引自《马克思恩格斯列宁斯大林论战争与和平》，人民出版社1964年版，第163页。

第二章

当代中国和平理论的形成和发展

当代中国的和平实践与和平理论，既是中华民族伟大复兴的重要内容，又是亿万中国人未来福祉的重要保障；既是世界和平的重要组成部分，又是通向公正合理的国际政治经济新秩序的重要环节；既继承了马克思主义和平理论的精髓，又创造性地发展了马克思主义和平理论，使马克思主义和平理论与中国的和平实践相结合，开辟了马克思主义和平理论的新境界。当代中国的和平理论是全体中国人民在中国共产党的领导下通过自身的实践创造与发展出来的。在当代中国，和平既具有人民性、民族性，又同时具有国家色彩，由国家的领导集团、领导机构设计并执行，二者是统一的。可以说，当代中国的和平理论诞生于以毛泽东为核心的党的第一代中央领导集体成功实施新民主主义革命、创建新中国并进行初步社会主义改造建设过程中，是毛泽东思想的重要组成部分；在以邓小平为核心的党的第二代中央领导集体率领中国人民实施改革开放的伟大转折、开始新时期新征程的过程中，当代中国的和平理论得到了继承发展，并成为中国特色社会主义理论体系的重要组成部分；在世界冷战结束、苏东剧变、国际共产主义运动遭到重大挫折的背景下，以江泽民为核心的党的第三代中央领导集体继续坚持和发展，成功地将当代中国的和平理论推入21世纪；进入新世纪新阶段以后，以胡锦涛为总书记的党的中央领导集体在国际形势大变动大调整，以及中国和平发展取得蓬勃进展的情况下，进一步发展了当代中国和平理论；党的十八大以后，以习近平为总书记的党的新一届中央领导集体面对新情况新问题新常态，以中华民族伟大复兴的中国梦为引领，着眼于国家总体安全观，积极开展中国特色的大国外交，推动当代中国和平实践与和平理论进入了新的发展阶段。总体而言，当代中国和平理论的发展历程与新中国建设与发展历程同步，并以毛泽东、邓小平、江泽民、胡锦涛、习近平关于和平的理论为主轴。

第一节　新中国成立及社会主义建设初期的和平理论

对于和平而言，世界的和平与中国的和平是紧密联系在一起的。新中国的成立，标志着占当时世界人口四分之一的中国人民从此站起来了。这在极大程度上改变了世界和平格局。中国的和平局面是与无产阶级国家、广大第三世界国家、广大殖民地半殖民地国家的独立与和平联系在一起的。正如毛泽东1949年9月在首届政协会议开幕式上所说："我们的民族将从此列入爱好和平自由的世界各民族的大家庭，以勇敢而勤劳的姿态工作着，创造自己的文明和幸福，同时也促进世界的和平和自由。"①新中国成立以及社会主义改造与建设开展以后，中国在以毛泽东为核心的第一代党的中央领导集体的率领下，成功地扼制了战争的威胁，巩固了政权，巩固了和平果实，初步发展了自己、强大了自己。在维护自身和平的同时，中国还成为维护世界和平的重要力量。在国际上，中国坚定站在广大发展中国家的立场上维护公平正义、维护世界和平，赢得了世界声誉。

一、新中国成立及社会主义建设初期和平问题的历史背景

早在新中国成立之初，中国共产党就确定了和平建国的方针路线。1949 年中国人民政治协商会议第一次会议通过的《共同纲领》明确规定，中国要"保障本国独立、自由和领土主权的完整，拥护国际的持久和平和各国人民之间的友好合作，反对帝国主义的侵略者政策和战争政策"②。应当说，经过中国共产党创造性地工作，中国基本上实现了和平建国的目标。这既是因为中国顺应了世界汹涌浩荡的和平大潮，也是因为中国在美苏争霸的极为恶劣的冷战国际环境中以我为主、纵横捭阖、折冲尊俎，在成功维护中国和平局面的同时，完成了当前中国和平理论与实践的基础性构架工作。

影响新中国成立及社会主义建设初期中国和平问题的最主要的时代背景是席卷全世界的汹涌浩荡的和平潮流。一般而言，人们谈

---

① 《毛泽东外交文选》，中央文献出版社、世界知识出版社 1994 年版，第 113~114 页。

② 《建国以来重要文件选编》(1)，中央文献出版社 1992 年版，第 2 页。

论20世纪下半叶国际问题时首先想到的是冷战。但冷战之所以没有演变成热战，没有爆发第三次世界大战，还有一个更加重要的原因，就是势不可挡的世界和平潮流。作为二战胜利果实之一的联合国，其宪章第一句话就是"我联合国人民同兹决心欲免后世再遭今代人类两度身历惨不堪言之战祸"；联合国宪章第一章第一条第一款阐述的联合国宗旨也是"维持国际和平及安全；并为此目的：采取有效集体办法，以防止且消除对于和平之威胁，制止侵略行为或其他和平之破坏；并以和平方法且依正义及国际法之原则，调整或解决足以破坏和平之国际争端或情势"[①]。虽然联合国成立之初一度被帝国主义、霸权主义国家把持，但它反映出的世界人民维护和平的决心仍然有力地起到了抑制战争的作用。与和平大势相呼应的，是被压迫民族、地区、国家谋求独立、自由、解放的浪潮。新中国的成立就是这一浪潮的一个高点。早在第二次世界大战结束时，一批被法西斯占领的国家和地区就获得了独立，其中包括社会主义阵营的大多数国家。从那时起，在广大的亚非拉地区，民族解放运动不断高涨，经过20世纪40年代后期、50~60年代、70年代几次高潮，绝大多数殖民地赢得了独立，而且其中大都是以和平方式实现的。资本主义、帝国主义国家营造了数百年的全球殖民体系在不到半个世纪的时间里就走向瓦解。由于中国坚决站在第三世界国家的立场上伸张正义、反对霸权，赢得了广大第三世界国家的拥护，这是1971年10月新中国恢复在联合国合法席位的根本原因。

与世界和平大势相比，美苏冷战则是对中国和平问题产生制约

---

① 《联合国宪章》http：//www.un.org/zh/documents/charter/chapter1.shtml

的最主要因素。早在新中国成立前，冷战的铁幕就已经降落。新中国的成立虽然是中国人自己的民族解放成果，但不可避免地被冷战的氛围所笼罩。根据美苏的敌友态度，以及意识形态的异同，新中国确立了"一边倒"的战略方针。毛泽东在《论人民民主专政》中明确指出："积40年和28年的经验，中国人不是倒向帝国主义一边，就是倒向社会主义一边，绝无例外。骑墙是不行的，第三条道路是没有的。"[1] 抗美援朝是"新中国诞生后的第一声呐喊"[2]，打掉了殖民主义者、帝国主义者强加给中国的百年耻辱，打出了新中国及其军队在全世界的国威军威，也打出了中美几十年间的整体和平，但同时，抗美援朝战争还打出了中国在冷战中的生存空间。从20世纪50年代到20世纪70年代，由于苏联秉持霸权主义和大国沙文主义作风，中国逐渐从倒向苏联发展到与苏联关系破裂，双方在各自边境陈兵百万。仅从1964年10月开始，苏军在中苏边界挑起纠纷多达4189起[3]，直到1969年3月发生珍宝岛之战。在巨大军事压力之下，为了寻求中国和平新的突破，从1969年2月开始，由陈毅挂帅，徐向前、聂荣臻、叶剑英等几位老帅开展了国际问题研究，得出中苏矛盾大于中美矛盾、美苏矛盾大于中苏矛盾的结论，[4] 成为中美打开和谈大门的先声。与此同时，中国确立了"早打、大打、打核战争"的军事战略。在当时，这一战略有其必要性，增强了全党全国的危机意识。但也反映出中国把战争的威胁判断过重的

---

① 《毛泽东选集》第4卷，人民出版社1991年版，第1473页。

② 李际均：《新版军事战略思维》，长征出版社2012年版，第144页。

③ 参见《人民日报》1969年5月25日。

④ 参见《当代中国史研究》1999年第3期。

战略偏差，不必要地加大了国内压力。

　　一方面是世界和平的历史潮流，另一方面是一触即发的全球冷战危局。面对这种矛盾局面，新中国第一代领导人高屋建瓴，因势而动，以和平为指针，初步为新中国搭建了一套有利于维护我国根本利益、维护世界和平的和平架构。在国内统一问题上，经过不懈斗争，取得了除台湾、香港、澳门外的中国绝大多数国土和人民的解放；在外交上，中国确立了独立自主的和平外交政策，强调要在遵循和平共处五项原则基础上与世界各国进行交往；在军事上，中国坚持积极防御的战略方针，并且于1964年10月首次成功爆炸原子弹、1968年将可以携带百万吨级核弹的亚音速中型轰炸机"轰6"装备部队、从1969年开始到1970年在我国东北、西北部署了50枚中程导弹[①]，基本打破了超级大国对我国的核讹诈；在国际上，坚持一条线、"三个世界"划分的国际战略，结交了广大的亚非拉第三世界国家。这一系列的成就，为改革开放后中国顺利走出和平发展道路奠定了坚实基础。

二、毛泽东关于和平的理论

　　毛泽东关于和平的理论是毛泽东思想的重要组成部分，包含在毛泽东的哲学思想、外交思想、军事思想、战略思想等领域中，具有鲜明的中国特色与实践色彩。毛泽东关于和平的理论主要产生在

---

① 李慎明：《毛泽东的战争与和平思想及其对我国和平发展道路的探索》，原载《当代中国史研究》2004年第2期，引自《全球化背景下的中国国际战略》，人民出版社2011年版，第48页。

新中国成立以后，但在新中国成立之前，特别是在抗日战争期间，毛泽东就大量研究过和平问题。无论是新中国成立前，还是新中国成立后，毛泽东关于和平的理论都是完整统一的。毛泽东关于和平的理论主要包括以下内容：

（一）中国的和平与世界的永久和平紧密相连；要联合世界和平民主力量，结成最广泛统一战线；反对世界大战，争取和平，发展自己

早在抗日战争时期，毛泽东在研究世界反法西斯战争的全球性与正义性的时候发现了世界和平的发展趋势及其与中国和平的联系。在《论持久战》中，毛泽东深刻地指出："没有任何一个历史时期像今天一样，战争是接近于永久和平的。"因为"人类一经消灭了资本主义，便到达永久和平的时代，那时候便再也不要战争了"。"我们的战争是神圣的、正义的，是进步的、求和平的。不但求一国的和平，而且求世界的和平，不但求一时的和平，而且求永久的和平。"[①] 曾经见到毛泽东的外宾也表示："中国作为世界的大国而出现，使和平得救了。"[②]

为了实现永久和平，毛泽东提出了全世界"和平民主力量"联合的思想。1947年12月25日，在中央会议上做形势报告时，毛泽东指出了世界和平民主力量的转折性优势。他说："全世界反帝国主义阵营的力量超过了帝国主义阵营的力量。优势在我们方面，不是在

① 《毛泽东外交文选》，中央文献出版社、世界知识出版社1994年版，第9~11页。
② 《毛泽东外交文选》，中央文献出版社、世界知识出版社1994年版，第233页。

敌人方面。"[1] 1950年，毛泽东再次指出："只要全世界共产党能够继续团结一切可能的和平民主力量，并使之获得更大的发展，新的世界大战是能够制止的。"[2] 如何联合全世界"和平民主力量"？毛泽东提出了结成最广泛统一战线的思想。1964年1月，毛泽东呼吁："社会主义阵营各国人民要联合起来，亚洲、非洲、拉丁美洲各国人民要联合起来，全世界各大洲的人民要联合起来，所有爱好和平的国家要联合起来，所有受到美国侵略、控制、干涉和欺负的国家要联合起来，结成最广泛的统一战线，反对美帝国主义的侵略政策和战争政策，保卫世界和平。"[3]

防止世界大战，是为了争取和平，发展自己。1954年10月23日，毛泽东在与尼赫鲁的谈话中说："我们现在需要几十年的和平，至少几十年的和平，以便开发国内的生产，改善人民的生活。"但后来，战争的危险迫使毛泽东始终"要准备打仗"，从而影响了国内生产建设。但是毛泽东的苦心经营并没有枉费。今天的中国的确是在"几十年的和平"中改革开放，初步走上了富强、文明、民主的现代化道路。

（二）在和平共处五项原则基础上处理国与国之间的关系，尊重并重视和约的规范作用，在国际关系中坚持和平为上

毛泽东继承了列宁的和平共处思想。虽然毛泽东1957年在苏联

---

① 《毛泽东外交文选》，中央文献出版社、世界知识出版社1994年版，第65~66页。

② 《毛泽东外交文选》，中央文献出版社、世界知识出版社1994年版，第136页。

③ 《毛泽东外交文选》第511页。

参加十月革命纪念活动时也曾宣布："我们坚决主张，社会主义国家和资本主义国家实行和平竞赛。"①但在实际上，毛泽东还是摒弃了与帝国主义国家和平竞赛的内容，并代之以提倡和平共处中的互利。新中国成立的同时，就确立了与"任何外国政府"和平共处的设想。1949年10月1日，毛泽东在开国大典上庄严宣告："凡愿遵守平等、互利及互相尊重领土主权等项原则的任何外国政府，本政府均愿与之建立外交关系。"②1954年8月，毛泽东在会见英国工党代表团时明确提出："不同的制度是可以和平共处的。"③

和平共处五项原则是毛泽东和平共处思想的集中体现。1953年12月至1954年4月，中国与印度就两国在西藏的关系问题在北京举行谈判。在谈判开始时，周恩来总理在同印度代表团的谈话中提出了后来被写入双方联合声明及此后许多国际性文件的和平共处五项原则。1954年10月，毛泽东在与尼赫鲁会谈中提出："应把这五项原则推广到所有国家的关系中去。"④同时，毛泽东提出："无论是人与人之间、政党与政党之间、国与国之间的合作，都必须是互利的，而不能使任何一方受到损害。"⑤后来，和平共处五项原则作为国与国之间关系的准则，在世界上得到了广泛承认和使用。1960年5月27日，毛泽东在会见英军元帅蒙哥马利时表示欢迎蒙哥马利的来访，因为蒙哥马利来访的目的是"把冷战转为和平共处"，毛泽东

---

① 《毛泽东文集》（第7卷），第316页。
② 《毛泽东外交文选》，中央文献出版社、世界知识出版社1994年版，第116页。
③ 《毛泽东外交文选》，中央文献出版社、世界知识出版社1994年版，第160页。
④ 《毛泽东外交文选》，中央文献出版社、世界知识出版社1994年版，第165页。
⑤ 《毛泽东外交文选》，中央文献出版社、世界知识出版社1994年版，第167页。

指出："冷战有好的一面，也有坏的一面。坏的一面是它有可能转为热战……好的一面是有可能转为和平共处。"[1] 这表明，毛泽东认为，两个敌对国家要解决争端除了化敌为友外，和平共处也是一种较好的选项。

对于通行于世界的不同国家签署和约的方式，毛泽东虽然敏锐地注意到其中必然包含着妥协的成分，如第二次世界大战刚刚结束时，毛泽东就提出："美、英、法同苏联的关系，不是或者妥协或者破裂的问题，而是或者较早妥协或者较迟妥协的问题。所谓妥协，是指经过和平协商达成协议。"[2] 同时，毛泽东还看出和约往往包含着欺骗以及威胁和平的成分。如针对1960年日本、美国政府重新修订并签署《日美共同合作和安全条约》之事，毛泽东在会见日本、古巴、巴西等国国际友人时就明确指出："新的日美'安全条约'是为了压迫日本广大人民……对亚洲和世界和平是严重的威胁……中日两国人民和亚洲人民以及全世界爱好和平的人民都应当反对日美军事同盟条约。"[3] 但毛泽东仍然尊重并重视和约。1955年4月发布的《关于结束中华人民共和国同德国之间的战争状态的命令》虽然全文只有不到500字，但毛泽东用了8个"和平"。1955年5月26日，毛泽东在与印尼客人谈话时大胆设想，"如果美国愿意，签订一个和平条约，多长的时期都可以，五十年不够就一百年"。也是那次

① 《建国以来毛泽东军事文稿》（下卷），军事科学出版社、中央文献出版社2010年版，第88~89页。

② 《毛泽东外交文选》，中央文献出版社、世界知识出版社1994年版，第56页。

③ 《建国以来毛泽东军事文稿》（下卷），军事科学出版社、中央文献出版社2010年版，第84页。

谈话中，毛泽东总结了历史上的经验教训，提出了"和平为上"的思想。①

（三）在阶级存在的时代，和平就是政治；人民不要战争，但战争对革命有利；中国人民赞成和平，但不怕战争，将尽一切力量争取和平

毛泽东非常注重战争、革命、和平之间的辩证关系，并且非常注重和平的政治性。早在延安时期，毛泽东就在《矛盾论》中指出："战争与和平是互相转化的……在阶级社会中战争与和平这样矛盾着的事物，在一定条件下具备着同一性。"②在研究苏联辞典中关于战争与和平的观点时，毛泽东提出了"战争与和平既相互排斥，又互相联结，并在一定条件下互相转化"的辩证观点。他说："和平时期的斗争是政治，战争也是政治，但用的是特殊手段。""和平时期不酝酿战争，为什么突然来一个战争？战争中间不酝酿和平，为什么突然来一个和平？"③1976年2月23日，毛泽东在身体极度衰弱的情况下会见了因"水门事件"下台的美国前总统尼克松。毛泽东仍然挂念战争与和平问题，他指出："在阶级存在的时候，战争是两个和平之间的现象。战争是政治的继续，也就是说是和平的继续。和平就是政治。"④

---

① 《毛泽东外交文选》，中央文献出版社、世界知识出版社1994年版，第212~213页。

② 《毛泽东选集》（第一卷），人民出版社1991年版，第329~330页。

③ 《建国以来毛泽东军事文稿》（中卷），军事科学出版社、中央文献出版社2010年版，第338页。

④ 《人民日报》1977年8月23日。

　　但是，世界并不安宁。帝国主义讲和平的目的实质上是为了备战。1974年3月，毛泽东在会见坦桑尼亚总统尼雷尔时指出，帝国主义国家"之所以需要讲和平，就是因为这样讲对他们比较有利。他们又利用各国人民怕打核战争的心理状况讲和平，所以有许多人接受和平的口号"。但是，战争又是有利于革命的。因为"要搞战争的话，就要动员人民，就要使人民处于紧张状态，并且使他们学会打仗。但是，人民结合起来以后，势必会产生革命"①。因此，毛泽东得出结论："不应该再打大战，应该长期和平。再打大战的结果，是对侵略者不利的。"②

　　毛泽东强调中国人民热爱和平，不怕战争，将尽一切力量争取和平。1960年5月，毛泽东在会见拉丁美洲友人时说："中华人民共和国一成立，我们就宣布执行和平外交政策。但是我们的领土、主权绝不允许别人侵犯，谁来侵犯，我们就要自卫。这同和平外交政策是一致的。"③面对美帝国主义发动的侵朝战争，毛泽东强调："任何地方我们都不去侵略，但是，人家侵略来了，我们就一定要打，而且要打到底。中国人民有这么一条：和平是赞成的，战争也不怕，两样都可以干。"④1956年，毛泽东在会见南斯拉夫客人时说，"世界在相当长的时间内可能维持和平"，但是"要准备突然事

---

① 《毛泽东外交文选》，中央文献出版社、世界知识出版社1994年版，第169页。

② 《毛泽东外交文选》，中央文献出版社、世界知识出版社1994年版，第171页。

③ 熊向晖：《历史的注脚》中共中央学校出版社1995年版，第12页。

④ 《毛泽东军事文选》（第6卷），军事科学出版社、中央文献出版社1993年版，第356页。

变，但我们决不先打第一枪。我们尽一切力量争取和平"。[①]

第二节　我国改革开放前期的和平理论

改革开放，是新中国建设与发展史上的伟大历史转折，中国从此走上具有自身鲜明特色的社会主义发展道路。改革开放前期的时间起点是十一届三中全会开启改革开放的伟大转折，结点是上世纪80年代末90年代初中国经历政治风波之后紧接着苏联东欧发生剧变，长达半个世纪的冷战戏剧性地画上句号。实施改革开放，是以邓小平为核心的党的第二代中央领导集体着眼国内国际两个大局，审慎分析世界战争与和平的大势，作出的正确判断和伟大抉择。在改革开放前期，中国和世界的局势虽然经历了动荡，发生了重大变化，但中国的和平理论均能够适应这些形势的发展变化，为中国成功走上改革开放道路起到了重要的理论与实践推动作用。

一、我国改革开放前期和平问题的时代背景

1978年12月，党的十一届三中全会在北京召开，全会本着解放思想、实事求是的精神，作出了把党和国家工作重心转移到经济建设上来、实行改革开放的历史性决策，新中国发展史由此开启了具有深远意义的建设有中国特色社会主义的历史新时期。总结改革开

---

① 《建国以来毛泽东军事文稿》（中卷），军事科学出版社、中央文献出版社2010年版，第294页。

放前期的中国和平问题的时代背景，需要从国际国内两个方面进行考察。

在国际上，东西方两大阵营的冷战对峙仍然激烈，在全世界各个战略要地都展开了竞争，在局部战争与武装冲突中屡屡可见东西方两大阵营代理人的身影。1979年底，苏联入侵阿富汗，犹如当年美国入侵越南一样，把自己深深卷入不正义的战争之中。虽然美苏都对对方怀抱很深的怀疑态度，但在各自国内因素影响，特别是在世界人民和平呼吁之下，到上世纪80年代，美苏关系总体趋向了缓和。经过一系列谈判，美苏于1979年6月18日在维也纳签订了《第二阶段限制战略武器条约》，通过了双方进攻性战略武器运载工具总限额至1981年底控制在各为2250件等规定。自1981年开始，美苏双方经过历时6年的14轮谈判，达成关于销毁中程和中短程导弹的条约，规定双方3年内销毁全部射程1000~5500千米的中程导弹及其发射装置。这是美苏之间第一个真正销毁一个类别核武器的条约。但在这个缓和气氛中，演变的过程也逐渐发生。1985年2月，戈尔巴乔夫当选苏共中央总书记，此后他提出的改革新思维与西方处心积虑的和平演变相表里，使苏联在意识形态、党风、组织路线、领导集团自我约束等方面的不足逐渐发酵，最终酿成了苏联解体、东欧剧变的结局。在欧洲，从1952年的煤钢联盟，到1957年的欧共体，欧洲联合与统一的趋势不断发展。到1985年，欧共体明确提出建立欧盟的目标，即计划到1992年前建立欧洲"共同市场"。在亚洲，日本早已跻身发达国家行列。从20世纪60年代开始，台湾地区、香港地区、韩国、新加坡等亚洲四小龙崛起，虽然台湾与香港事务属于中国内务，但它们的崛起仍然是国际大市场的一部分，创造了举世瞩目的东亚奇迹。到80年代，已经在我国东南周边形成了发达的国际经济带。在东南亚，越南的地区霸权主义行径由于遭到周边地区特别是中国的阻扼不得不予以收敛。泰国、马来西亚、印尼、菲律宾等国经济开始快速增长。比较长时间的和平与发展，使我国周边的国家和地区成为世界经济的重要组成部分。但在世界范围内，经历了亚非拉的民族解放浪潮，这些独立的国家大都经济发展不能尽如人意，尤其是在南半球，欠发达国家比较集中，形成了南北问题即发展问题。世界范围内还发生了一件对和平与合作形成长久影响的事件。从上世纪50年代开始，经过三次联合国海洋法会议，特别是第三次联合国海洋法会议从1973年开始，断断续续地开了9年，到1982年12月10日，《联合国海洋法公约》终于通过。虽然该公约到1994年才生效，但因为它确立的海洋权属划分标准涉及过去长期被认为是公海的大量海洋面积，在世界上产生了广泛的连锁反应。1982年的英阿马岛海战，被认为开创了高技术局部战争的先河，其起因虽然是殖民时代遗留的岛屿争端，但不能排除受到联合国海洋法公约通过的影响。1988年3月14日，我国与越南在南沙发生海战，也有根据联合国海洋法进行海洋划界的影子。总体上，在改革开放前期，时代的主题是冷战缓和，世界向着和平与发展的方向前进。

改革开放更重要的是中国国内实现的工作重心的转变。党的十一届三中全会是这个伟大转折的历史起点，这次会议最突出的贡献，是冲破长期"左"的错误的严重束缚，作出把党和国家的工作重点转移到社会主义现代化建设上来和实行改革开放的战略决策。在此之后，通过拨乱反正、纠正冤假错案、在沿海地区设立经济特区、在农村实行家庭联产承包制等措施，使中国的工作重心真正回到了经济建设上来，实现了改革开放初期经济、政治、社会的快速发展。但这一切，离不开我国在和平问题上的苦心经营。在中美苏的大三角关系中，我国首先在与美国的关系上打开缺口。自1972年毛泽东、周恩来与尼克松、基辛格打开中美关系大门之后，中美关系一度徘徊不前。1977年8月24日，邓小平作为中央政治局常委刚刚恢复工作一个星期，就会见了美国国务卿万斯①，显示出他对中美关系的重视。从1979年1月1日起，中国与美国结束了长期以来的不正常状态，正式建交。中美建交既影响了中美俄"大三角"的战略关系，又为中国打开了通向西方科技、经济、市场的大门，产生了深远的影响。但美国在与我国建交之际，其国会通过了与台湾关系法，以国内法的形式行干涉我国内政之实，为我国统一问题的最终解决埋下了钉子。在中美建交之前的重要外交成果，是1978年8月12日中日正式在北京签订和平友好条约，同年10月23日，邓小平在日本东京出席了条约批准书互换仪式，条约正式生效。与此同时，改革开放初期，我国领导人还通过频繁的出访，向世界传递了我国改革开放的讯息，为国内的现代化创造了比较好的国际条件，在坚持团结第三世界国家的基础上，扩大了反对霸权主义的阵容，奠定了外交上的新局面。战争的危险始终是干扰和平建设的首要因素。1979年二三月间，中国边防部队在广西、云南边境地区对越南侵略者进行了自卫还击、保卫边疆的作战。后来，邓小平说："对越自卫还击战，在军事上、政治上都得到了胜利，不仅对于稳定东南

---

① 【美】傅高义著：《邓小平时代》，冯克利译，香港中文大学出版社2012年版，第273页。

亚局势，而且对于国际反霸斗争，已经起了重大的作用。"[1] 1988年3月14日，为了争夺南沙岛礁，捍卫我国南海主权和海洋权益，我国又与侵占我岛礁的越南部队发生战斗。在北方，苏联驻扎在中苏边境上的部队始终是中国的心头大患。中国密切关注国际动态、关注苏联内部观点与想法，于1989年邀请苏联领导人戈尔巴乔夫访华，实现了中苏关系正常化。北方的局势开始缓解。在两岸统一问题上，1979年1月1日，全国人大郑重发表《告台湾同胞书》，呼吁两岸尽快结束分裂局面，早日实现祖国统一，同时宣布解放军开始停止炮击金门等岛屿；1981年9月30日，全国人大常委会委员长叶剑英对新华社记者发表了《关于台湾回归祖国，实现和平统一的方针政策》，史称"叶九条"，成为后来和平统一、一国两制的最早主张。在此背景下，中国的国防与军队建设对过去"早打、大打、打核战争"的战略方针进行了彻底改变，提出了"建设强大的现代化正规化的革命军队"[2] 等主张，1985年开始裁军100万，在全世界塑造了中国人维护和平的良好形象。

二、邓小平关于和平的理论

改革开放的伟大事业是在正确理论的引领下展开的。这个正确理论就是邓小平理论，是建设中国特色社会主义理论体系的重要组成部分和奠基部分。邓小平关于和平的理论又是邓小平理论的重要

---

[1] 《邓小平文选》第二卷，人民出版社1994年版，第247页。

[2] 中央文献研究室编：《改革开放三十年重要文献选编》，中央文献出版社2008年版，第218页。

组成部分。在改革开放初期，邓小平关于和平的理论对中国实现伟大的历史转折起到了重要的理论引领作用。邓小平关于和平的理论主要包括以下内容：

（一）和平与发展是时代主题，但和平与发展问题一个都没有解决，努力营造有利于发展的和平环境

和平与发展是当今时代主题的理论，是邓小平关于和平的理论的最著名观点，也是带有基础性特点的观点，在全世界得到了广泛认同。邓小平较早提出这个观点是在1984年。当年5月17日，邓小平在会见厄瓜多尔总统乌尔塔多时指出："世界上最根本的问题有两个：一个是反对霸权主义、维护世界和平，另一个是南北问题。"[①]5月29日，邓小平在会见巴西总统菲格雷多时指出："现在世界上问题很多，有两个比较突出。一是和平问题……二是南北问题。"[②]

有学者认为，自第二次世界大战之后，世界就进入了和平与发展时代。但邓小平提出"和平与发展是时代主题"的观点，其实有一个重要的预设前提，即"世界大战打不起来""霸权主义强加给中国的大规模战争打不起来"。从毛泽东时代开始，中国就担心世界大战爆发，并且想方设法争取更多和平时间。刚刚进入新时期的时候，邓小平并没有拂去这方面的忧虑。早在1977年12月28日，在中央军委全体会议上的讲话中，邓小平就指出："国际形势也是好的。我们有可能争取多一点时间不打仗……我们要防备别人早打、

---

① 《建设有中国特色的社会主义》（增补本），中央文献出版社1991年版，第94页。

② 《邓小平文选》第三卷，人民出版社1993年版，第56页。

大打。"① 当时，邓小平最忧虑的是来自苏联的大规模进攻。1979
年，邓小平决心实施对越自卫反击战，一个重要原因也是对苏联在
东南亚扩充势力、围堵中国的势头予以打击。邓小平非常担心苏联
会利用中国实施对越自卫反击战的时候对中国发起进攻，因此在
1979年初邓小平访问美国时两次专门与美国总统卡特谈到苏联的威
胁以及中国打击越南的决心②。邓小平回国后不久，即决心对越实
施自卫反击战。而在对越自卫反击战期间，苏联并没有轻举妄动。
此后，中国周边局势渐趋稳定，邓小平也逐渐形成"和平与发展是
时代主题"的观点。1980年初，邓小平在中央召开的干部会议上
说："我们有信心，如果反霸权主义斗争搞得好，可以延缓战争的爆
发，争取更长一点时间的和平。"③

　　邓小平虽然提出"和平与发展是时代主题"，但他并不认为和平
与发展的问题都已经解决了。在1981年6月召开的中共十一届六中
全会上，邓小平当选中央军委主席。当年6月，邓小平检查我军华
北联合演习时指出："必须看到，超级大国的争夺日益加剧，苏联霸
权主义加速推进全球战略部署，严重地威胁着世界的和平和我国的
安全。对此，我们必须保持高度的警惕。"④ 1982年8月21日，邓小
平在会见联合国秘书长德奎利亚尔时指出："第二次世界大战以后，

---

① 《邓小平文选》第二卷，人民出版社1994年版，第77页。

② 【美】傅高义著：《邓小平时代》，冯克利译，香港中文大学出版社2012年版，
第294~295页。

③ 《邓小平文选》第二卷，人民出版社1994年版，第241页。

④ 《邓小平文选》第二卷，人民出版社1994年版，第395页。

实际上没有什么和平，大战没有打，但小战不断。"① 1988年12月21日，邓小平在会见印度总理拉吉夫·甘地时说："当前世界上主要有两个问题，一个是和平问题，一个是发展问题。和平是有希望的，发展问题还没有得到解决。"② 1992年初，邓小平在南方武昌、深圳、珠海、上海等地考察时再次指出："世界和平与发展这两大问题，至今一个也没有解决。社会主义中国应该用实践向世界表明，中国反对霸权主义、强权政治，永不称霸。中国是维护世界和平的坚定力量。"③

　　为了实现和平与发展，需要争取尽量长的和平时间，创造更加有利的和平环境。1986年3月28日，邓小平在会见新西兰总理朗伊时说："我们的现代化建设要取得成功，决定于两个条件。一个是国内条件，就是坚持现行的改革开放政策……还有一个是国际条件，就是持久的和平环境。"④ 1987年5月12日，邓小平在会见荷兰首相吕贝尔斯时指出："对于总的国际局势，我的看法是，争取比较长期的和平是可能的，战争是可以避免的。"⑤

（二）中国是一支坚定的和平力量，与世界上一切和平力量合作，反对霸权主义、强权政治

　　邓小平继承了毛泽东关于中国要团结世界上和平与民主力量的

---

① 《邓小平文选》第二卷，人民出版社1994年版，第415页。

② 《邓小平文选》第三卷，人民出版社1993年版，第281页。

③ 《邓小平文选》第三卷，人民出版社1993年版，第383页。

④ 《邓小平文选》第三卷，人民出版社1993年版，第156页。

⑤ 《邓小平文选》第三卷，人民出版社1993年版，第233页。

观点，明确提出，中国是一支和平力量，要同世界上一切和平力量合作。1984年10月10日，邓小平在会见联邦德国总理科尔时指出："中国是一支和平力量，这一点很重要。中国最不希望发生战争。中国太穷，要发展自己，只有在和平的环境里才有可能。要争取和平的环境，就必须同世界上一切和平力量合作。"①

至于世界上和平力量的构成，邓小平认为，第三世界也是和平力量。1985年3月4日，邓小平在会见日本客人时指出："世界和平的力量在发展，战争的危险还存在……第三世界的力量，特别是第三世界国家中人口最多的中国的力量，是世界和平力量发展的重要因素。"② 邓小平还认为，欧洲也是和平力量。他指出："欧洲是决定和平与战争的关键地区……我们根据客观的判断，认为西欧和东欧都是维护和平的力量。东欧、西欧都需要发展，越发展和平力量越大。为什么说欧洲是和平力量呢？因为欧洲经历了两次世界大战的灾难。要打第三次世界大战，任何一个国家都没有能力。"③

1985年6月4日，在军委扩大会议上，邓小平再次详尽地阐述了和平力量的理论："世界战争的危险还是存在的，但是世界和平力量的增长超过了战争力量的增长。这个和平力量，首先是第三世界，我们中国也属于第三世界。第三世界的人口占世界人口的四分之三，是不希望战争的。这个和平力量还应该包括美苏以外的发达国家，真要打仗，他们是不干的呀！美国人民、苏联人民也是不支持战争的。"……"中国的发展是和平力量的发展，是制约战争力量的

① 《邓小平文选》第三卷，人民出版社1993年版，第82页。
② 《邓小平文选》第三卷，人民出版社1993年版，第104~105页。
③ 《邓小平文选》第三卷，人民出版社1993年版，第233页。

发展。现在树立我们是一个和平力量、制约战争力量的形象十分重要，我们实际上也要担当这个角色。"①

（三）创新思路，用和平方式解决争端，争取和平统一，但绝不承诺放弃武力

邓小平主张用和平方式解决争端，为此，他提出要创新思路，避免爆发战争。"搁置争议、共同开发"，"和平统一、一国两制"等理论均来源于这一思想，虽然前者是国际事务，后者是中国内政，但在坚持和平方式上是一致的。

1983年6月26日，邓小平在会见美国新泽西州西东大学教授杨力宇时明确提出了和平统一、一国两制的思想。他说，和平统一"不是我吃掉你，也不是你吃掉我"。"制度可以不同，但在国际上代表中国的，只能是中华人民共和国。""祖国统一后，台湾特别行政区可以有自己的独立性，可以实行同大陆不同的制度。司法独立，终审权不须到北京。台湾还可以有自己的军队，只是不能构成对大陆的威胁。"②虽然主张和平统一，但邓小平强调绝不承诺放弃武力，因为"这是一种战略考虑"。1984年10月22日，邓小平在中顾委第三次全体会议上讲话指出："我们坚持谋求用和平的方式解决台湾问题，但是始终没有放弃非和平方式的可能性，我们不能作这样的承诺……不能排除使用武力，我们要记住这一点，我们的下一代要记住这一点。这是一种战略考虑。"③

---

① 《邓小平文选》第三卷，人民出版社1993年版，第127~128页。

② 《邓小平文选》第三卷，人民出版社1993年版，第30页。

③ 《邓小平文选》第三卷，人民出版社1993年版，第86~87页。

1984年6月，邓小平会见香港客人时再次重申用一国两制的办法解决香港和台湾问题，并提出应该用和平的方法解决争端。他说："世界上一系列争端都面临着用和平方式来解决还是用非和平方式来解决的问题。总得找出个办法来，新问题就得用新办法来解决。"① 1984年2月22日，邓小平在会见美国乔治城大学战略与国际问题研究中心代表团时又表示，国际上的领土争端，也可以想办法和平解决。他说："我还设想，有些国际上的领土争端，可以先不谈主权，先进行共同开发。这样的问题，要从尊重现实出发，找条新的路子来解决。"② 邓小平还表示，搁置争议、共同开发的办法，既可以用于解决钓鱼岛问题，也可以用于解决南沙问题。1984年10月22日，邓小平在中顾委第三次全体会议上讲话指出："我们中国人是主张和平的，希望用和平方式解决争端。什么样的和平方式？'一国两制'，'共同开发'。"关于钓鱼岛的问题，邓小平指出："这个问题可以把它放一下，也许下一代人比我们更聪明些，会找到实际解决的办法。"关于南沙，邓小平指出："一个办法是我们用武力统统把这些岛收回来；一个办法是把主权问题搁置起来，共同开发，这就可以消除多年积累下来的问题。这个问题迟早要解决。"③

邓小平"和平统一、一国两制""搁置争议、共同开发"的和平理论表现了中国人民争取和平的极大诚意。如果各方均在此诚意基础上，邓小平的理论在现实中也具有很强的可操作性。香港回归、澳门回归的成功实践都证明了这一点。但到目前，无论台湾问题，

---

① 《邓小平文选》第三卷，人民出版社1993年版，第59页。

② 《邓小平文选》第三卷，人民出版社1993年版，第49页。

③ 《邓小平文选》第三卷，人民出版社1993年版，第87~88页。

还是钓鱼岛问题、南沙问题，均没有得到解决。这是单方面的诚意无法解决的。

第三节　冷战结束的新形势下的中国和平理论

1989年~2002年的13年是以江泽民为核心的党的第三代中央领导集体高举中国特色社会主义的伟大旗帜，开拓进展，把中国改革开放的事业成功推向21世纪的重要发展时期。这个时期是在冷战结束的国际大背景下展开的。冷战的结束，使原本紧张的两极格局画上句号，世界局势走向缓和，形成了对世界和平的有利局面；但与此同时，由于苏联解体、东欧剧变，我国作为独存的社会主义大国受到了诸多冲击，中国的和平局面面临的变数增多。在这个矛盾丛生的局势下，中国共产党审时度势，把握机会，不但稳定了国内局势，而且巩固了中国的和平局面，促进了世界和平。即使在2001年"9·11"事件导致世界安全局势开始新的重大转变的情况下，中国和平发展道路依然没有改变，反而越走越宽。应该说，中国和平理论在这一新形势下的继承与发展发挥了重要作用。

一、冷战结束的新形势下中国和平问题的时代背景

1989年~2002年中国在新形势下的和平发展，离不开冷战结束的大背景。在此背景下，无论中国和平问题面临的国际环境，还是维护中国和平要处理的国内问题包括外交问题、和平统一问题等均

发生了重大转变。

在国际上，20世纪80年代末至90年代初发生了东欧剧变、苏联解体、两极格局终结的重大历史转变。世界进入新旧格局交替的动荡时期，国际总体趋势走向缓和，但世界仍不安宁，天下并不太平。冷战后的世界总趋势是世界多极化与经济全球化。在世界多极化趋势中，美国成为唯一的超级大国，欧盟、日本、俄罗斯、中国的力量也相对突出，广大发展中国家整体实力增强。与此同时，各种区域性、洲际性、全球性组织空前活跃。但由于美国企图维持一超独霸的局面，西方发达国家特别是美国在政治、经济、科技、军事等方面的优势明显，世界多极化趋势的发展并不顺利，单极和多极矛盾的局面变得突出。1991年爆发的海湾战争标志着世界战争形态已经高科技化。过去被美苏对抗掩盖的一些地区性领土争端、民族矛盾、宗教纷争日益突出，局部战争与武装冲突连年不断。在欧洲，由于北约东扩、美国单方面推进反导技术等问题，与俄罗斯的矛盾一度突显。1999年，以美国为首的北约绕过联合国单方面打响科索沃战争，违背了国际关系准则，不利于地区和平。类似的打着"人道主义""人权"的旗号对别国的政治干涉甚至武力侵犯的事件时有发生。2001年的"9·11"事件，使国际形势再次发生重大变化，美国单极化倾向更加明显，传统与非传统安全威胁相互交织，恐怖主义阴霾未散，世界格局进入大变动大调整之中。

与世界格局的多极化与单极化相互交织、此消彼长的形势联系在一起的，是经济全球化有利因素与不利因素并存的局面。经济全球化建立在全球资本、技术、产品等要素跨越国际的快速扩展、流动的基础上，在全球进入信息化时代之后，经济全球化更加快速发展。经济全球化提高了全球的平均生产效率，加速了资本流动，优化了资源配置，使全球经济发展水平得到了快速提高。我国在此过程中也获益巨大。但另一方面，经济全球化的主要受益者还是西方发达资本主义国家，特别是美国。经济全球化使美国走出上世纪七八十年代经济低迷的局面，在90年代取得了较快速度的增长。美国对世界市场、资本和技术的垄断日益增强。不合理的经济秩序得到进一步巩固。广大第三世界国家和欠发达地区受到经济全球化的冲击，自身经济基础薄弱、资金匮乏、创新不足的缺陷更加突出，被动地沦为发达国家商品销售的市场，而无法分享经济全球化的红利，导致全球经济增长放慢，南北差距继续拉大。这一切又酝酿了地区动荡不定、影响世界和平的危险。

在冷战结束后的国际格局大变动大调整中，中国坚持冷静观察、沉着应付、绝不当头、有所作为的战略方针，审时度势，妥善应对，成功地化解了苏东剧变之后我国面临的巨大压力，争取到新中国成立以来最好的国际战略局势，顺利地把中国特色社会主义建设事业推向21世纪，既实现了自身的和平发展，又促进了世界的和平发展。

在大国关系中，中国积极运筹关乎我国外交全局、关乎我国政治经济和国家安全战略利益的中美关系，在曲折中使中美关系向良性方向发展。由于政治风波的影响，1989年下半年，中美关系跌入低谷。1989年底，美国前国务卿基辛格和总统国家安全事务助理斯考克罗夫特先后访华，就恢复中美关系的一揽子方案达成共识。后来，由于东欧剧变、苏联解体，美国态度明显回缩，寄希望于中国"变"。1993年，江泽民与克林顿在西雅图首次见面，之后又多次会晤，经反复做工作，使克林顿表示：美国对中国的政策，不是孤立，不是遏制，也不是对抗，而是全面接触。①但此后，中美关系又因1995年美国允许台湾地区领导人访美、1999年科索沃战争中美军轰炸机悍然轰炸我驻南联盟大使馆、2001年中美南海撞机事件而屡生波折。中国认识到，美国不会放弃对中国分化瓦解的图谋，但在现实中美国又在国际政治、经济、裁军等众多领域期望得到中国支持。对于美国的两手，我国也以两手应对。通过加大对美外交运筹力度，增信释疑，在涉及国家核心利益时毫不让步，既坚持原则又灵活机动，特别是受"9·11"事件影响，美国出于自身战略利益的考虑，在反恐问题上提出希望得到中国支持的愿望。中国果断采取措施，再一次稳定中美关系，并引导中美关系向好的方向发展。与此同时，中国通过与俄罗斯签订睦邻友好条约，共同进行边境谈判，发起并创建上海合作组织，创造性地缔造了新型国家关系、新型地区合作的典范，困扰中国几十年的中国北部西部边境实现了和平稳定。在周边关系中，中国也加大外交运筹力度，与除不丹以外的所有邻国建立或恢复了外交关系，同一些周边国家建立了各种不同类型的伙伴关系，解决了大量历史遗留问题，在我国周边形成了政治上同我国友好、经济上与我国合作的良好氛围。1993年，江泽民说："我国周边安全环境不断得到改善，同周边国家的睦邻友好关系处于建国以来最好的时期。"②中国还积极参加联合国框架下的各种国际组织与多边活动，活跃在亚太经合组织、东盟等国际性、地区性国际舞台上。2002年，经过历时15年的艰苦谈判，中国恢复关贸组织缔约国地位，为中国经济接受国际风雨的洗

---

① 《江泽民文选》第二卷，人民出版社2006年版，第203页。

② 《江泽民文选》第一卷，人民出版社2006年版，第279页。

礼变得更加强大打开了大门。

二、江泽民关于和平的理论

江泽民有关和平的理论是在冷战结束、世界多极化趋势明显的大背景下对中国与世界和平与发展的探索与思考，体现了"三个代表"思想的精神实质，既继承了毛泽东、邓小平有关和平的理论的主要观点、方法，又提出了自己的新思路、新观点，丰富和发展了当代中国的和平理论。

（一）进一步增强和平力量，建立公正合理的国际政治经济新秩序

建立国际政治经济新秩序的主张最早来源于1967年10月一些发展中国家通过的《阿尔及尔宪章》中提出的"建立国际经济新秩序"[①]。1974年联合国召开第六次特别会议，广大发展中国家强烈呼吁建立国际经济新秩序。邓小平作为中国国务院副总理出席了这次会议，第一次在全球范围内宣讲了毛泽东的三个世界划分理论。在发言中，邓小平还表示，中国赞同并支持关于建立国际经济新秩序的主张。这次联大特别会议通过了《关于建立国际经济新秩序的宣言》[②]。1988年9月，邓小平在会见斯里兰卡总理普雷马达萨时指

---

① 亓成章：《论邓小平国际战略思想内涵十要素》，王缉思总主编、金灿荣主编《中国学者看世界·大国战略卷》，新世纪出版社2007年版，第77页。

② 宫力、刘德喜、刘建飞、王红续：《和平为上：中国对外战略的历史与现实》，九州出版社2007年版，第212页。

出："现在需要建立国际经济新秩序，也需要建立国际政治新秩序。"①

江泽民继承了邓小平的这一主张，并将二者合在一起称为"国际政治经济新秩序"。1991年7月1日，江泽民在庆祝中国共产党成立七十周年大会上的讲话中强调："我们要同世界各国和各国人民一道，为在和平共处五项原则的基础上建立国际政治经济新秩序，作出积极的贡献。"②1995年10月24日，江泽民在美国出席联合国成立五十周年特别纪念会议时，全面阐述了"国际政治经济新秩序"的内涵，即包括：安全可靠、长期稳定的国际和平环境；以主权平等和互不干涉内政为核心的国际关系准则；互利互补、共同发展的新型国际经济关系；自主选择、求同存异的国际和谐局面；共同对付人类生存和发展面临的挑战。江泽民指出："这样的新秩序，是我们所要共同缔造的更美好世界的主要标志。"③

同样是在联合国的会议上，2000年9月6日，江泽民在出席联合国千年首脑会议时再次对建立国际政治经济新秩序发出呼吁。他指出："不公正不合理的国际政治经济旧秩序还未得到根本改变，要解决和平与发展这两大战略性问题，建立公正合理的国际政治经济新秩序，仍然任重道远。"④在这次讲话中，江泽民专门点到了维护世界和平的三个关键因素：一是各国要互相尊重独立和主权，这对维护世界和平极为重要；二是要营造共同安全，这是防止冲突和战争

---

① 《邓小平思想年谱》，第412页。

② 《江泽民文选》第一卷，人民出版社2006年版，第164~165页。

③ 《江泽民文选》第一卷，人民出版社2006年版，第179~181页。

④ 《江泽民文选》第二卷，人民出版社2006年版，第107页。

的可靠前提；三是要推动国际格局走向多极化，这是时代进步的要求，符合各国人民的利益，有利于世界和平与安全。

在不同的讲话中，江泽民还分别阐述了国际政治经济新秩序的一些重要内涵。如江泽民在1999年8月指出，第三世界国家"是反对霸权主义、维护世界和平、推动建立公正合理的国际政治经济新秩序的主力军"[①]；在1997年9月指出，公正合理的国际政治经济新秩序"是以和平共处五项原则为基础的"[②]；在1999年9月指出，"中国和东盟都是推动建立国际政治经济新秩序的倡导者"[③]；在2001年2月27日指出，"中国政府主张建立公正合理的国际政治经济新秩序，一贯重视和支持多层次、多渠道、多领域的对话和合作"[④] 等。

（二）和而不同是人类各种文明协调发展的真谛，积极推动世界多极化

在不同的国际场合中，江泽民通过引用孔子"君子和而不同"的古语，阐述在"在竞争比较中取长补短，在求同存异中共同发展"的思想。2002年10月，江泽民在访问美国的演讲中指出："和而不同，是社会事物和社会关系发展的一条重要规律，也是人们处世行事应该遵循的准则，是人类各种文明协调发展的真谛。"[⑤] 2003

---

① 《江泽民文选》第二卷，人民出版社2006年版，第373页。

② 《江泽民文选》第二卷，人民出版社2006年版，第40页。

③ 《江泽民文选》第二卷，人民出版社2006年版，第407页。

④ 《江泽民文选》第三卷，人民出版社2006年版，第203~204页。

⑤ 《江泽民文选》第三卷，人民出版社2006年版，第522~523页。

年7月，江泽民在与英国时任首相布莱尔交谈时再次提到"君子和而不同"的中国传统哲学思想，指出，"各国文明的多样性，是人类社会的基本特征，也是人类文明进步的动力。我们应该尊重各国的历史文化、社会制度和发展模式，承认世界多样性的现实"[①]。

江泽民倡导"和而不同"的和平理论，是为了因应世界格局多极化的战略判断。冷战之后的世界将向何处去，是以江泽民为核心的党的第三代中央领导集体需要面对并思考的重大战略问题。江泽民对此提出了世界多极化和经济全球化这两大趋势，并且认为，建构在和平与发展时代主题下的世界多极化有利于争取和平的国际环境，维护世界和平。1993年1月13日，江泽民在军委扩大会议上详尽分析了当时的国际形势，其中关于和平问题，江泽民指出："在今后一个较长时期内，争取和平的国际环境，避免新的世界大战，是有可能的……战争与和平的矛盾及其相互转化，取决于战争与和平两种力量的对比及消长……世界正朝着多极化方向发展，国际上相互制衡的因素增多，和平力量进一步增长。"[②]

世界多极化的基本依据是世界多样性。1993年11月19日，江泽民在美国西雅图出席亚太经合组织第一次领导人非正式会议期间对美国总统克林顿说："世界多样性是客观存在，应该正视它、适应它。这就要求各国互相尊重，互不干涉内政，平等相待，求同存异，和平共处，发展合作。只有这样，才有可能维持持久的和平与稳定，为各国共同发展创造必要的国际环境。"[③] 1998年8月28日，

---

① 《江泽民文选》第三卷，人民出版社2006年版，第524页。

② 《江泽民文选》第一卷，人民出版社2006年版，第278~279页。

③ 《江泽民文选》第一卷，人民出版社2006年版，第331页。

江泽民对我国驻外使节详尽阐述了关于世界多极化的思想。他说："多极化趋势，是在冷战结束、国际局势趋向缓和、世界和平力量不断增长的情况下出来的。它反映了国际关系的深刻变化和时代的进步。这种多极化趋势在各个层次和领域的进一步发展，有利于削弱、抑制霸权主义和强权政治，有利于推动建立公正合理的国际政治经济新秩序，从而有利于争取把一个和平、稳定、繁荣的世界带入新的世纪。"①

（三）积极营造和平环境，努力建立新安全观、新型国家关系、新型地区关系

和平问题与安全问题并不完全相同，但又密不可分。和平离不开安全，安全可以保障和平。为了营造有利于中国和平发展的国际环境和周边环境，江泽民提出了新安全观，并努力推动建立新型国家关系、新型地区关系，在和平问题上发挥了巨大的理论与现实意义。

1999年3月26日，江泽民出席日内瓦裁军谈判会议，发表了题为《推动裁军进程，维护国际安全》的讲话，明确提出"新安全观"。他指出，以军事联盟为基础、以加强军备为手段的旧安全观，无助于保障国际安全，更不能营造世界的持久和平。这就要求必须建立适应时代需要的新安全观，并积极探索维护和平与安全的新途径。"新安全观的核心，应该是互信、互利、平等、协作。"江泽民还指出，运用新安全观维护和平，其政治基础是和平共处五项原则以及其他公认的

---

① 《江泽民文选》第二卷，人民出版社2006年版，第197页。

国际关系准则；经济保证是互利合作、共同繁荣；正确途径是建立在平等基础上的对话、协商和谈判。①

"新型国家关系""新型地区关系"的理论与实践创新是建立在"新安全观"的基础上的。2001年6月15日，在上海举行的上海合作组织成立大会上，江泽民讲话指出，"上海五国"进程，是当代国际关系中一次重要的外交实践。它首倡了以相互信任、裁军和合作安全为内涵的新型安全观，丰富了由中俄两国始创的以结伴而不结盟为核心的新型国家关系，提供了以大小国共同倡导、安全先行、互利协作为特征的新型区域合作模式。②

2001年7月，江泽民受邀访俄，与俄罗斯总统普京签署《中俄睦邻友好合作条约》，开启了中俄关系发展史上新的篇章。《中俄睦邻友好条约》是核心思想是：在不结盟、不对抗、不针对第三国的基础上，发展两国的长期睦邻友好和互利合作，将两国世代友好、永不为敌的和平思想和永做好邻居、好朋友、好伙伴的坚定意愿，以法律的形式确定下来。江泽民由此进一步丰富了"结伴而不结盟"的"新型国家关系"的内涵。江泽民指出，这种"新型国家关系"是"根据国际局势的发展变化，从各自国家建设的战略需要和致力于世界和平与发展的共同愿望出发，决定在互相尊重主权和领土完整、互不侵犯、互不干涉内政、平等互利、和平共处五项原则的基础上"，建立起来的"不结盟、不对抗、不针对第三国的新型国家关系"。③

---

① 《江泽民文选》第二卷，人民出版社2006年版，第313页。

② 《江泽民文选》第三卷，人民出版社2006年版，第257~258页。

③ 《江泽民文选》第三卷，人民出版社2006年版，第305页。

第四节 党的十六大、十七大期间
中国和平理论的新发展

2002年秋，中国共产党第十六次全国代表大会在北京召开，会议选举产生了新一届中央领导集体。此后10年，从十六大到十七大，在以胡锦涛为总书记的中央领导集体的领导下，中国实现了新世纪新阶段以来改革与发展新的进步。在此期间，随着世界格局的大发展大变动大调整，国际关系发生了深刻复杂的变化，无论世界和平还是中国和平都面临着前所未有的机遇和挑战。在把握机遇、应对挑战、谋求发展的过程中，中国的和平理论也取得了新的发展。

一、党的十六大、十七大期间中国和平理论发展的时代背景

世界与中国的发展进入新世纪之后，国际关系的调整更加深刻复杂，国际局势更加动荡不安，中国一方面经历了快速发展，综合国力与国际影响力都达到前所未有的水平，另一方面，中国的国际环境和国内发展面临的风险和挑战也前所未有。如何迎击风险、应对挑战，成了中国和平理论必须思考和解决的重要问题。

在国际上，以美国为首的西方世界陷入严重的危机之中。美国自"9·11"事件起，单边主义的倾向越来越严重。2003年3月20日，美国绕开联合国，单方面发起伊拉克战争，使美国在阿富汗之

外开辟了第二个局部战争的战场。美国也因此长时间陷入国际舆论的质疑与局部战争的泥潭之中。美国总统奥巴马2008年上台后，试图改变前总统布什的单边主义倾向，并于2008年夏天开始从伊拉克撤军。但从2011年秋天起，美国又陆续推出"重返亚洲""战略重心东移""亚洲再平衡"等迷惑性、煽动性很强的口号和举措，将亚洲局势特别是我国所在东亚局势卷入不确定与混乱之中。2008年9月，由美国次贷危机引发了国际金融危机波及全球，成了上世纪30年代经济大萧条以来最严重的经济危机，对包括美国等西方国家在内的全世界经济造成严重冲击。2009年10月，从希腊开始，欧洲主权国家债务危机又席卷整个欧元区，使原本复苏脆弱的世界经济再受重创。21世纪初，从苏联解体获得独立的一些国家陆续发生"颜色革命"，如2003年格鲁吉亚的玫瑰革命、2004年~2005年乌克兰的橙色革命、2005年吉尔吉斯斯坦的郁金香革命等。这些颜色革命均受到西方国家民主输入的影响，在法定选举年限之前导致原领导人下台、政权更迭。虽然这些颜色革命没有产生严重的暴力骚乱事件，但仍然对国际秩序形成了干扰，是西方和平演变政策新的发展形式。到2010年年底，颜色革命的模式又被复制到阿拉伯国家。从2010年年底到2011年年初，非洲国家突尼斯发生"茉莉花革命"，导致总统下台，政权更迭。在此过程中，这种模式在北非和西亚等地的阿拉伯国家和其他地区的一些国家蔓延，被称为"阿拉伯之春"，埃及、利比亚、也门、叙利亚等国都受到严重影响，其中尤以埃及、利比亚、叙利亚动荡激烈，利比亚在卡扎菲政权更迭的同时爆发了内战，西方国家的武装力量也积极介入，大打出手，引起国际上的广泛争议。上述因素，均影响了世界的和平稳定。

　　与世界局势的动荡不安形成鲜明对比的，是中国的和平、稳定、繁荣、进步，形成了风景这边独好的局面。中国以加入世贸组织为契机，积极深化改革，加快经济发展步伐，全面建设小康社会取得了实质性进展，经济总量跃居世界第二，成为世界第一大出口国、第二大进口国和全球最大的新兴市场，许多经济指标进入世界先进行列，综合国力、国际竞争力、国际影响力突飞猛进。在新世纪新阶段，中国战胜了突如其来的非典疫情，由此也触发了胡锦涛等党和国家领导人思考科学发展的问题，成为科学发展观形成的一个重要因由。2008年的国际金融危机也对中国经济造成严重冲击，中国化危机为机遇，积极调整经济发展模式，同时在国际上推动新兴国家的市场经济建设，提高新兴国家在国际金融机构中的发言权，在帮助世界应对金融危机的过程中，中国也跻身全球经济治理的核心圈。中国通过举办奥运会、残奥会和上海世博会等，向世界展示了中国新的发展成就，增强了民族自豪感和自信心。通过抗击汶川地震等严重自然灾害，进一步凝聚了人心。中国在自身发展的同时更深地融入了国际经济、社会发展进程，中国的和平发展与世界的和平发展之间休戚与共的关系更加深化。当亚丁湾海域海盗猖獗之时，中国于2008年派出海军军舰进行护航行动，并维护地区安全稳定、执行人道主义任务。在阿拉伯之春造成中国侨居者安全受到影响的情况下，中国于2011年3月通过陆、海、空各种途径，从利比亚撤出3.58万人，成功实施了新中国成立以来最大规模的撤离海外中国公民行动。但在这种和平稳定的大背景下，还存在着影响和平稳定的消极因素。在国内，发展中的不平衡、不协调问题依然突出，东西差距、城乡差别、贫富差距没有得到弥合，腐败问题、奢侈浪费现象依然严峻，与群众切身相关的教育、医疗、住房、生态环境、食品安全、社会治安等问题没有得到很好解决。在对外关系方面，中国周边不稳定不安全因素在增长。朝核危机迟迟得不到缓解，成为中国周边的安全隐患。随着美国再平衡战略的推出，东亚出现针对中国的连锁反应，突出表现在海洋方面的主权权益争夺。在东海，2012年下半年由于日本强行"购买"中国固有领土钓鱼岛，中日关系跌入低谷，双方剑拔弩张，影响和平与安全的因素严重存在；在南海，菲律宾、越南等国在中国南沙主权问题上动作不断，影响了整个南海及周边地区的和平稳定。这些因素，正对中国的和平发展产生严重的掣肘作用。

二、胡锦涛关于和平的理论

胡锦涛关于和平的理论既包含和平发展的时代背景内容，又包含在科学发展观的指导思想中，还重点体现在胡锦涛提出的持久和平、共同繁荣的和谐世界理论中。具体而言，主要包含以下内容：

（一）抓住和用好重要战略机遇期，为中国营造良好国际环境和有利外部条件

重要的战略机遇期的理论始于江泽民，但却是胡锦涛有关和平理论的重要内容，这是因为当代中国和平理论具有继承性和连续性的特点，战略机遇期的理论虽然是在江泽民时期提出来的，但付诸实施却主要在胡锦涛时期。

从毛泽东开始，中国的历届领导人在其和平理论中都强调要争

取和平的时机来发展自己。为此，邓小平提出了"和平与发展是当今时代主题"的思想，推动中国实现了工作重心的历史性转折；江泽民在冷战后错综复杂的国际形势下看清了国际局势总体缓和的趋势，指出世界多极化的发展方向，带领中国稳住了阵脚，扩大了改革开放；进入新世纪，我国领导人根据国际局势和国内形势两方面的综合分析，指出21世纪头20年是中国的重要战略机遇期。这一思想在2002年江泽民结束党的总书记的任期、胡锦涛当选新一届党的总书记的十六大上得到了体现。

　　早在2002年1月14日，江泽民就在党的十六大文件起草小组会议上说："二十一世纪头二十年是必须紧紧抓住并且可以大有作为的战略机遇期，是我国经济体制、政治体制、文化体制进一步完善的重要时期，总之，是我们实现祖国富强、人民富裕和民族复兴的关键时期。"[①] 在当年11月召开的党的十六大上，江泽民又对战略机遇期进行了重点阐述。江泽民指出，根据十五大提出的到2010年、建党一百年和新中国成立一百年的发展目标，21世纪头20年应集中力量全面建设小康社会，这是实现中国现代化发展战略"承上启下的发展阶段，也是完善社会主义市场经济体制和扩大对外开放的关键阶段"[②]。

　　十六大以来，胡锦涛在党的历次重要会议的讲话中都明确提出要抓住和用好战略机遇期，为中国营造良好国际环境和有利外部条件。2007年10月15日，在党的十七大的报告中，胡锦涛指出，"当今世界正在发生广泛而深刻的变化，当代中国正在发生广泛而深刻

---

① 《江泽民文选》（第三卷），人民出版社2006年版，第413页。

② 《江泽民文选》（第三卷），人民出版社2006年版，第542~543页。

的变革。机遇前所未有，挑战也前所未有，机遇大于挑战。"应该说，这就是中国党和国家领导人对"重要战略机遇期"的判断。这里所说的机遇首先是和平的机遇，在此基础上，是发展的机遇、中华民族走向伟大复兴的机遇，更进一步，是世界各国人民的共同机遇。2012年5月3日，胡锦涛在第四轮中美战略与经济对话开幕式上的致辞中指出："当今世界，经济全球化深入发展，科技进步日新月异，机遇和挑战并存。各国人民都期待21世纪成为人类历史上第一个共享和平安宁、共同发展繁荣的世纪。"① 在2012年11月8日党的十八大报告中，胡锦涛再次指出，"综观国际国内大势，我国发展仍处于可以大有作为的重要战略机遇期"。② 有学者指出，到十八大时，战略机遇期的主要内涵实现了从反应式利用和平环境向主动地营造和平环境的转变。③

（二）在科学发展观的内涵中赋予和平发展的内容

以胡锦涛为总书记的党中央执政理国之后提出了贯彻落实科学发展观，这成为中国各项工作开展的重要指导思想之一，其中就包括对中国和平理论的指引。2003年10月，十六届三中全会在北京召开，全会通过的《关于完善社会主义市场经济体制若干问题的决

① 胡锦涛：《推进互利共赢合作，发展新型大国关系——在第四轮中美战略与经济对话开幕式上的致辞》，2012年5月4日《人民日报》第2版。

② 胡锦涛：《坚定不移沿着中国特色社会主义道路前进，为全面建成小康社会而奋斗——在中国共产党第十八次全国代表大会上的报告》，人民出版社2012年版，第16页。

③ 杨洁勉：《为人类和平与发展的崇高事业不懈努力》，2012年12月3日《人民日报》第23版。

定》提出了"五个统筹"的思想，即"统筹城乡发展、统筹区域发展、统筹经济社会发展、统筹人民与自然和谐发展、统筹国内发展和对外开放"。① 这"五个统筹"之中，就同时包含着科学发展与和平发展的内容。正如习近平在2009年指出："科学发展观提出要坚持以人为本、全面协调可持续的发展，提出'五个统筹'，强调要正确认识和妥善处理中国特色社会主义事业中的重大关系，努力实现科学发展、和谐发展、和平发展。"②

2007年10月15日，胡锦涛在十七大报告中专门对科学发展观的理论内涵和体系进行了系统阐述，他指出，要"努力实现以人为本、全面协调可持续的科学发展，实现各方面事业有机统一、社会成员团结和睦的和谐发展，实现既通过维护世界和平发展自己、又通过自身发展维护世界的和平发展"③。从而进一步将和平发展的内容赋予科学发展观，使科学发展观的指导思想包含"科学发展、和谐发展、和平发展"的内容，强化了"中国通过维护世界和平发展自己，通过自身的发展维护世界和平"的理论指导地位。2012年11月8日，在党的十八大报告中，胡锦涛再次总结强调，要"不断解放和发展社会生产力，不断实现科学发展、和谐发展、和平发

---

① 《十六大以来重要文献选编》（上），中央文献出版社2005年版，第465页。

② 习近平：《关于中国特色社会主义理论体系的几点学习体会和认识》，选自《十七大以来重要文献选编》（上），人民出版社2009年版，第250页。

③ 胡锦涛：《高举中国特色社会主义伟大旗帜，为夺取全面建设小康社会新胜利而奋斗——在中国共产党第十七次全国代表大会上的报告》人民出版社2007年版，第15页。

展，为坚持和发展中国特色社会主义打下牢固基础"①。

（三）倡导建设持久和平、共同繁荣的和谐世界

建设持久和平、共同繁荣的和谐世界的思想，是胡锦涛提出的重要外交战略思想，是胡锦涛有关和平理论的核心内容之一。早在2004年10月胡锦涛与普京联合签署的《中俄联合声明》中，就有中俄"愿同各国一道，为建立一个和平、发展、和谐的世界，实现公正合理的国际政治经济新秩序而不懈努力"②的提法。2005年4月，胡锦涛在雅加达亚非峰会上，提出要"倡导开放包容精神，尊重文明、宗教、价值观的多样性，尊重各国选择社会制度和发展模式的自主权，推动不同文明友好相处、平等对话、发展繁荣，共同构建一个和谐世界"③。这是胡锦涛第一次明确提出"和谐世界"。2005年9月15日，胡锦涛在联合国成立六十周年首脑会议上系统阐述了"建设持久和平、共同繁荣的和谐世界"的理论。胡锦涛指出，为了建设一个持久和平、共同繁荣的和谐世界，需要做到：第一，坚持多边主义，实现共同安全；第二，坚持互利合作，实现共同繁荣；第三，坚持包容精神，共建和谐世界；第四，坚持积极稳妥方针，

---

① 胡锦涛：《坚定不移沿着中国特色社会主义道路前进，为全面建成小康社会而奋斗——在中国共产党第十八次全国代表大会上的报告》，人民出版社2012年版，第8页。

② 外交部网站：http://www.fmprc.gov.cn/mfa_chn/ziliao_611306/1179_611310/t164522.shtml

③ 外交部网站：http://www.fmprc.gov.cn/mfa_chn/ziliao_611306/zyjh_611308/t192875.shtml

推进联合国改革。①

应该注意到，"和谐"并不同于"和平"。和谐主要是中国传统文化中的概念，而和平却是人类普遍需要思考与面对的问题，和平的内涵和外延都更加宽泛，因此，在"和谐世界"的思想中，一般冠以"持久和平、共同繁荣"的界定，表明"和谐世界"包含"持久和平、共同繁荣"的内容，"和谐世界"仍然必须坚决反对霸权主义与强权政治。因此，胡锦涛在《努力建设持久和平、共同繁荣的和谐世界》中专门指出，要"共同反对侵犯别国主权的行径，反对强行干涉一国内政，反对任意使用武力或以武力相威胁"②。同时，"持久和平、共同繁荣的和谐世界"与"社会主义和谐社会"也是既有联系，又有区别。二者都包含着中华文化传统中"和为贵"、亲仁善邻、讲信修睦的思想，但前者主要针对国际问题，而后者主要针对国内社会事务，且一般冠以"社会主义"的界定。由于国内问题也包含有涉外因素，所以在2006年10月11日通过的《中共中央关于构建社会主义和谐社会若干重大问题的决定》中包含有"坚持走和平发展道路，营造良好外部环境"的内容，指出要"按照和平共处五项原则和其他公认的国际关系准则同世界各国发展友好关系，推动建设持久和平、共同繁荣的和谐世界"③。

① 《改革开放三十年重要文献选编》（下），中央文献出版社2008年版，第1525~1529页。

② 《改革开放三十年重要文献选编》（下），中央文献出版社2008年版，第1527页。

③ 《改革开放三十年重要文献选编》（下），中央文献出版社2008年版，第1656页。

第五节　党的十八大以来中国和平理论的进一步深化

党的十八大选举产生了以习近平为总书记的新一届党的中央领导集体。此后至今（2015年2月），虽然只有两年多时间，但习近平在国际舞台、国内治理等各个方面均提出了一系列新思想，采取了一系列新举措，其中与世界和平和中国和平有关的思想与举措既适应了世界潮流，又体现了中国特色，有创见，有主见，有责任，有担当，深邃透彻，发人深省，举世瞩目，进一步深化了当代中国和平理论，并透射出中国和平理论长远的发展前景。

一、党的十八大以来影响中国和平理论发展的国际国内总体形势

十八大以来中国的全面深化改革，是在世界新机遇新挑战层出不穷的情况下开展的。一方面，国际体系和国际秩序继续深度调整，国际力量对比发生深刻复杂变化，世界进一步趋向于和平、发展、合作、共赢；另一方面，中国正前所未有地靠近世界舞台中心，前所未有地接近中华民族伟大复兴的中国梦，同时，中国面临的国际形势仍然复杂多变，和平与安全仍有可能面临国内国际的严峻挑战。

在国际形势方面，世界经济复苏并不均衡，整体上延续着低速增长的态势，各方面对经济刺激政策的依赖性较大，到2014年10月

底，美国结束了史无前例、持续 6 年之久的三轮宽松货币政策；欧元区经济复苏也陷于停滞；日本的"安倍经济学"逐渐由各方看好到频遭质疑，日元大幅贬值；新兴国家虽然仍然是世界经济发展引擎，但增速已不同程度放缓。政治方面，美国继续推行"亚太再平衡"战略，加大亚太地区政治、军事、安全、经济布局，虽然一再宣称不以中国为目标，但客观上正企图发挥平衡中国快速崛起的目的。受美国"亚太再平衡"战略的连动反应，日本政治进一步右倾化，在修宪、海外派兵等敏感问题上日益激进，虽然中日围绕钓鱼岛的冲突在日本"购岛"后经过较长时间的角逐已经渐趋平静，但从长期看，中日关系面临的难题尤多，突出地体现为日方不甘于服从战后国际及亚太秩序上。中国与南海周边国家围绕南海的斗争也日趋长期化、复杂化，其中最积极者当推越南和菲律宾。亚太地区已经成为世界政治权势东移的中心，传统大国、安理会常任理事国、新兴大国、军事力量和核力量、世界军事开支的增长等中心都集中在亚太。在欧洲，乌克兰危机从最初的国内政治危机演变成国家分裂、武装冲突、大国干预的多维度综合性危机。与之相关连的，是俄罗斯与西方在制裁与反制裁方面的斗争，特别是在油气领域，俄罗斯损失惨重，不得不加大东向的力度，加强与中、日、韩的合作。在反恐怖问题上，恐怖主义蔓延的态势仍难彻底扭转，极端暴恐组织"伊斯兰国"异军突起，成为国际恐怖主义势力的最新代表。2015 年年初，法国一家讽刺漫画杂志遭到恐怖袭击，发达国家的反恐难题重新回到人们视野。种种迹象表明，国际秩序的深刻调整演化正在加大国际体系的重塑力度。虽然和平与发展仍然是世界主题，在世界向何处去的问题存在着更多的不确定性。

　　置身于这种国际形势之中的中国，在以习近平为总书记的党中央的领导下，统筹考虑和综合运用国内国际两个市场、国际国内两种资源、国际国内两类规则，以世界眼光，把握时代脉博，站在中华民族前进发展的纵坐标和世界力量对比变化的横坐标点上，以统揽全局的战略思维、主动进取的创新精神、勇于担当的大国胸怀，奋力开拓中国对内深化改革，对外和平、发展、合作、共赢的新局面。中国坚决维护东海、南海方向的主权权益，通过加大执法力度，加强军地协同，有力地稳定了东海、南海局势。2013年11月，中国宣布划设东海防空识别区，进一步加强了钓鱼岛海域上空的管理。国际国内的暴力恐怖主义势力对中国加强实施暴恐袭击活动，2013年10月28日在北京天安门金水桥，2014年3月1日在昆明火车站，2014年5月22日在新疆乌鲁木齐市，连续的暴恐袭击事件震惊中外。对此，中国加大打击力度，初步遏止了暴恐活动的蔓延趋势。与此同时，中国共产党在治国理政的关键环节、重点领域、主攻方向上清晰而严密地提出了全面建成小康社会、全面深化改革、全面依法治国、全面从严治党的战略布局。体现在涉及和平与安全的对外关系方面，则是在坚定维护国家主权、安全、发展利益的基础上，在国际和地区事务中切实发挥负责任的大国作用，为实现中华民族伟大复兴的中国梦塑造积极有利的外部环境。十八大以来，中国提出了建设丝绸之路经济带和21世纪海上丝绸之路的重大倡议，得到沿线近60个国家的积极响应。中国实施亲诚惠容的周边外交理念，积极构建健康稳定的大国关系框架，与美国达成共同推进新型大国关系的重要共识，与俄罗斯关系始终保持高水平运行，与欧洲决定共同打造和平、增长、改革、文明四大伙伴关系，同非洲、拉美、阿拉伯和南太平洋各国之间的友好合作关系也不断提升。中国倡导的金砖国家开发银行和应急储备安排、亚洲基础设施投资银行、丝路基金等迈出了实质性步伐。在乌克兰、叙利亚、伊朗核问题、巴以、阿富汗、朝鲜半岛核问题、南苏丹等热点问题上，中国发挥着重要的建设性作用。中美共同宣布各自2020年后应对气候变化行动目标，在国际上产生了重要的先行示范作用。

综之，十八大以来的国际国内形势发展表明，中国正前所未有地靠近世界舞台中心，前所未有地接近中华民族伟大复兴的中国梦，中国尤其需要并将坚决维护自身的和平，并力争对世界和平作出贡献。

二、习近平关于和平的理论

由于处于两个"前所未有"（即，前所未有地靠近世界舞台中心，前所未有地接近中华民族伟大复兴的中国梦）的关键时刻，习近平关于和平的理论具有极为重要的历史与现实、世界与中国的坐标结点意义。早在十七大当选中央政治局常委之后，习近平就对和平理论有所阐释，但更多的阐释仍然是在十八大当选党中央总书记之后。

（一）阐明中国梦包含和平、发展、合作、共赢的世界意义，指出和平像空气和阳光，受益而不觉，失之则难存，必须精心维护

十八大胜利闭幕不久，习近平提出"实现中华民族伟大复兴，就是中华民族近代以来最伟大的梦想"，不但激起无数中华儿女的激

情，而且引起全球关注。中国梦不但是中华民族的追求，而且具有重要世界意义，即中国必须走和平、发展、合作、共赢之路。2013年3月17日，在第十二届全国人民代表大会第一次会议闭幕会上，习近平作为新当选的国家主席发表讲话指出："中国人民爱好和平。我们将高举和平、发展、合作、共赢的旗帜，始终不渝走和平发展道路，始终不渝奉行互利共赢的开放战略，致力于同世界各国发展友好合作，履行应尽的国际责任和义务，继续同各国人民一道推进人类和平与发展的崇高事业。"① 2013年5月，习近平在接受特立尼达和多巴哥、哥斯达黎加、墨西哥等拉美三国媒体联合书面采访时说："实现中国梦，必须坚持和平发展。""实现中国梦给世界带来的是和平，不是动荡；是机遇，不是威胁。"② 2014年11月底，习近平在中央外事工作会议上指出，"要争取世界各国对中国梦的理解和支持，中国梦是和平、发展、合作、共赢的梦，我们追求的是中国人民的福祉，也是各国人民共同的福祉"。③

为什么和平对于中国梦如此重要？这是因为，一方面，当今世界的潮流是"和平、发展、合作、共赢"；④ 另一方面，"和平犹如空气和阳光，受益而不觉，失之则难存"。⑤

习近平关于"和平犹如空气和阳光"的论述是对和平本质的形

① 《十八以来重要文献选编（上）》，中央文献出版社2014年版，第237页。

② 《习近平谈治国理政》，外文出版社2014年版，第57页。

③ 2014年11月30日《人民日报》，第1版。

④ 摘自2014年3月28日习近平在德国科尔伯基金会的讲话，2014年3月30日《解放军报》第2版。

⑤ 习近平：《共同创造亚洲和世界的美好未来》，2013年4月8日《人民日报》，第1版。

象化的揭示。2013年4月17日，习近平在出席博鳌亚洲论坛2013年年会时发表了题为《共同创造亚洲和世界的美好未来》的主旨演讲，指出，和平犹如空气和阳光，受益而不觉，失之则难存。没有和平，发展就无从谈起。国家无论大小、强弱、贫富，都应该做和平的维护者和促进者，不能这边搭台、那边拆台，而应该相互补台、好戏连台。①2014年5月15日，习近平在中国国际友好大会暨中国人民对外友好协会成立60周年纪念活动上发表重要讲话指出："和平犹如空气和阳光，受益而不觉，失之则难存，必须精心维护。"②2014年12月13日，在首次南京大屠杀死难者国家公祭仪式上，习近平讲话指出："自古以来，和平就是人类最持久的夙愿。和平像阳光一样温暖、像雨露一样滋润。有了阳光雨露，万物才能茁壮成长。有了和平稳定，人类才能更好实现自己的梦想。"③

（二）强调中华民族血液中的和平基因，呼吁汲取近代以来的历史教训，筑起保卫和平的屏障

中国梦之所以与和平问题紧密相连，是因为中国既有5000年辉煌灿烂的文明史，又有近代以来灾难深重的沉沦史。中华民族要走向伟大复兴，必须珍惜自身血液中的和平基因，汲取近代以来的历史教训，既要保卫自身的和平，又要促进世界的和平。因此，阐述

---

① 习近平：《共同创造亚洲和世界的美好未来》，2013年4月8日《人民日报》，第1版。

② 2014年5月16日《人民日报》，第2版。

③ 2014年12月14日《人民日报》，第2版。

中国的和平问题，必须"端起历史规律的望远镜去细心观望"①，必须始终与中国的历史经验和历史教训联系在一起。

2013年1月29日，习近平在中央政治局就坚定不移走和平发展道路进行的第三次集体学习中指出，走和平发展道路，是中国共产党根据时代发展潮流和中国根本利益作出的战略抉择。中国人民对战争带来的苦难有着刻骨铭心的记忆，对和平有着孜孜不倦的追求，十分珍惜和平安定的生活。中国人民怕的就是动荡，求的就是稳定，盼的就是天下太平。②

2014年3月28日，习近平在德国科尔伯基金会发表讲演说："中华民族是爱好和平的民族"，"有着5000多年历史的中华文明，始终崇尚和平，和平、和睦、和谐的追求深深植根于中华民族的精神世界之中，深深溶化在中国人民的血脉之中。""中国历史上曾经长期是世界上最强大的国家之一，但没有留下殖民和侵略他国的记录。我们坚持走和平发展道路，是对几千年来中华民族热爱和平的文化传统的继承和发扬。""从1840年鸦片战争到1949年新中国成立的100多年间，中国社会战火频频，兵燹不断，内部战乱和外敌入侵循环发生，给中国人民带来了不堪回首的苦难。仅日本帝国主义发动的侵华战争，就造成了中国军民伤亡3500多万人的人间惨剧。这段悲惨的历史，给中国人留下了刻骨铭心的记忆。中国历来讲求'己

---

① 2014年11月30日《人民日报》，第1版。

② 《习近平在中共中央政治局第三次集体学习时强调，更好统筹国内国际两个大局，夯实走和平发展道路的基础》，2013年1月30日《人民日报》，第1版。

所不欲，勿施于人'。中国需要和平。"①

对近代历史教训的汲取，突出体现在2014年2月27日十二届人大常委会七次会议通过的关于确定中国人民抗日战争胜利纪念日和关于设立南京大屠杀死难者国家公祭日的决定上。2014年7月7日，在中国人民抗日战争纪念馆举行的纪念全民族抗战爆发七十七周年仪式上，习近平讲话指出："历史就是历史，事实就是事实，任何人都不可能改变历史和事实。付出了巨大的牺牲的中国人民，将坚定不移捍卫用鲜血和生命写下的历史。任何人想要否认、歪曲甚至美化侵略历史，中国人民和各国人民绝不答应！"② 2014年12月13日，在首次南京大屠杀死难者国家公祭仪式上，习近平讲话指出："历史告诉我们，和平是需要争取的，和平是需要维护的。只有人人都珍惜和平、维护和平，只有人人都记取战争的惨痛教训，和平才是有希望的。我们为南京大屠杀死难者举行公祭仪式，是要唤起每一个善良的人们对和平的向往和坚守，而不是要延续仇恨。中日两国人民应该世代友好下去，以史为鉴、面向未来，共同为人类和平作出贡献。"③

2014年3月27日，习近平在法国巴黎联合国教科文组织总部演讲时，引用镌刻在教科文组织总部大楼前石碑上的格言，"战争起源于人的思想，故务需于人之思想中筑起保卫和平之屏障"，指出，"要通过跨国界、跨时空、跨文明的教育、科技、文化活动，让和平

① 摘自2014年3月28日习近平在德国科尔伯基金会的讲话，2014年3月30日《解放军报》第2版。

② 2014年7月8日《人民日报》，第2版。

③ 2014年12月14日《人民日报》，第2版。

理念的种子在世界人民心中生根发芽，让我们共同生活的这个星球生长出一片又一片和平的森林"。① 此后，习近平多次引用上述格言，呼吁筑起保障和平的屏障。2014年9月24日，在纪念孔子诞辰2565周年国际学术研讨会暨国际儒学联合会第五届会员大会开幕会上，习近平引用上述格言后指出，"爱好和平的思想深深嵌入了中华民族的精神世界，今天依然是中国处理国际关系的基本理念"。② 应该说，呼吁汲取历史经验和历史教训，正是为了在思想中筑起保障和平的屏障。

（三）提出具有指导性意义的总体国家安全观，在国际上大力倡导建立共同的安全观，同时强调决不牺牲中国的核心利益

针对和平与安全紧密相关、安全问题更加复杂更具现实威胁的情况，习近平推动建立了国家安全委员会，提出要以总体国家安全观为指导，从而完成了国家安全观念的统筹和升级，开辟了中国特色的国家安全之路。

2013年11月，中共十八届三次会议通过《中共中央关于全面深化改革若干重大问题的决定》，《决定》提出要"设立国家安全委员会，完善国家安全体制和国家安全战略，确保国家安全"。③ 在对《决定》进行的说明中，习近平指出："当前，我国面临对外维护国家主权、安全、发展利益，对内维护政治安全和社会稳定的双重压

---

① 习近平：《在联合国教科文组织总部的演讲》，2014年3月28日《人民日报》，第3版。

② 2014年9月25日《人民日报》，第2版。

③ 《十八大以来重要文献选编》（上），中央文献出版社2014年版，第540页。

力，各种可以预见和难以预见的风险因素明显增多。而我们的安全工作体制机制还不能适应维护国家安全的需要，需要搭建一个强有力的平台统筹国家安全工作。设立国家安全委员会，加强对国家安全工作的集中统一领导，已是当务之急。"①2014年4月15日，习近平在中央国家安全委员会第一次会议上发表重要讲话指出，当前我国国家安全内涵和外延比历史上任何时候都要丰富，时空领域比历史上任何时候都要宽广，内外因素比历史上任何时候都要复杂，必须坚持总体国家安全观，以人民安全为宗旨，以政治安全为根本，以经济安全为基础，以军事、文化、社会安全为保障，以促进国际安全为依托，走出一条中国特色国家安全道路。②2015年1月23日，中央政治局召开会议，审议通过了《国家安全战略纲要》，再次强调，必须坚持以总体国家安全观为指导，坚决维护国家核心和重大利益，以人民安全为宗旨，在发展和改革开放中促安全，走中国特色国家安全道路。③

在出席国际会议时，习近平陆续提出了核安全观、亚洲安全观等，也都体现了总体安全的观念。2014年3月24日，习近平赴荷兰海牙出席第三届核安全峰会并发表重要讲话，首次公开阐述了中国的"核安全观"，即，发展和安全并重，以确保安全为前提发展核能事业；权利和义务并重，以尊重各国权益为基础推进国际核安全进程；自主和协作并重，以互利共赢为途径寻求普遍核安全；治标和

---

① 《十八大以来重要文献选编》（上），中央文献出版社2014年版，第506页。

② 2014年4月16日《人民日报》，第1版。

③ 2015年1月24日《人民日报》，第1版。

治本并重，以消除根源为目标全面推进核安全努力。^①由于中国成为世界上第一个提出"核安全观"概念的国家，受到国际各方的关注。2014年5月21日，习近平在亚洲相互协作与信任措施会议第四次峰会上提出了亚洲安全观，他说："应该积极倡导共同、综合、合作、可持续的亚洲安全观，创新安全理念，搭建地区安全和合作新架构，努力走出一条共建、共享、共赢的亚洲安全之路。"^②

习近平还多次明确强调，中国决不会牺牲国家核心利益，以此换取和平与安全。2013年1月28日，习近平在主持十八届中央政治局第三次集体学习时讲话指出："我们要坚持走和平发展道路，但决不能放弃我们的正当权益，决不能牺牲国家核心利益。任何外国不要指望我们会拿自己的核心利益做交易，不要指望我们会吞下损害我国主权、安全、发展利益的苦果。"^③2014年11月底，在中央外事工作会议上，习近平再次强调，"走和平发展道路，同时决不能放弃我们的正当权益，决不能牺牲国家核心利益"，"要坚决维护领土主权和海洋权益，维护国家统一，妥善处理好领土岛屿争端问题"。^④

---

① 2014年3月25日《人民日报》，第1版。

② 习近平：《积极树立亚洲安全观，共创安全合作新局面》，2014年5月22日《人民日报》，第2版。

③ 《习近平谈治国理政》，外文出版社2014年版，第249页。

④ 2014年11月30日《人民日报》，第1版。

第三章

当代中国和平理论的科学体系

经过新中国成立以来六十多年的丰富、发展，当代中国在和平问题上已经形成了科学严密的理论体系。概括而言，当代中国的和平理论就是兼具社会主义性质及中国特色的和平理论，体现出稳定性、国家主导、自主性、综合性、发展性、防御性等基本特征。这一理论科学地回答了当代中国和平问题的历史方位、全球定位、时代背景等基本问题，涵盖了包括和平与发展的时代主题、和平发展的国家发展战略、独立自主的和平外交政策、和平共处的国际关系准则、积极防御的国防战略、和平统一的两岸政策等内容在内的主体架构，在实践中坚持在联合国框架内维护世界和平与安全，以对话代替对抗，反对霸权主义、强权政治，倡导多极世界与推动睦邻外交，团结第三世界国家和新兴国家，以和平促发展、以发展谋和平，推动建立国际政治经济新秩序等原则为指导。当代中国和平理论的科学体系既有历史视野，又有时代精神；既着眼全球，又富于中国特色；既从理想主义出发，又注重现实的可操作性。对于促进中国和平、维护世界和平而言，当代中国的和平理论堪称正面的积极的理论典范。

第一节　当代中国和平理论的本质与基本特征

什么是当代中国和平理论？当代中国和平理论就是兼具社会主义性质及中国特色这两大本质性特征的和平理论。当代中国和平理论的社会主义性质体现为：它是为无产阶级领导的广大受压迫人民谋求的和平理论，是坚决反对霸权主义、强权政治的和平理论，它将和平的最终目标确定为人类彻底解放、世界永久和平。当代中国和平理论的中国特色体现为：当代中国和平理论体现了马克思主义普遍真理与中国实践的结合，是毛泽东思想理论与实践的产物，在中国特色社会主义理论体系中占据重要地位。在上述本质特征的基础上，当代中国和平理论体现了稳定性、国家主导、自主性、综合性、发展性、防御性等基本特征。

一、当代中国和平理论的本质

当代中国和平理论既具有自身的鲜明特色，又代表着世界和平的主流与趋势。究其原因，在于当代中国和平理论独特的本质特征。首先，当代中国和平理论是社会主义阶级、政党、国家的和平理论，反映了无产阶级的根本利益，具有科学社会主义的内涵和共产主义的理想，因此是追求永久和平的；其次，当代中国和平·理论

具有鲜明的中国特色，是马克思主义普遍真理与中国革命、建设的
具体实践相结合的产物，符合中国的实际与时代的发展潮流，因此
切实可行，为中国赢得了世界的尊重与赞誉。

（一）当代中国和平理论的社会主义性质

当代中国和平理论最重要的本质特点，也就是当代中国和平理
论的性质，是其社会主义属性。这个属性并不是中国与生俱来的，
而是中国在共产党的领导下，按照马克思主义的基本原理，从实践
中创造、在实践中积累、从实践中总结出来的。虽然许多有关当代
中国和平理论的表述没有冠以社会主义的标签，但并不影响其社会
主义本质属性。社会主义的本质属性是当代中国和平理论的根本
点、立足点、出发点。当代中国和平理论的社会主义属性体现在以
下几个方面：

1. 当代中国和平理论是为无产阶级领导的广大受压迫人民谋求
的和平理论

什么是社会主义性质？社会主义性质首先是指无产阶级的领
导，其次是要解决社会化大生产与生产资料私人占有的矛盾，最后
是要实现人的解放。上述几个方面，在当代中国的和平理论中都有
体现。

首先，当代中国的整体和平是在新中国成立之后才成为既定事
实的。无论新中国的创建，还是之后的社会主义改造、社会主义建
设、改革开放，都离不开作为无产阶级先锋队的中国共产党的领导。

其次，社会化大生产与生产资料私人占有的矛盾主要集中于经
济领域，按照马克思主义经典作家的观点，这种矛盾引发了阶级对

立与冲突，由此成为战争的根源，和平也因此遭到破坏。社会主义国家成立后，社会的基本矛盾从阶级矛盾转变为人民日益增长的物质文化需要和落后的生产力的矛盾。要解决这一矛盾，必须实现发展目标。而当代中国正是把和平与发展紧密联系到了一起。以和平促发展，以发展保和平。在国际上充分利用和平与发展的主题基调，在国内和对外关系中坚持科学发展、和谐发展、和平发展。与之形成反差的，是传统的和平观念常常与发展相矛盾甚至相冲突。尤其是近代资本主义、帝国主义国家，靠霸权与强权推行自身发展，以邻为壑，零和思维，靠征服实现发展，靠掠夺实现发展，靠压迫实现发展。这种发展，非但没有解决社会化生产与生产资料私人占有的矛盾，而且加剧了这种矛盾。只有在中国，在和平发展的战略指导下，社会化大生产与生产资料私人占有的矛盾才有可能在长期的历史时期内趋于解决。

最后，当代中国和平理论的落脚点是要实现人的解放。毛泽东等老一辈无产阶级革命家缔造新中国的重要初衷，就是要实现劳动人民的翻身解放。这个朴素愿望的本身就具有社会主义性质，因为中国的革命是以无产阶级为先锋队、在中国共产党的领导下、带领广大工农群众并团结一切可以团结的力量实现的。新中国的成立就是在中国的无产阶级带领广大人民群众推翻剥削人、压迫人的旧世界，实现解放的基础上，为广大人民群众谋得了和平与发展的机会。因此，当代中国和平理论的落脚点不但是要为中国的广大人民群众谋幸福，而且要为全世界被殖民、受压迫国家和地区的人民群众创造和平的可能。这也是中国为什么在道义上支持这些国家和地区，在物质上慷慨无私地援助这些国家和地区的原因。

2. 当代中国和平理论是坚决反对霸权主义、强权政治的和平理论

带领广大人民反抗压迫、反对剥削，和与霸权主义、强权政治展开坚决斗争是一个硬币的正反两面。当代中国争取和平与维护和平的历程就是与霸权主义、强权政治坚决斗争的历程。从1840年鸦片战争开始，当中华民族的命运跌入低谷之时，探索中华民族如何从沉疴中复兴、从低谷中崛起就成了有识之士的自觉行为。经过旧民主主义革命的探索，从1919年五四运动之后，无产阶级革命的思想传入中国，并成为中国共产党团结人民、改造世界的利器。那时候，中国共产党还没有提出争取和平的口号。只有到了抗日战争时期，当中华民族的抗战与全世界人民的反法西斯战争汇成人类正义解放事业的洪流时，如何争取最后的胜利和人类持久的和平才成为毛泽东等第一代革命者念兹在兹的最终目标。这一切都需要中国共产党带领中国人民既与帝国主义、封建主义作战，又要与国内民族资产阶级的压迫者作战。新中国成立后，为了维护中国人民的和平建设，斗争的一条主要线索就是反对霸权主义、强权政治，既反对帝国主义的霸权主义、强权政治，又反对苏联的霸权主义活动；既团结中国人民反对霸权主义、强权政治，又号召世界受压迫人民共同反对。中国共产党人深刻认识到，"霸权主义是当代战争的总根源"。[①] 通过与霸权主义、强权政治展开坚决斗争，中国不但捍卫了自身的和平，而且实现了国家的发展；不但巩固了自身的人民民主专政，而且促进了世界和平。劳动人民翻身做主人，和平地进行生

---

① 《江泽民文选》第一卷，人民出版社2006年版，第279页。

产与建设，这在中国历史上是前所未有的。这个壮举只有在中国共产党的领导下才得以实现。在此基础上形成的和平理论当然具有鲜明的无产阶级性质。

3. 当代中国和平理论将和平的最终目标确定为人类彻底解放、世界永久和平

中国共产党的历次党章都明确规定了中国共产党人追求共产主义的最高理想。中国共产党的每一份重要文献都明确指出，中国要为世界的持久和平、共同繁荣作贡献。实现共产主义的崇高目标与创造世界的永久和平是紧紧相连、密不可分的。人类自古就有永久和平的理想，近代影响最大的是康德的《永久和平论》。在《永久和平论》中，康德认为，为了实现永久和平，"国际权利应该以自由国家的联盟制度为基础"[①]。应该说，这一理想与马克思主义的"自由人联合体"是有一定联系的。在马克思的"自由人联合体"中，"每个人的自由发展是一切人的自由发展的条件"[②]，而康德理论的不同之处在于，这个联合体的基础是自由国家。因此，马克思的"自由人联合体"既包含着人的彻底解放的内容，也包含着世界永久和平的科学论断。中国共产党的和平创造者和保卫者继承了马克思主义的论断。马克思在《共产党宣言》里论述了无产阶级联合起来，"以统治阶级的资格用暴力消灭旧的生产关系"[③]并最终实现"自由人的联合体"。1936年，毛泽东在《中国革命战争的战略问

---

① 【德】康德著：《永久和平论》，何兆武译，上海人民出版社2005年版，第19页。

② 《马克思恩格斯文集》（第2卷），人民出版社2009年版，第53页。

③ 《马克思恩格斯文集》（第2卷），人民出版社2009年版，第53页。

题》中同样指出，"战争的目的在于消灭战争"。毛泽东说："人类社会进步到消灭了阶级，消灭了国家，到了那时，什么战争也没有了，反革命战争没有了，革命战争也没有了，非正义战争没有了，正义战争也没有了，这就是人类的永久和平的时代。"[①] 由此可见，在共产主义者眼中，人的彻底解放与世界的永久和平是统一的。当然，由于经济与社会发展程度的局限，要实现这一崇高理想还路途遥远，在中国共产党和中国政府的文献中还必须以较现实的"持久和平"代替"永久和平"，但正是人的彻底解放与世界永久和平的统一，深刻反映出了中国和平理论的社会主义本质。

（二）当代中国和平理论的中国特色

当代中国和平理论虽然包含着人类共同理想的内容，虽然得到了世界的普遍赞同和认可，但并非放之四海而皆准。当代中国和平理论具有鲜明的中国特色，主要表现在，当代中国和平理论的依据是马克思主义普遍真理与中国革命、建设的具体实践相结合的产物，是对中国革命与建设实践以及时代发展潮流的准确概括，同时也蕴含了中国传统思想文化的精髓。当代中国和平理论的中国特色主要体现在以下几个方面：

1. 当代中国和平理论体现了马克思主义普遍真理与中国实践的结合

马克思真理进入中国之初，就产生了与中国实践相结合的问题。毛泽东最早于1940年在《新民主主义论》中明确提出了"必须

---

① 《毛泽东选集》（第1卷），人民出版社1991年版，第174页。

将马克思主义的普遍真理和中国革命的具体实践完全地恰当地统一起来"。① 在发表于1941年的《改造我们的学习》中，毛泽东进一步阐明了马克思主义的普遍真理与中国实践相结合使中国革命"面目一新"的巨大作用。② 在自觉地将马克思主义普遍真理与中国实践相结合的过程中，产生了当代中国和平理论。

与马克思恩格斯相比，中国在革命与建设的实践中更加强调了和平的作用。马克思、恩格斯对于和平的论述较少，而中国由于革命与建设的需要，涉及大量与和平有关的理论与实践问题。中国共产党人结合中国的实践需要，对和平进行了更加丰富翔实的阐释，使中国的和平问题无论理论还是实践都充实了大量切实可行的内容，丰富与完善了马克思主义的和平理论。

与列宁斯大林相比，中国的革命与建设实践更加体现了对和平的珍视。珍爱和平、誓死捍卫和平、维护好利用好和平环境，这些思想都既是马克思主义的，又独具中国特色。新中国成立后，凡是涉外的军事活动无不具有保卫和平、捍卫权益的正义性质。中国不在外驻军，率先在全世界单方面公开承诺不首先使用核武器、不对无核国家和无核武器区使用或威胁使用核武器，单方面裁军百万，这些重要举措，无不体现了中国对和平的珍视。

中国的革命与建设还更加重视对和平的维护和运用。中国坚持走和平发展道路，倡导用和平的方式解决争端，用对话取代对抗，积极用和平方式运筹大国关系，加强睦邻合作，在联合国主持公道，利用联合国维护和平。这些做法，既体现了时代趋势，也具有

① 《毛泽东选集》（第2卷），人民出版社1991年版，第707页。
② 《毛泽东选集》（第3卷），人民出版社1991年版，第769页。

鲜明的中国特色。

2. 当代中国和平理论是毛泽东思想理论与实践的产物

毛泽东思想是马克思主义普遍真理与中国革命具体实践相结合产生的第一次理论飞跃。按照刘少奇的说法："毛泽东思想，就是马克思主义在目前时代的殖民地、半殖民地、半封建国家民族民主革命中的继续发展，就是马克思主义民族化的优秀典型。"[①]当代中国的和平理论就是马克思主义在中国这个殖民地、半殖民地、半封建国家民族民主革命中继续发展和实际运用的产物。1981年6月，在十一届六中全会通过的《中国共产党中央委员会关于建国以来党的若干历史问题的决议》中，明确规定了"毛泽东思想的活的灵魂"包括三个基本方面，即实事求是、群众路线，独立自主。[②]而这三个方面在当代中国的和平理论中都有体现。

关于实事求是，中国既追求持久和平的理想目标，又能够根据实际情况作出战略性、策略性调整。1972年，在毛泽东的亲自指挥下，中国打开了与美国关系正常化的大门，就是中国成功运作中美俄大三角关系为自身营造和平环境的重大战略举措。关于群众路线，中国坚持与第三世界国家为友，与发展中国家为友，为第三世界国家、发展中国家争取和平，同时也依靠第三世界国家和发展中国家的帮助共同维护世界和平。关于独立自主，中国坚持独立自主的和平外交政策，按照事情本身的是非曲直以及自己的立场和主张，主持公道，伸张正义，不依附于任何政治或者军事联盟，不同

---

① 《刘少奇选集》（上卷），人民出版社1981年版，第333页。

② 《改革开放三十年重要文献选编》（上），中央文献出版社2008年版，第208页。

任何国家和国家集团结盟。正是因为秉持独立自主外交政策，中国与大多数国家实现了和平共处、平等互利、合作共赢。

因此，当代中国和平理论是毛泽东思想理论与实践的产物，其本身也体现了毛泽东思想的精神内核。

3. 当代中国和平理论在中国特色社会主义理论体系中占据重要地位

和毛泽东思想一样，中国特色社会主义理论体系也赋予了当代中国和平问题大量实事求是、与时俱进的理论判断和实践指引，使和平问题在中国特色社会主义理论体系中占据了重要地位。

党的十七大报告在论及中国特色社会主义理论体系时指出："马克思主义只有与本国国情相结合、与时代发展同进步、与人民群众共命运，才能焕发出强大的生命力、创造力和感召力。"[1] 在和平问题上，中国也充分做到了"与国情相结合，与时代同进步，与人民群众共命运"。与国情相结合，改革开放之后，中国坚持和平与发展两条腿走路，既解决了困扰中国的和平问题，又解决了又穷又大的中国的发展问题，而且二者相得益彰；与时代同进步，"9·11"事件后，国际恐怖主义对世界和平造成严重威胁，中国果断宣布恐怖主义活动的非法性与危害性，坚决打击恐怖主义、分裂主义、极端主义等"三股势力"，与世界各国共同维护了和平与安宁；与人民群众共命运，在国际共产主义运动遭到挫折的情况下，中国不为形势所惧，坚持扩大开放、加快发展，创造了快速发展后的和平与繁荣

---

[1] 胡锦涛：《高举中国特色社会主义伟大旗帜，为夺取全面建设小康社会新胜利而奋斗——在中国共产党第十七次全国代表大会上的报告》，人民出版社 2007 年版，第12页。

景象。总之，中国在和平问题上与时俱进的理论与实践，也成为当代中国特色社会主义理论体系丰富与发展的一个重要方面。十八大以来，以习近平为总书记的党中央坚持问题导向和科学思维，以当代中国共产党人的全局视野和战略眼光，提出"四个全面"的战略布局，也包含着深刻的有关和平的内容。其中，全面建成小康社会，离不开中国的和平发展；全面深化改革，包含着总体国家安全观等内容；全面依法治国，使中国人民抗日战争胜利纪念日和南京大屠杀死难者国家公祭日有了全国人大批准的法律手续；全面从严治党，包含着从严治军的内容，筑牢了强军目标的基座。

另外，当代中国和平理论蕴含了中国传统思想文化的精髓。中国的历届领导人在谈到中国的和平问题时常常都会引用中国传统思想文化的格言、观点、分析判断，这是因为中国传统思想文化中蕴含着大量有关维护和平、反对战争的精华，在当代中国和平理论中得到了继承。美国学者费正清说："像伊丽莎白女王时代的英国或中世纪时代的日本那样，在海上冒险劫掠，使国家靠海外所得而富强的时代，在中国历史上是找不出来的。"[①]1971年7月，基辛格假道巴基斯坦悄悄访问中国，开启了中美隔阂20多年后关系缓和的序幕。当时，包括周恩来总理在内的中国外交人员泰然自若、落落大方的风范让基辛格大吃一惊。在《论中国》中，基辛格说："这种外交风格更接近于传统的中国外交风格，而不像我们在跟其他共产党国家谈判时所熟悉的那种教条作风。"基辛格分析认为，这是因为，

---

① 【美】费正清：《美国与中国》，张理京译，世界知识出版社2001年版，第66页。

在中国历史上，"好客也是一种战略"①。初次接触，基辛格就被周恩来的外交风范深深折服，这也成为中美和解之路的良性开端，反映出中国传统文化对于促进当代中国和平问题的有益作用。

二、当代中国和平理论的基本特征

在中国和平理论与实践中，贯穿着一些基本特征。这些特征体现了中国和平理论的社会主义特性与中国特色，显示出中国和平理论的优越性。

（一）稳定性

稳定性是指中国有关和平的一些基本判断、基本理论、战略策略、方式方法，一经确立，就是深思熟虑的结果，高瞻远瞩，着眼长远，具有很强的稳定性，不因时代变迁而擅自更改，不因局势变化而随意修正，体现了中国和平政策的严肃性，使中国和平政策具有长久的生命力。例如，同样针对海峡两岸统一问题，当大陆于改革开放之后提出和平统一、一国两制的方针政策之时，台湾的蒋经国政权为了与之顽固对抗，提出了"不妥协、不接触、不谈判"的"三不政策"以及"三民主义统一中国"的主张。②这一完全违背时代潮流的政策主张，既不现实，也不符合两岸人民的共同利益、根本利益，当时就遭到多方诟病。时至今日，大陆的和平统一、一国

---

① Henry Kissinger, On China, USA：The Penguin Press，2011，p.237。
② 李松林、祝志男：《中共和平解决台湾问题的历史考察》，九州出版社 2012 年版，第 157~158 页。

两制政策依然稳定，而且在香港、澳门成功进行了一国两制的伟大实践，而"三不政策"及"三民主义统一中国"主张早就随着蒋经国人走政息，被台湾放弃了。

当代中国和平的稳定性体现了中国和平理论与和平政策的成熟、诚意、审慎，因此也使中国和平赢得了世界的信任和赞誉。与中国和平问题的稳定性形成对比的是一些标榜民主的国家，其领导人由于选举以及政绩的需要，常常刻意进行战略转圜，或者夸大安全的威胁，使个人的执政理念体现到国家和平问题上，以致造成本国和平问题的曲折与反复。

（二）国家主导

当代中国和平理论具有鲜明的国家主导的特色，无论是和平的政策，还是和平的战略、和平的方法，均由国家颁布或推行，由国家向世界宣示。国家主导的和平理论具有自上而下的特色，主要体现了国家对于战争与和平、外交、国防等重大问题的观点。国家主导的和平理论还往往以政策的形式颁布于众，国家关于和平的政策就是国家的和平理论，合而为一，不分彼此。国家主导的和平理论体现了理论与实践的统一，理论是为了实践，实践是在执行理论。国家主导的和平理论还拥有强大的执行能力，国家可以集中国家权力，调动行政资源，运用外交与国防力量，将和平理论付诸实践，使和平理论取得显著成效。

与中国和平理论由国家主导的特性不同，在世界上，和平问题除了国家主导这种方式外，非政府组织包括许多研究机构也是和平理论的重要主导因素。

　　这要追溯到近代和平思想的起源。近代的和平思想并不是国家与政府首先提出来的，"均势—霸权"的和平只是政治操作的结果，目的是维持力量的平衡或者打破力量的平衡；"英国统治下的和平""美国统治下的和平"都是霸权的结果，只不过辅之以相关的国际秩序而已。近代的和平思想是从有良知的宗教人士、人本主义者、启蒙思想家开始的，并逐渐上升为无论政府还是公众无法违逆的共识。直到今天，世界上由国家或政府主导的和平理论仍然不多，影响也小，而且这些和平理论大多偏重于安全、外交、战略，与其说是和平理论，毋宁称之为安全理论、外交理论、战略理论等。像日本这样的二战战败国，政府和政客不安分于规定战后秩序的和平宪法，不但自己妄图否定和平宪法，还为此别有用心地不断鼓动民意潮流，更是政府不主导和平的恶例。另一方面，在世界上，非政府组织包括许多研究机构却在和平理论方面影响深远，如在欧美的和平学与和平运动都是如此，成为非官方的主导因素。

　　与上述世界情形不同，新中国成立之初，就发自内心祈盼和平、维护和平、捍卫和平，因此政府不但围绕着和平问题制定了外交、国防、战略等制度及政策，还主导着和平理论工作，形成了综合一体的立场鲜明的科学和平理论体系。正是因为这种国家主导的特点，使中国的和平理论表里如一、上下一致、内外统一，绝不含糊敷衍，几十年持之以恒。

（三）自主性

　　当代中国和平理论的自主性表现为政策自主、立场自主、行动自主等。中国奉行独立自主的和平外交政策，中国的对外活动是和

平的，同时又是独立自主的。这决定了中国对自身和平的维护不受
到任何别国干涉，不会屈服于任何外来压力，完全按照自身的政策
主张和利益诉求，按照事情本来的是非曲直，独立自主地决定采用
何种和平的方式。

政策自主表现为中国有关和平的政策主张是独立自主制定的。
新中国成立之初中国就确立了"另起炉灶""打扫干净屋子再请客"
的外交方针，目的就是清除帝国主义者、殖民主义者百多年来强加
于中国的不平等条约，实现独立自主。立场自主表现为中国坚持自
身在和平问题上的立场观点，不被一时的形势所左右，也不趋附于
任何外国势力，根据自身的立场裁决事情的是非曲直。行动自主表
现为中国为了维护和平、保卫和平保留完全的自主行动的权利，绝
不随着任何别的国家和势力的指挥棒转，通过行动上的自主性，把
政策自主、立场自主体现出来。

（四）综合性

当代中国和平理论的综合性特点是从国家主导的特点生发出来
的，由于中国的和平理论由国家主导，因此表里如一、上下一致、
内外统一，和平的主张渗透到外交、国防、经济发展等不同领域之
中，这些不同领域的活动又体现了中国的和平主张，使中国的和平
主张无论从局部看还是从全局看，都步调一致，综合完整。如中国
的和平发展道路，体现在外交上是独立自主的和平外交政策，体现
在国防上是要塑造和平之师形象，体现在经济发展上是追求合作共
赢，体现在国际安全上则是强调积极有为的国际责任。在世界上，
当代中国和平问题的综合性特点全面地塑造了中国钟爱和平、追求

和平的国际形象。

（五）防御性

当代中国和平的防御性不仅表现为防御性的国防政策，而且突出地表现为涉及和平问题的方方面面都是防御性的，而不是进攻性的。当代中国和平的防御性特点很典型地体现为"韬光养晦、有所作为"的国际战略。邓小平于上世纪80年代提出这个战略，就是要求中国在确保核心利益不被侵犯的前提下，要求中国"保持谦虚谨慎，不当头、不扛旗、不扩张、不称霸"[1]，专心致志地走和平发展道路。当代中国坚持防御性的和平立场，根本出发点在于中国需要和平的环境一心一意发展自己，"使占人类1/5强的中国人能告别贫困，过上比较好的日子"，在国际上则要"成为国际社会最负责任、最文明、最守法规和秩序的成员"。[2]

（六）发展性

当代中国和平理论的发展性是指中国在和平问题上坚持与时俱进，不是僵化的，一成不变的，而是以发展的眼光，顺应时代潮流，作出有利于维护中国和平的调整与部署。中国和平理论的发展性与稳定性是辩证统一的关系，稳定性是发展性的基础，发展性使稳定性更加作用长远，因此，中国和平理论的发展性是继承中的发

---

[1] 戴秉国：《坚持走和平发展道路》，选自《〈中共中央关于制定国民经济和社会发展第十二个五年规划的建议〉辅导读本》，人民出版社2010年版，第81页。

[2] 戴秉国：《坚持走和平发展道路》，选自《〈中共中央关于制定国民经济和社会发展第十二个五年规划的建议〉辅导读本》，人民出版社2010年版，第76页。

展，是充实、完善、与时俱进的发展。如邓小平在建立国际经济新秩序的主张基础上提出建立国际经济新秩序和国际政治新秩序，江泽民则将二者统一起来，提出了建立国际政治经济新秩序。再如，在21世纪的开局之际，江泽民提出了重要发展机遇期的理论，但其充实发展又主要在以胡锦涛为总书记的党中央治国理政期间，并将继续在以习近平为总书记的党中央治国理政期间发展完善。在此过程中，抓好用好重要战略机遇期的内容和方法必然有所发展。当代中国和平理论的发展性保证了当代中国和平理论能够始终与时代同步，走在维护中国和平、促进世界和平的时代前列。

第二节　当代中国和平理论的基本定位

如何从人类历史发展和全球战略的角度看待中国和平理论，涉及当代中国和平理论的基本定位问题。因为一国的和平离不开世界的和平，只有把中国自身的和平置于人类历史发展的长河中、置于全球战略的格局中、置于不以人的意志为转移的时代潮流中，才能准确把握当代中国和平理论的时空方位。

一、当代中国和平理论的历史方位

当代中国的和平局面是在祛除战争灾难的基础上实现的，这里所说的战争主要指第二次世界大战及其后的解放战争，因此，当代中国和平局面的实现具有民族解放与人民翻身做主人的双重意义。

将此置于人类历史发展的长河中，可以揭示出当代中国和平局面的历史方位，反映出当代中国和平理论的彻底性。

（一）当代中国和平理论是趋向永久和平的

当代中国和平问题的产生始于抗日战争时期。在此之前，旧民主主义革命时期，革命的目标在于推翻清朝的封建统治，以及资本主义国家在中国的殖民统治，求和平的目的并没有深入到革命之中。新民主主义革命开始后，在推翻封建主义、帝国主义、殖民主义的基础上增加了推翻本国资本主义统治的目标，在开始阶段仍然没有顾及和平的诉求。只有在抗日战争爆发之后，中华民族陷入生死存亡的空前危难关头，中国开始了第二次国内合作，战胜法西斯侵略者、实现和平与解放才被革命者当成重要的目标之一。而第二次世界大战中世界反法西斯联盟的形成，正是人类和平的历史从近代以来的"均势—霸权"和平转向真正持久和平的开端。中国的革命融入了世界和平发展的潮流，使中国争取和平的斗争具有了向永久和平接近的性质。正如毛泽东在《论持久战》中所说的："我们的抗日战争包含着为争取永久和平而战的性质。"[①]抗日战争胜利后的解放战争属于中国内战，对于中国共产党而言，是实现追求世界和平的目标之后进一步追求国内和平，国内和平因此汇入世界和平的总趋势。直到新中国的成立，国内和平得到了基本解决。此后，中国所有关于和平的理论与实践都是为了推动中国的持久和平。

---

① 《毛泽东外交文选》，中央文献出版社、世界知识出版社1994年版，第9~11页。

（二）当代中国和平理论着眼于世界持久和平

当代中国和平理论着眼于世界持久和平，主要由以下原因所决定：一是因为中国人口众多、幅员广阔，在世界占据重要的不可替代的地位，世界的持久和平离不开中国的和平，中国的和平也必然会促进世界的持久和平；二是因为中国属于后发展国家，新中国成立之时，中国摆脱的是半封建、半殖民地的屈辱，实施改革开放以后，中国日益繁荣富强，但中国仍然属于第三世界国家，是世界最大的发展中国家，中国没有能力破坏世界和平；三是因为中国争取和平、维护和平的行动与决心是正义的，永久性的，中国一经实现和平，除了全力以赴维护和平外，根本没有破坏世界和平的意愿，相反，因为中国兢兢业业地致力于自身的和平发展，促进了世界的和平，使世界的持久和平有了更多保障、更大希望。

（三）当代中国和平理论以最广大人民的解放为目标

在人类历史上，"征服—同化"的和平是以某个政治共同体的整体为对象的。这种和平具有很强的彻底性，但这种彻底性是以被征服者的完全屈服为代价的，对广大人民来说，这种和平是征服，是奴役。"均势—霸权"的和平一方面保障势力的相对均衡，另一方面又充斥着霸权的争夺。对广大人民来说，这种和平极不稳定，也不是人民所需要的。而当代中国的和平理论，反映的是中国实现独立、自由的初衷，对广大中国人民而言，则反映了广大中国人民从被压迫、被剥削的苦难中解放出来的实践与思考，因此，当代中国的和平理论体现了民族解放与人民解放的统一。对于世界而言，由于中国期望以自身的和平促进世界的永久和平，因此，中国也希望通过自身的和平努力对全世界最广大人民的解放作出贡献，对全世界最广大人民免于战争的威胁和安全的忧患作出贡献。

二、当代中国和平理论的全球定位

在全球战略格局中，中国的和平理论也面临着确定自身定位的基本问题。全球战略格局的划分有地缘、实力、地位、民族、宗教、历史传统、经济社会发展程度、联盟等不同方式。每一种方式因角度不同会产生不同的结果。但总体上，每一个国家的全球定位都是独一无二的，无法超越，只能在这种定位的基础上发挥整个国家的主观能动性。就当代中国的和平追求而言，可以进行如下理论定位：

（一）从国际关系的角度，当代中国追求的是一个大国的和平

什么是大国？加拿大领土辽阔，但一般不被认为是大国；印度人口众多，但一般只被认为是地区性大国，而不是全球性大国。大国，主要是指具有全球影响力的国家。联合国安理会常任理事国，即中国、美国、俄罗斯、英国、法国一般都被认为是大国；有人也把一体化进程深入而迅猛的欧盟作为大国对待，虽然欧盟并不是完整意义上的主权国家；由于日本经济总量庞大（被中国超越前长期位居世界第二）、经济触角深入世界的各个角落，有时候也被界定为"经济大国"。但无论从哪个角度看，中国都是一个大国，有时候中国还自我定位为"社会主义大国""发展中大国""贫穷落后的大

国"等。关于中国的大国定位，邓小平的话很有代表性。1985年3月4日，邓小平在会见日本客人时说："世界上有人在议论国际局势的大三角。坦率地说，我们这一角力量是很单薄的。我们算不了一个大国，这个大国又是小国。"[①]

作为一个大国，当代中国和平理论必然要考虑到其具有辐射全球的影响力，必然要与其他大国关于和平的理论和实践产生互动，必然要考虑到中国在本地区发挥的重要战略性作用。虽然与战争相比，和平是脆弱的，很容易被打破，但与小国的和平相比，大国的和平更容易维持。作为一个大国，当代中国的和平追求就在世界上发挥了积极的、正面的影响。

（二）从意识形态的角度，当代中国追求的是一个社会主义国家的和平

1949年10月，毛泽东等老一辈革命家在缔造当代中国的总体和平之初，就宣布了中国的社会主义性质，并且一面倒地把中国划入以苏联为首的社会主义阵营。这使新中国对自身和平的维护从一开始就具有社会主义性质。在全球战略格局中，中国和平追求的社会主义性质也被纳入意识形态的对抗之中。抗美援朝战争背后就存在着意识形态对抗的因素，而中国参战的口号"保家卫国"，就体现了通过正义战争捍卫和平的意愿。随着苏东剧变、苏联解体，全球因意识形态对抗形成的冷战局面终结，但中国仍然坚守社会主义的和平追求未曾动摇。虽然冷战后国际关系明显缓和，但资本主义、帝

———————

① 《邓小平文选》（第三卷），人民出版社1993年版，第105页。

国主义与社会主义在意识形态方面的基本矛盾仍然存在，我国仍然面临分化、西化、和平演变的危险，中国的持久和平仍然需要小心谨慎地予以维持。

（三）从发展水平的角度，当代中国追求的是一个第三世界国家、发展中国家的和平

邓小平曾指出，中国是一个大国，同时又是一个小国。之所以是一个小国，主要是因为中国是一个发展中国家，总体实力偏弱，人均水平更低。1984年10月，邓小平在会见马尔代夫客人时说："所谓小国就是中国还是发展中国家，还比较穷，国民生产总值人均不过三百美元。中国是名副其实的小国。"[①] 中国的发展水平还比较低，这决定了中国维护自己的和平首先是为了发展，为了使国家和人民更加富足。其次，历史上，第三世界国家均遭受过强国的侵略、掠夺，共同的历史命运使第三世界国家在和平问题上存在诸多共识，而第三世界国家人民占全世界人口的大多数，第三世界国家关于和平的共同愿望，使第三世界国家作为整体成为维护世界和平的强大的和平力量。可以说，在维护和平方面，中国始终站在第三世界国家的立场，属于第三世界国家之一。

近年来，随着国际市场的发展变化，出现了新兴市场国家的概念，意指相对成熟与发达的市场经济国家或经济体，最典型的是"金砖四国"，即中国、印度、巴西、俄罗斯（常常也算上南非，合称BRICs）。对此，中国认为，中国既是新兴市场国家，同时仍然是

---

① 《邓小平文选》第三卷，人民出版社1993年版，第94页。

发展中国家，而新兴市场国家也是维护世界和平的积极力量。党的十八大报告就将"新兴市场国家和发展中国家整体实力增强"列为"国际力量对比朝着有利于维护世界和平方向发展"的积极因素。[①]

（四）从地缘关系和历史文化的角度，当代中国追求的是一个亚洲国家的和平

亚洲拥有独特的地缘政治关系和历史文化传统。当西方世界在近代进入"均势—霸权"的和平阶段时，亚洲还长期处于"征服—同化"的和平阶段，并且遭到西方的征服与同化。历史上，虽然也有亚洲国家表现出较强的征服与扩张倾向，如尊崇武士道精神的日本，但总体而言，亚洲人更加安守本分，崇尚和平。特别是在东亚，历史上长期存在着以中国为中心的儒家文化圈，在"征服—同化"的和平中多次使征服者同化，从而和平地实现了国家的安定和统一。在当代，中国的和平稳定仍然是亚洲和平的稳定因素，是亚洲繁荣与发展的基本条件。

三、当代中国和平理论的时代背景

时代是指人类社会发展的某一特定阶段及其基本特征。时代具有全局性与战略性的特点。可以从大时代及当今时代两种角度考察当代中国和平理论的时代背景。

---

① 胡锦涛：《坚定不移沿着中国特色社会主义道路前进，为全面建成小康社会而奋斗——在中国共产党第十八次全国代表大会上的报告》，人民出版社2012年版，第46页。

（一）从大时代的角度，当代中国和平理论描述的是"从资本主义向社会主义过渡时代"的和平

"从资本主义向社会主义过渡时代"的理论判断，是在1957年召开的世界共产党和工人党代表大会宣言中提出的。这个理论判断吸收了列宁关于"一个新阶级（指无产阶级）实行统治的时代"、斯大林关于"帝国主义和无产阶级革命时代"等观点，并将这一理论判断推广为人类发展的总趋势。包括新中国在内的社会主义阵营的形成和壮大，就是这一过渡时代的产物。毛泽东等老一辈革命家关于和平的理论也诞生于这个过程中。这些理论在实践上指导了中国捍卫和平果实，推进世界民主与正义事业。

上世纪60年代之后，随着社会主义阵营内部发生分裂，中苏两党关系破裂，"从资本主义向社会主义过渡时代"的提法逐渐不用。特别是在苏东剧变之后，几乎不再使用"从资本主义向社会主义过渡时代"之说。但如果我们从"历史的大时代"角度看，即不是从几年到几十年的时间跨越，而是从几代人甚至几百年的时间跨度看，历史发展到今天，尽管资本主义和社会主义都发生了巨大的变革，但我们仍然处在一个全世界从资本主义向社会主义过渡的大时代。[①]邓小平在1992年的南方谈话中说："社会主义经历一个长过程发展后必然代替资本主义。这是社会历史发展不可逆转的总趋势。"[②]也包含了"从资本主义向社会主义过渡时

---

① 罗文东主编，吴波、代金平副主编：《中国特色社会主义理论体系新论》，人民出版社2008年版，第26页。

② 《改革开放三十年重要文献选编》（上），中央文献出版社2008年版，第641页。

代"的含义。而这个大时代正好与人类追求世界永久和平的崇高理想目标相契合。

以此作为当代中国和平理论的时代背景，不仅可以关照毛泽东时期的和平理论，而且可以关照邓小平及其后相当长一段时期的和平理论。中国应利用中国的和平局面为这样的历史大时代作出应有的贡献。

（二）从当今时代的角度，当代中国和平理论界定的时代主题是和平与发展

在当今时代，当代中国和平理论界定的时代主题是和平与发展。对这一时代主题的论述始于上世纪80年代前期。当时提出的是"东西南北问题"，即东西问题，主要是和平问题；南北问题，主要是发展问题。到1987年党的十三大的时候，"和平与发展是当今世界主题"的思想正式被写进党的政治报告。直到今天，这个时代主题的判断一直是中国进行改革开放的基本依据之一。当代中国的和平就建构在这个时代主题的判断基础上。

那么，在此之前的时代主题是什么呢？国际共产主义运动中有"革命与战争时代"的提法。1940年，毛泽东在《新民主主义论》中说："现在的世界，是处在革命和战争的新时代，是资本主义决然死灭和社会主义决然兴盛的时代。"直到1969年，毛泽东在谈到第三次世界大战时仍然认为"关于世界大战问题，无非是两种可能：一种是战争引起革命，一种是革命制止战争"[1]。应当说，自

---

[1]　《人民日报》1969年4月28日。

苏维埃俄国从第一次世界大战中诞生以来，20世纪上半叶的时代主题确实是革命与战争，但到第二次世界大战结束，特别是殖民地和第三世界国家民族解放高潮结束之后，世界格局基本稳定下来，已经没有爆发大规模战争，也不再有全球影响的革命活动，时代的主题已经开始由"革命与战争"转为"和平与发展"。就中国而言，应以新中国成立为标志，开始了"革命与战争"的时代主题向"和平与发展"时代主题的转变。到上世纪80年代，这一转换基本完成。

因此，从当今时代的角度看，中国和平问题经历了时代主题从"革命与战争"向"和平与发展"的转变，已经进入并且还将继续处于以和平与发展为主题的时代之中。

第三节　当代中国和平理论的主体架构

经过几十年的不懈探索、总结实践，当代中国和平问题已经形成了严整科学的理论体系。这一理论体系由一系列外交、国防、战略、国家统一的理论、政策组成，其中，"和平与发展是当今时代主题"是这一体系的理论基础；"和平发展道路"是这一体系的主干；"独立自主的和平外交政策"是中国处理对外关系的准则，"和平共处五项原则"是中国处理国与国之间关系的准则，"积极防御"的军事战略是中国国防力量建设的准则，"和平统一、一国两制"是中国处理统一问题的原则，上述四点共同构成了这一体系的重要支柱。这样的理论架构既从和平的角度解决了中国与世界的关系问题，又涵盖了战争与和平、和平与发展这两对最为重要的相关概念，并且涉及外交、国防、国家统一等与和平关系最密切的相关政策，可以说是理论性与政策性的统一。

一、和平与发展是当今时代的主题

由于"和平与发展是当今时代主题"的论断，是中国和平问题最重要的基础性理论之一，所以，前论已在文献综述①、邓小平和平理论②、当代中国和平的时代背景③等三处进行过比较详细的论述。综合起来，包括以下结论：1.和平与发展是当今时代的主题，但世界并没有进入和平与发展时代，因为和平与发展问题一个都没有解决。2.邓小平提出"和平与发展是时代主题"的论断，应把1979年中国胜利实施对越自卫反击战作为一个重要契机，因为在这次战斗中，苏联没有实施直接或间接的干涉。中国领导人，从毛泽东到邓小平，都把可能爆发的世界大战作为心头大患。在上世纪50年代主要担心以美国为首的西方帝国主义阵营向以苏联为首的社会主义阵营发动世界大战，中苏两党决裂后主要开始担心苏联对中国发动大规模侵略战争。直到上世纪70年代末期，在中央决定将工作重心转移到经济建设上实施改革开放之际，一场边境自卫作战，打破了苏联从陆路对我国环形包围的态势，也使邓小平确信苏联不再会对中国发动大规模侵略战争，邓小平才逐渐形成"和平与发展是

---

① 见本书绪论。

② 见本书第二章第二节。

③ 见本书第三章第二节。

时代主题"的论断。3.新中国一成立就开始了"革命与战争"的时代主题向"和平与发展"时代主题的转变,到上世纪80年代,这一转换基本完成,由此在邓小平理论中形成了"和平与发展是当今时代主题"的论断。

"和平与发展是当今时代主题"的论断形成后,经历了上世纪80年代末至90年代初的苏东剧变、世界共产主义运动受到严重挫折,经历了世纪之交"9·11"事件之后非传统安全对国际秩序的严重挑战,经历了21世纪第二个十年开始后由于中国经济快速发展导致的地区国际关系的连锁反应。虽然国际形势的上述演变都对中国和平问题造成了冲击,但并没有从根本上改变"和平与发展是当今时代主题"的基本判断。1987年10月,党的十三大在邓小平的思想基础上,明确提出"和平与发展是当代世界的主题"。从十三大开始,党的历次全国代表大会都一再重申了这一判断。十四大报告说:"和平与发展仍然是当今世界两大主题。发展需要和平,和平离不开发展。" 十五大报告:"和平与发展是当今时代的主题……要和平、求合作、促发展已经成为时代的主流。" 十六大报告:"和平与发展仍是当今时代的主题。维护和平,促进发展,事关各国人民的福祉,是各国人民的共同愿望,也是不可阻挡的历史潮流。" 十七大报告说:"当今世界正处在大变革大调整之中。和平与发展仍然是时代主题,求和平、谋发展、促合作已经成为不可阻挡的时代潮流。"十八大报告说:"当今世界正在发生深刻复杂变化,和平与发展仍然是时代主题……中国将高举和平、发展、合作、共赢的旗帜,坚定不移致力于维护世界和平、促进共同发展。"①

正是在这一时代主题判断基础上，中国向世界宣示：中国将始终不渝地走和平发展道路，在坚持自己和平发展的同时，致力于维护世界和平，积极促进各国共同发展繁荣。

二、和平发展道路

2005年和2011年，中国分别发布了两份关于和平发展道路的白皮书：《中国的和平发展道路》（2005年）、《中国的和平发展》（2011年），系统阐述并宣示了中国的和平发展道路。这条道路归结起来就是：既通过维护世界和平发展自己，又通过自身发展维护世界和平；在强调依靠自身力量和改革创新实现发展的同时，坚持对外开放，学习借鉴别国长处；顺应经济全球化发展潮流，寻求与各国互利共赢和共同发展；同国际社会一道努力，推动建设持久和平、共同繁荣的和谐世界。②

中国的和平发展道路是中国特色社会主义在对外领域的集中体现，包括"对外领域中国特色社会主义的基本属性、基本特征、基本内容和基本途径"。③中国的和平发展道路首先强调发展的和平性，强调中国要通过自身的发展为世界和平作贡献，实现和平与发

---

① 以上引语转引自《北京日报》2012年12月17日"理论周刊"文章《我党关于时代主题的论断是如何发展的》中的相关资料。

② 《中国的和平发展》白皮书，《人民日报》2011年9月7日，第14版。

③ 戴秉国：《坚持走和平发展道路》，选自《〈中共中央关于制定国民经济和社会发展第十二个五年规划的建议〉辅导读本》，人民出版社2010年版，第87页。

展的有机统一。中国的和平发展还强调发展的自主性，将发展的基点和重心放在国内，通过扩大内需、转变经济发展方式实现发展。中国的和平发展还在科学发展观的指导下，坚持以人为本、全面协调可持续发展，为和平发展营造良好的国内环境。中国的和平发展是主张合作的发展，主张相互合作，互利共赢，在国际大家庭中实现利益共享、责任共担。同时，中国的和平发展主张将中国的国家利益与人类的共同利益联系在一起，促进世界共同发展，共同繁荣。

中国的和平发展道路与"和平与发展是当今时代主题"既相互关联，又各有侧重。"和平与发展是当今时代主题"是中国走和平发展道路的前提和基础，中国走和平发展道路既响应了和平与发展的时代主题，又促进了世界的和平与发展。

三、独立自主的和平外交政策

早在新中国成立前，中国就对新中国成立后的独立自主外交政策作了设想。独立自主的思想，较早可以追溯到抗日战争期间的统一战线思想。1945年，周恩来在党的七大上阐述毛泽东统一战线思想时指出，"独立自主，就是指无产阶级的独立性"，要"在坚持独立自主的条件下同人家讲团结，而不要受其他阶级的影响"[①]。1949年春，在新中国第一代领导人设计未来外交政策的时候，提出了"另起炉灶"的思想，就是不承认旧的外交关系，要在新的基础

---

① 《周恩来选集》（上卷），人民出版社1980年版，第215页。

上同世界各国另行建立新的外交关系。1949年4月，在与一批即将参加政治协商会议的人员谈话中，周恩来明确指出，新中国外交的基本立场，"即中华民族独立的立场，独立自主、自力更生的立场"。周恩来说："任何国家都不能干涉中国的内政。我们就是为此而奋斗了一百多年！"①独立自主的思想，在第一届政治协商会议通过的《共同纲领》中得到了正式确认："保障本国独立、自由和领土主权的完整。"②

独立自主的和平外交政策，就是要求中国坚持自己选择的社会制度和发展道路，不允许任何外部势力干涉中国的内政，中国也不干涉别国内政，同所有国家来往，发展友好关系，不与任何国家结盟，不按意识形态、社会制度、关系亲疏画线，强调以协商对话方式解决矛盾，不把自己意志强加于人，在国际上秉持公道，伸张正义，发挥积极的建设性作用。

四、和平共处的国际关系准则

和平共处五项原则是由中国首先倡导、已被全世界普遍认同的国际关系准则，其内容包括：互相尊重领土主权、互不侵略、互不干涉内政、平等互利、和平共处。1953年12月31日，中印两国在北京就两国在中国西藏地方的关系问题举行谈判。谈判一开始，周恩来就说："新中国成立后就确立了处理中印两国关系的原则，那就是互相尊重领土主权、互不侵犯、互不干涉内政、平等互惠和和平共

① 《周恩来选集》（上卷），人民出版社1980年版，第321~322页。

② 《建国以来重要文件选编》（1），中央文献出版社1992年版，第13页。

处的原则。"[1] 1954年，这五项原则正式写入谈判达成的文件中。当年，周恩来访问印度、缅甸，双方的联合公报中均强调了和平共处五项原则这一共识。五项原则中的"平等互惠"后来改成了"平等互利"。1954年12月，毛泽东在会见缅甸客人时指出，"五项原则是一个长期方针"，"这五项原则是适合我国的情况的，我国需要长期的和平环境"[2]。从此，和平共处五项原则成为中国为了营造和平环境长期坚持的国与国之间的关系准则。

　　和平共处五项原则从最基本的层面上解决了国与国之间相处在主权、安全、独立、平等及互惠方面的诉求，具有广泛的适用性。后来，这五项原则被写进包括联合国在内的许多国际组织和国际会议通过的宣言的决议书中，成为以和平方式发展国与国之间相互关系的基本准则。

五、积极防御的国防战略

　　积极防御原来是军事学的术语，亦称"攻势防御""决战防御"，意指以积极主动的攻势行动对付进攻之敌的防御。中国共产党领导的人民军队在历史上曾长期处于敌强我弱的不利态势中，正是在积极防御的战略战术引导下，人民军队最终都以小敌大、以弱胜强，取得了辉煌的胜利，直至实现全国解放。这时候，积极防御已经成了涉及军队与国家战略全局的战略问题。1955年4月，毛泽东

---

[1]　《周恩来选集》（下卷），人民出版社1980年版，第118页。

[2]　《毛泽东外交文选》，中央文献出版社、世界知识出版社1994年版，第186~187页。

在中央书记处的会议上指出，中国的战略方针是积极防御，决不先发制人。1956年3月，国防部长彭德怀在军委扩大会议的报告中明确指出，为了有效地防止帝国主义的突然袭击，保卫国家的主权、领土完整和安全，在未来反侵略战争中，应采取积极防御的战略方针。从那时起，直到今天，虽然世界格局与战争方式都发生了巨大变化，中国的国防始终奉行积极防御的战略方针。如在1980年，在中国已经实行改革开放政策的情况下，邓小平指出，我们的"战略方针是积极防御"。① 1993年，中央军委确定要"立足打赢一场可能发生的现代技术特别是高技术条件下的局部战争"时，江泽民仍然强调"要继续坚持实行积极防御的军事战略方针"。② 2012年，胡锦涛在十八大报告中指出："贯彻新时期积极防御军事战略方针。"③ 十八大之后，习近平在深刻洞察战争发展规律和世界新军事革命发展大势基础上，强调要毫不动摇坚持积极防御的军事战略方针，丰富和完善其内涵，为创新发展军事战略指导提供了基本遵循。2013年3月23日，习近平在莫斯科国际关系学院发表演讲时重申："中国始终奉行防御性的国防政策，不搞军备竞赛，不对任何国家构成军事威胁。"④

实施积极防御的战略方针，是要把国防和军队建设置于国家建

① 《邓小平论国防和军队建设》，军事科学出版社1992年版，第99页。

② 《江泽民文选》（第一卷），人民出版社2006年版，第283页。

③ 胡锦涛：《坚定不移沿着中国特色社会主义道路前进，为全面建成小康社会而奋斗——在中国共产党第十八次全国代表大会上的报告》，人民出版社2012年版，第42页。

④ 习近平：《顺应时代前进潮流，促进世界和平发展》，2013年3月24日《人民日报》，第2版。

设和发展的大局之下，保卫国家的和平与建设。这个战略方针是防御性的，中国决不挑起战争，发动侵略，不采取先发制人的军事打击手段；同时，这个方针又是积极的，要力避战略上的被动防守，始终保持积极的战略态势，以强大的积极的战备姿态有效慑止他人破坏中国和平与安全的战略意图，保卫中国的和平，进而维护世界和平。

随着形势的发展变化，积极防御的战略方针也与时俱进地被赋予了更多新的内涵。2015年5月，我国发布《中国的军事战略》白皮书，进一步明确我国军事战略思想的基本点就是积极防御的战略思想，并强调，为了适应新的历史时期形势任务要求，实行积极防御军事战略方针，必须"与时俱进加强军事战略指导，进一步拓宽战略视野、更新战略思维、前移指导重心，整体运筹备战与止战、维权与维稳、威慑与实战、战争行动与和平时期军事力量运用，注重深远经略，塑造有利态势，综合管控危机，坚决遏制和打赢战争"①。

但是，无论国际环境还是安全环境发生什么变化，中国的国防政策将依然是防御性的，仍然以保障国家和平稳定、保卫国家领土主权完整为目的，是维护世界和平的坚定力量，绝不会恃强凌弱，不会国强必霸。

① 《中国的军事战略》白皮书，2015年5月27日《人民日报》第10版。

六、和平统一的两岸政策

中国的国家统一问题是中国特有的国家分裂与统一问题，与当年的德国、今天的朝鲜半岛的分裂问题均不相同。大陆与台湾的统一问题首先是中国的内政，任何外国势力都无权干涉，同时，这个问题又有深刻复杂的国际背景，尤其是美国将台湾作为其战略棋子使用，阻滞了中国顺利完成统一大业。一般而言，和平问题主要是国家之间的问题，是国际性的，但中国的统一问题虽然是内政，却不可否认地也涉及战争与和平，不但是典型的和平问题，而且是当代中国和平问题不容回避的一个重要方面。

虽然"和平统一、一国两制"的政策是改革开放之后提出的，但早在上世纪50年代，中国共产党就提出了用和平方式实现统一的设想和主张。当时的提法是"和平解放台湾"。1954年12月5日，周恩来会见缅甸总理吴努时提出"和平解放台湾"，但"前提条件一定要肯定台湾是中国的"[①]。同月10日，周恩来在写给毛泽东的信中说："如果美国政府愿意缓和紧张局势，从台湾、澎湖和台湾海峡撤走它的一切武装力量，停止干涉中国内政，那么，台湾就有和平解放的可能。"1956年1月30日，周恩来在全国政协会议的报告中明确强调要争取用和平的方式解放台湾。[②]这是中国共产党第一次广泛宣示用和平方式实现统一的诚意。改革开放之后，全国人大常委会于1979年1月1日发布《告台湾同胞书》，全篇没再使用"解放台

①　《周恩来年谱（1949~1976）》（上卷），中央文献出版社1997年版，第428页。

②　金冲及主编：《周恩来传》（3），中央文献出版社1998年版，第1435页。

湾"的提法，正式开启了和平统一解决台湾问题的大门。1981 年 9 月 30 日，叶剑英以全国人大常委会委员长的身份，提出了关于台湾回归祖国、实行和平统一的九条方针，史称"叶九条"。后来，邓小平说，"九条"是以叶剑英委员长名义提出来的，实际上就是"一个国家，两种制度"。[①] 1995 年 1 月 30 日，江泽民在中央台办、国务院台办、台盟等单位举办的迎新茶话会上提出了促进统一大业完成的"八项政治主张"，再次向世界郑重宣示了实现国家和平统一的倡议与诚意。2005 年 4 月，胡锦涛在会见时任国民党主席连战时首次提出"两岸关系和平发展"，将和平发展道路的有关理论赋予和平统一事业。2008 年 12 月 31 日，胡锦涛在纪念《告台湾同胞书》发表 30 周年座谈会上，全面系统地阐述了推动两岸关系和平发展的"六点意见"，对"叶九条""江八点"进行了继承、丰富和发展。2013 年 2 月 25 日，中共中央总书记习近平在人民大会堂会见中国国民党荣誉主席连战及随访的台湾各界人士时强调，继续推动两岸关系和平发展、促进两岸和平统一，是新一届中共中央领导集体的责任。[②]

在对和平主张一再宣示的同时，中国没有忘记在统一问题上运用法律武器。2005 年 3 月 14 日，十届人大三次会议通过了《反分裂国家法》，除了强调"以和平方式实现祖国统一，最符合台湾海峡两岸同胞的根本利益。国家以最大的诚意，尽最大的努力，实现和平统一"外，还在第八条中明确画出了采用非和平方式及其他必

---

① 中央文献研究室、中央电视台：《邓小平》，中央文献出版社 1997 年版，第 237 页。

② 新华社 2013 年 2 月 25 日电讯稿，http://news.xinhuanet.com/politics/2013-02/25/c_114794281.htm

要措施捍卫国家主权和领土完整的"红线",即1."台独"分裂势力以任何名义、任何方式造成台湾从中国分裂出去的事实;2.发生将会导致台湾从中国分裂出去的重大事变;3.和平统一的可能性完全丧失。

无论是对和平问题而言,还是对统一问题而言,和平统一、一国两制的政策都是中国在处理历史久长、背景复杂的国家主权完整统一问题上的创举,中国在不放弃核心原则的基础上对和平表现出的最大诚意、最大努力,获得了世界的赞誉。当然,由于复杂的历史原因和现实背景,和平统一大业尚未完成,但中国通过和平方式推进祖国统一的进程必将取得新的进展。

第四节 当代中国和平理论的行动规范

当代中国的和平是政策、理论、实践的综合统一。中国在维护自身与世界和平方面的行动规范,既遵循当代中国和平理论的基本要求,又体现了当代中国和平理论的精神实质,是当代中国和平理论外在的行为方式,不但获得了世界的广泛认同,而且发挥了解决矛盾与争端、维护世界和平的实际作用。

一、当代中国和平理论的行动框架

理论阐释政策,行动实践政策,理论概括行动。由于和平问题主要是国与国之间的问题,当代中国和平的行动框架也主要体现为中国在国际战略层面上维护中国和平、促进世界和平的行动框架。中国是现今国际秩序负责任的积极参与者，中国的和平行动也离不开现今国际秩序的框架。

（一）在联合国框架下维护世界和平与安全

联合国是当今世界最具权威性、代表性和普遍性的国家间政府组织，在涉及和平的政治、安全、经济发展、军控、国际司法等领域均有广泛而深入的国际影响力。我国是联合国创始会员国，又是安理会的常任理事国之一，在联合国框架下维护世界和平与安全，既有利于扩大中国政策主张的影响范围，又有利于最大限度发挥中国维护世界和平的作用，有利于壮大人类和平发展事业的力量，是中国在国际上开展和平行动的首要原则。

新中国自1971年恢复联合国合法席位以来，坚决维护《联合国宪章》的宗旨，维护《联合国宪章》确立的主权平等、不干涉内政、和平解决国际争端、反对使用武力或以武力相威胁的原则。中国积极推动联合国以和平方式解决国际和地区热点问题，把联合国安理会作为国际上集体安全机制的核心，发挥安理会在维护国际和平与安全方面的首要责任。中国还积极参加联合国维和行动，在五个常任理事国中，历年中国派出的维和军事人员、警察和民事官员最多。中国还积极推动联合国在国际、裁军和防扩散领域发挥重要作用，参加了《禁止化学武器公约》《全面禁止核试验条约》等多边军控条约谈判。为应对近年来全球安全面临的新挑战，中国积极主张在联合国框架下开展有关国际经济新秩序、可持续发展、气候变化等问题的讨论与合作，有效地巩固了国际社会的共同安全。

（二）倡导多极世界与推动睦邻外交

多极世界是与两极世界、单极世界相关的一个概念。冷战期间，美苏对峙、社会主义资本主义两大阵营对峙、华约北约两大军事组织对峙，这样的两极世界虽然没有发生大规模战争，但对世界和平的破坏力不下于一场战争。冷战结束后，对峙的一方力量大大衰减，另一方则占据政治、经济、军事、文化等多方面的绝对优势，单极世界俨然出现，"一超独霸"的忧虑弥漫于全世界。与两极世界、单极世界不同，多极世界由于成员多、力量均衡、相互制约，大大有利于世界和平，成为世界对冷战后国际秩序的普遍期盼。

中国是多极世界的积极倡导者。1992年，党的十四大明确提出："两极格局已经终结，各种力量重新分化组合，世界正朝着多极化方向发展。"① 应该注意到，中国对世界多极化的倡导主要用于界定全球大国关系的格局，因为只有大国，其国家利益才会拓展到全球，才最关心世界战略格局、国际秩序的变化。"关于世界多极化的问题，未来发挥重要影响和领头作用的也应该是一些大国。"② 对于世界和平而言，多极化的格局有益于抑制霸权主义与强权政治的单边行动，因而有利于维护世界和平。

虽然世界多极化的趋势不可避免，但多极与单极的斗争还在曲折中进行。1990年，苏东剧变刚刚发生时，邓小平曾说"旧的格局

---

① 《江泽民文选》（第一卷），第241页。

② 于洪君主编、柴尚金副主编：《探索与创新——冷战后的世界社会主义》，当代世界出版社2006年版，第462页。

在改变中，但实际上并没有结束，新的格局还没有形成"。[①] 这个判断还将在未来很长时间内有效。

在倡导界定大国关系的多极世界的同时，中国致力于推动睦邻友好关系，促进地区和平稳定。中国既注重俄罗斯、美国、日本等周边大国关系，也重视东北亚、东南亚、南亚地区的国家关系，并且积极参与周边地区的多边组织和多边活动，营造和平安宁的中国周边环境。中国坚持与周边国家通过谈判、对话和友好协商解决各种矛盾和问题，坚持通过谈判对话处理领土和海洋权益争端，对周边国家平等相待，不谋求地区霸权，不谋划势力范围，与周边国家和地区加强经贸往来，通过经济的纽带促进地区和平与发展。习近平治国理政后提出了共同建设"丝绸之路经济带"和21世纪"海上丝绸之路"的"一带一路"战略构想，也体现了中国坚持的亲、诚、惠、容的周边外交理念。

（三）团结发展中国家和新兴国家

三个世界划分的理论是中国对国际战略理论的创造性贡献。时至今日，虽然三个世界均发生了深刻变化，但这一理论的基本结论仍然正确，仍然适用，特别是对于第三世界国家，其基本组成几十年来没有改变。第三世界国家普遍而突出的特点是经济发展水平滞后，世界上的发展中国家基本上都是第三世界国家。近年来，一些第三世界国家通过自身的努力，利用国际政治经济环境发展变化形成的机遇，经济总量快速增长，在国际经济普遍不景气的背景下迅

---

① 《邓小平文选》（第三卷），第353页。

速崛起，被世界称为新兴市场国家，或者新兴国家。

中国既是第三世界国家，同时也是世界上最大的发展中国家，还是新兴市场国家。中国坚定自身的第三世界国家地位，始终团结发展中国家和新兴市场国家，共谋发展，共享和平。中国支持第三世界国家扩大在国际事务中的发言权，维护发展中国家的政治权益，坚决与发展中国家团结合作，永远与发展中国家为友。与此同时，中国坚持"绝不当头"的战略，与发展中国家平等相待，实践邓小平关于"中国永远站在第三世界一边，中国永远不称霸，中国也永远不当头"的战略。①

（四）积极参与多边舞台和平发展活动

中国除了在联合国框架下维护世界和平外，还积极参与联合国之外的多边事务，利用多边舞台推动世界和平发展，构建公正合理的国际政治经济新秩序。中国已经加入了100多个政府间国际组织，签署了300多个国际公约，在国际体系中发挥着重要的参与者、建设者、贡献者的作用。在中国的参与下，上合组织成为新型地区关系的典范；中国与东盟关系进入优势互补、并行发展的良性渠道；中国作为主要参与方组织的朝核问题六方会谈，是目前棘手的朝核问题比较好的会谈途径；中国召开中—非国家首脑会议，签订中—非合作的八项举措，促进了非洲经济发展和社会稳定；中国与老挝、缅甸、泰国等国在湄公河上开展联合巡逻执法，使一度危险重重的湄公河航道治安为之改善……事实证明，多边舞台已经成

---

① 《邓小平文选》（第三卷），第363页。

为维护世界和平、加强世界各国沟通交流的重要渠道。中国积极参与多边舞台的和平发展活动，使中国维护世界和平的努力获得了更多更好的成效。

二、当代中国维护和平的行动原则

每一项政策、每一个理论，在与实践相结合的时候都必然会与一定的行动原则相联系。行动原则也是这项政策或理论付诸实践的行为方式，只有实现言与行的一致，才能真正把这些政策或理论落到实处，因此，行动原则也是这项政策与理论不可或缺的组成部分。当代中国和平理论的行动方式同样体现了当代中国在追求和平方面的原则立场。

（一）倡导以对话代替对抗

中国一贯强调以对话代替对抗，通过彼此的沟通化解矛盾，寻求共识，达成谅解，实现和平。虽然许多国际问题由于背景复杂、利益纠葛、参与各方对立尖锐、妥协余地很小，因而难以用对话方式彻底解决，但中国依然主张应首先采用对话方式，避免发生冲突。以朝核六方会谈为例，2002年10月，朝核问题激化后，江泽民主席分别同美国总统布什、俄罗斯总统普京、韩国总统金大中等交换意见，就和平解决朝核问题达成共识。外交部长唐家璇则多次与有关各国外交部长会谈或通过电话磋商。在中国的积极斡旋之下，2003年4月，中、美、朝在北京首先举行了三方会谈；8月，第一轮六方会谈在北京举行。其后，六方会谈几经波折，虽然迄今仍然没有看出朝核问题解决的前景，但世界还是普遍认为，在中国举行的六方会议曾经取得过积极成果，仍然是目前解决问题的各种设想中最具可行性的。事实证明，只要冲突各方拿出诚意，愿意就矛盾与冲突的问题进行对话和磋商，对抗就存在化解的可能，和平就能得到保证。

（二）反对霸权主义、强权政治

今天的中国虽然初步摆脱了贫穷落后的局面，向着小康社会迈进。但鸦片战争以来一百多年的耻辱却让中国人刻骨铭心、永志难忘。正因为如此，中国对国际间以强凌弱的霸权主义、强权政治行动异常痛恨。邓小平说："要争取和平就必须反对霸权主义，反对强权政治。"[①] 中国自己不恃强，不称霸，不欺负弱国、小国，中国也坚决反对霸权主义、强权政治，并且认为霸权主义、强权政治是威胁当今世界和平安定的根源。

当前，霸权主义、强权政治新的表现形式是新干涉主义。与过去的干涉主义往往以意识形态、经济、政治原因实施不同，新干涉主义的主要理由是人道主义，以及"民主""自由""人权"等"普世价值"。但无论是过去的干涉主义，还是新干涉主义，都是霸权主义、强权政治者对别国主权的干涉，是对联合国宪章的侵害。中国在坚决反对霸权主义、强权政治的同时，也坚决反对打着各种旗号进行的新干涉主义。

---

① 《邓小平文选》（第三卷），第56页。

（三）以和平促发展、以发展谋和平

中国充分认识到，没有和平就没有发展，没有发展就难保和平，因此，中国一贯坚持"既通过维护世界和平发展自己，又通过自身发展维护世界和平"①，坚持世界持久和平与共同发展的协调同步，坚持向经济困难的一些发展中国家提供力所能及的援助，帮助这些国家巩固和平、实现发展。中国促进和平与发展协调同步的行动原则，既反映了和平与发展的时代主题，又体现为中国的和平发展道路，因此，中国的和平是谋求发展的和平，谋求与别国共享的和平，谋求持久的和平；中国的发展是追求和平的发展，追求可持续的发展，追求共同富裕的发展。只有和平与发展协调同步了，和平与发展才能双双进入良性轨道，才能得到更大保障。因此，中国追求的和平是持久和平，追求的发展是共同繁荣，合二为一，才是持久和平、共同繁荣的世界。

（四）倡导以合作共赢为核心的新型国际关系

2013年3月23日，习近平在莫斯科国际关系学院的演讲中指出："要跟上时代前进步伐，就不能身体已进入二十一世纪，而脑袋还停留在过去，停留在殖民扩张的旧时代里，停留在冷战思维、零和博弈老框框内。"在此基础上，习近平指出："各国应该共同推动建立以合作共赢为核心的新型国际关系，各国人民应该一起来维护

---

① 《中国的和平发展》白皮书，人民日报2011年9月7日第14版。

世界和平、促进共同发展。"① 这是我国在正确把握和平与发展的时代主题，和平、发展、合作、共赢的时代潮流基础上对新型国际关系的全新概括。

这一新型国际关系建立在和平与发展的基础之上并且具有很强的实践价值。在党的十八大报告中，类似的主张包括："在国际关系中弘扬平等互信、包容互鉴、合作共赢的精神，共同维护国际公平正义。"② 其中，平等互信主要表明国与国之间无论大小、强弱都应该在平等的基础上互相信任；包容互鉴主要指国与国之间应相互尊重不同点与多样性，相互借鉴，取长补短；合作共赢主要强调国与国之间要加强合作，寻求利益共同点，按照命运共同体的新观点，实现均衡协调的共同发展。

以合作共赢为核心的新型国际关系，不但要求将合作共赢的理念体现在大国、周边、发展中国家、多边等各个方向，而且要体现在政治、经济、安全、文化等对外合作的各个领域。这既是对几百年来各种各样国际关系理论的创新和超越，而且是对中国一贯坚持和平外交理念的深化、丰富和发展。

（五）推动建立国际政治经济新秩序

长期以来，由于国际政治关系中的霸权主义、强权政治，国际

---

① 习近平：《顺应时代前进潮流，促进世界和平发展》，2013年3月24日《人民日报》，第2版。

② 胡锦涛：《坚定不移沿着中国特色社会主义道路前进，为全面建成小康社会而奋斗——在中国共产党第十八次全国代表大会上的报告》，人民出版社2012年版，第47页。

经济关系中的金融、贸易、技术、规则的不平等不平衡，无论国际政治秩序还是国际经济秩序都难以满足持久和平、共同繁荣的需要。中国和广大发展中国家一道，不但倡议建立国际政治经济新秩序，而且以身作则推动建立国际政治经济新秩序。国际政治经济新秩序在政治上的具体表现包括，互相尊重独立和主权，互不侵犯，互不干涉内政，摒弃冷战思维，营造共同安全，共担责任，共同治理，实现国际关系的民主化；在经济上的具体表现包括，努力改变贫国越贫、富国越富的局面，加强南南合作，使发展中国家减少经济全球化带来的冲击，弥合技术鸿沟，共享科技进步，消除形形色色的贸易保护主义，进一步开放市场，切实减免发展中国家债务，维护发展中国家利益，促使世界经济共同发展、共同繁荣。

第四章

当代中国和平理论与世界和平

当代中国和平理论是在与世界和平协调同步、有所借鉴、有所取舍的过程中孕育、形成、发展并不断与时俱进的。世界和平的状况对中国和平有重要影响。那么，当今世界的和平有哪些特点？靠什么样的架构维持？都有哪些与和平有关的理论，这些理论与中国和平理论的关系如何？该怎样运用辩证唯物主义和历史唯物主义的立场、观点和方法看待中国和平与世界和平的关系？上述问题，都是研究当代中国和平理论必须面对的。只有对上述问题进行研究辨析，才能更加明确当代中国和平理论的意义与影响。

第一节　当今世界的和平架构及其与中国和平理论的关系

当今世界以和平与发展为时代主题。总体而言，世界保持着相对稳定的和平局面。这离不开结构复杂的和平架构的支撑作用。在这个和平架构中，既包括涵盖了绝大多数主权国家的政府间国际组织联合国，也包括对世界和平与安全具有全球性影响的大国，还包括框定各种国际间战争、和平、安全问题的条约法规体系。这些因素都深刻影响着世界和平的发展轨迹，有些影响是有益的，有些影响则是负面的，而且所有这些影响并不是一成不变的，这使世界和平始终处于相对稳定的动态之中。

一、当今世界和平架构的现状

当今世界的和平架构是指对当今世界和平有重要影响的相对稳定的国际关系、国际秩序、国际机构等。和平问题涉及面广，和平架构也非常复杂，从宏观到微观，从国家到国际组织，从物质性的到精神性的，都存在着影响和平的因素。总体而言，当今世界和平架构包括以下四个方面内容：联合国、大国、国际条约法规体系、各种非政府间国际组织与和平研究机构。应该注意的是，这四个方面互有重叠，例如，联合国既是影响和平的主要方面，同时又对大国在和平中发挥的作用、国际条约法规在和平中发挥的作用具有深刻影响。但虽然互有重叠，却又不可相互替代，共同构成了维护当今世界和平的架构网格。

（一）联合国在当今世界和平架构中发挥主导作用

上世纪中叶，世界反法西斯力量在二战后期联合创建联合国的初衷，就是为了抑制战争、维护和平。可以说，联合国是为和平而生的。联合国宪章第一句申明联合国创建宗旨的话就是"欲免后世再遭今代人类两度身历惨不堪言之战祸"，创建联合国的目标包括四个方面：1."力行容恕，彼此以善邻之道，和睦相处"；2."集中力量，以维持国际和平及安全"；3."接受原则，确立方法，以保证非为公共利益，不得使用武力"；4."运用国际机构，以促成全球人民经济及社会之进展"①。其中前三条都是和平问题，只有第四条是发展问题。目前，联合国的四个主要宗旨中，第一条就是维护世界各地和平。

到今天，作为最广泛、最权威的政府间国际组织，联合国的工作范围已经扩大到可持续发展、促进民主、保护人权、治理政务、经济发展、社会发展、国际卫生、扩大粮食生产等相当广泛的领域，但联合国的最重要的功能仍然是维持和平、建设和平、预防冲突和进行人道主义援助，包括派遣维和士兵、难民保护、救助灾民、打击恐怖主义、推动裁军和不扩散、清除地雷等。涉及维护和平与安全的联合国机构包括安理会（含反恐怖主义委员会、制裁委员会）、裁军与国际安全委员会、建设和平委员会、反恐执行工作队、联合国裁军审议委员会、和平利用外层空间委员会等；联合国涉及和平的相关议题包括促成和平与采取预防性行动、维持和平、建设和平、非殖民化、以体育促进发展与和平、儿童与武装冲突等；联合国还开展了国际和平日、维和人员国际日、和平大学、国际和平年（1986年）等活动。联合国在维护世界和平方面的权威性得到了举世公认和遵从。

---

① 见联合国官方网站：http：//www.un.org/zh/documents/charter/preamble.shtml

经过二战之后几十年的发展变化，国际安全形势已经发生了重大变迁，但联合国仍然在当今世界和平架构中发挥着重要的、不可替代的主导作用。中国是联合国的创始国之一，又是安理会常任理事国之一。在联合国框架下维护世界和平，是中国在维持世界和平的行动中最重要的遵循。

（二）大国在当今世界和平架构中发挥关键作用

无论维护和平还是破坏和平，发挥关键作用的都是大国。这里的大国并不单指世界大国，地区大国也对地区安全发挥关键作用。最典型的大国是安理会五个常任理事国，即中、美、俄、英、法。美苏对峙曾经造成全世界长达半个世纪的冷战，由此可见大国对和平的影响力之大。地区性的大国，如中东的以色列、南亚的印度等，也对该地区的安全影响巨大。但值得注意的是，这些地区大国对地区安全的影响，往往有大国的背景。如以色列与美国的关系就对中东和平具有决定性的影响。

在所有这些大国中，美国对世界和平的影响最为巨大。美国是世界头号强国，其政治模式、经济发展、军事实力、文化与文明、意识形态等都对世界有着重要影响，而上述的方方面面也都涉及和平，如美国发动伊拉克战争，除了要寻找萨达姆的大规模杀伤性武器外，输出民主也是目的之一。大国在世界和平架构中发挥的关键性作用，既有维护和平的一面，也有破坏和平的一面。维护和平，即形成了所谓的"美国统治下的和平"；破坏和平，近年来重大的局部战争无一没有美国的参与，美国的军费超过了排在其后的20多个国家的军费总和。

就我国而言，我国也是大国，既是世界性大国，又是地区性大国，同时还是发展中大国、新兴大国。我国在当今世界的和平架构中始终发挥着积极的、促进性的作用。同时，我国强调自身要与其他大国之间加强沟通与对话，建立新型大国关系，增加彼此互信，共同维护世界和平。

（三）国际条约法规体系在当今世界和平架构中发挥规范作用

如果说联合国关涉世界和平的全局，那么大国是世界和平的重要节点，这些节点如何编织成网络，则需要国际的条约法规体系。自格劳秀斯至今，国际法已经发展成全面系统、涉及面广的法律体系。而格劳秀斯的国际法名称就是《战争与和平法》，表明国际法体系创立初衷，就是为了解决国与国之间战争与和平的矛盾，这是导致国际法从无到有的根本原因。同时，当今世界的和平是建立在国际条约法规体系基础上的。在古代，以"征服—同化"方式实现的和平常常不需要法律形式的框定，但从近现代开始，即从1648年的威斯特伐利亚条约开始，国际上重要和平的缔造，都依赖于相应的和约。甚至在英语世界里，和约一词与和平（peace）同义。

目前世界的条约法规体系也主要处于联合国框架之下。据统计，由联合国颁布的关于人权、恐怖主义、国际犯罪、难民、裁军、商品和海洋等方面的条约已经超过500个。世界上主要的关于和平的条约法规都是在联合国框架之下颁布的。联合国还成立了国际法庭，对国际争端予以仲裁。国际法庭产生的初衷就是以和平方式解决国际争端，因而，海牙的国际法庭所在地也被称为和平宫。

我国也是国际条约法规体系的积极参与方，对外缔结了大量涉及政治、经贸、文化、司法协助等方面的双边条约和多边条约。仅2011年，中国就对外缔结了650项具有条约性质的文件。

传统上，国际法强调缔约各方是主权国家，因而尊重主权权益是国际法的基本出发点。但国际法也尊重人道主义原则，特别是在冷战之后，国际法界逐渐扩大了对国家主权的地位质疑。1993—1994年成立的国际刑事法庭开始审判南斯拉夫和卢旺达战犯，开创了用国际法解决国家内部冲突的先例。由于这样的行为明显违反了联合国宪章的有关宗旨，也遭到了国际间的广泛质疑。

（四）大量非政府间和平组织与和平研究机构起补充作用

在联合国之外，还存在着大量有关和平问题的组织和研究机构。例如，2011年，中国成立了和平发展基金会，将宗旨定义为"支持中国有关机构和组织参与国际交流与合作，开展国际公益活动，促进世界和平发展与共同繁荣"①。在国际上，1959年，挪威奥斯陆国际和平研究所建立，是和平学成为系统的理论学科的标志。1964年，国际和平研究协会在伦敦成立，成为国际范围内第一个和平研究机构。据统计，1981年，全世界开辟和平学的高校有36所，到2000年，已有42个国家的381个高校开辟了和平学课程。以瑞典的斯德哥尔摩国际和平研究所（SIPRI）为例，该研究所于1966年成立的一个重要原因，是纪念瑞典持续享有了150年和平。这个研究所虽然以军备控制与裁军问题研究为主，但它于2006年创造性地开创了和平指数的研究方法，通过23个指标衡量100多个国家的

---

① 参见中国和平发展基金会官网：http://www.cfpd.org.cn/Article_List2.aspx? columnID=184

和平状况。这100多个国家涵盖了世界99%的人口和87%的领土面积。① 值得注意的是，这些指标不仅包括国内国际冲突和军事化程度等人们惯常认为涉及和平的因素，还包括衡量社会安全的指标，显示出世界和平学研究的动向。在2011年，斯德哥尔摩国际和平研究所推出年度和平指数时第一次推出了一个国家内部的和平指数（以美国为例），以研究分析国内因素对和平的影响。这些情况表明，世界和平学的研究已不限于国与国之间的和平问题，而是深入到了国家内部，对影响和平的因素进行研究。

虽然这些非政府间和平组织与和平研究机构影响到大量的知识阶层和青年学生，但在当今世界的和平架构内只是起到补充作用。当然，从这些机构内也走出了许多研究人员进入政界，产生英美国家政坛人士的"旋转门效应"（即一会儿在政界，一会儿在学界、商界，身份变幻自如。这一现象在美国尤为明显，被称为"和平总统"的威尔逊就被公认为是美国国际政治学界的泰斗）。但等到他们发挥作用的时候，也大都依靠前面的几个途径，而不是学者身份了。

二、影响当今世界和平架构的主要因素

当今世界的和平架构并不是今天才形成的。它有着漫长的形成过程，有些思想的源头甚至可以上溯到遥远的古代，有些机制化的架构也经历了几百年的曲折演变。概括而言，人类共同体的思想、主权国家的理论，以及霸权主义是影响当今世界和平架构的三个根

---

① 斯德哥尔摩国际和平研究所编：《SIPRI年鉴：军备、裁军和国际安全》，中国军控与裁军协会译，时事出版社2010年版，第107页。

本因素。这三个方面的影响既存在有利于和平的一面，也存在不利于和平的一面；既有悠久的历史渊源，又在现实中发挥着重大作用。可以说，当今世界和平就是这三种因素的动态平衡。

（一）人类共同体的思想是维护世界和平的根本因素

人类共同体的思想来源于人的社会性存在。马克思主义认为，人的社会性存在是人的本质之一。"人的现实存在只能是社会性的存在，人的现实本质也只能是社会性的本质"。[①] 人的社会性存在要求个人的行为方式要与他人协调，要遵循人类社会共同的行为准则和规范，并进而上升到道德、法律的层面，被赋予正义的理念。

当人类共同体的思想超越国家、民族、宗教、文明等藩篱时，人们开始构想不同国家、不同民族、不同宗教、不同文明的相处之道。由于人类命运紧密相连，你死我活、非此即彼的零和思维便被抛弃，在追求和睦、和谐的共识下自然就会实现和平。同样，为了保障和平，人类也需要共同行动起来，维护集体安全，维护世界和平。

人类共同体的思想是人类重要共识之一。基督宗教、伊斯兰教都是一神教，主张人类拥有共同的起源；我国也早在两千多年前就有"天下为公、世界大同"的思想。近代以来，人类屡次尝试建立某种形式的共同体，以维护世界和平。国际法的形成与发展，就是人类制定共同行为准则的尝试，其中最重要的是关于战争与和平的行为准则。一战后建立的国际联盟，虽然其初衷与具体实践都是失败的，但也可以被看作是用和平手段掌握人类共同命运的尝试。二

---

① 肖前主编，黄楠森、陈晏清副主编：《马克思主义哲学原理》（合订本），中国人民大学出版社1998年版，第213页。

战后建立的联合国经过几十年的发展完善，基本实现了世界上绝大多数国家和人民可以坐在一起共同讨论建设和平与维持和平的和平架构。这些都是人类共同体思想的具体体现，对维护世界和平发挥了根本性的影响。

中国一贯珍视中国与世界的共同福祉，并提出了"命运共同体"的概念。2008年12月，在美国布鲁金斯学会纪念中美建交30周年的晚宴上，时任国务委员戴秉国首次运用"命运共同体"的概念。戴秉国指出："各国间相互依存、利益交融达到前所未有的程度，就像人们描绘的那样，逐渐形成了你中有我、我中有你、谁也离不开谁的'命运共同体'了。"[①] 2011年的《中国的和平发展》白皮书呼吁建立"命运共同体的新视角"，这个新视角的内涵就是：不同制度、不同类型、不同发展阶段的国家相互依存、利益交融，形成"你中有我、我中有你"的命运共同体。[②] 2013年2月25日，习近平会见中国国民党荣誉主席连战时指出："大陆和台湾是休戚与共的命运共同体。"[③] 2013年3月23日，习近平在莫斯科国际关系学院发表演讲时说："这个世界，各国相互联系、相互依存的程度空前加深，人类生活在同一个地球村里，生活在历史和现实交汇的同一个时空里，越来越成为你中有我、我中有你的命运共同体。"[④] 这

---

① 外交部官网：http://www.fmprc.gov.cn/mfa_chn/wjdt_611265/zwbd_611281/t526065.shtml

② 《中国的和平发展》白皮书，人民日报2011年9月7日第15版。

③ 《习近平总书记会见连战一行》，新华社北京2013年2月25日电。

④ 习近平：《顺应时代前进潮流，促进世界和平发展》，2013年3月24日《人民日报》，第2版。

是习近平第一次用"命运共同体"的视角向世界传递中国对人类文明走向的判断。此后两年多时间里，习近平60多次谈到"命运共同体"①，从"你中有我、我中有你"的判断，到"人类只有一个地球"的感言；从"牢固树立命运共同体意识"的号召，到"让命运共同体意识在周边国家落地生根"的部署；从"共筑亚太梦想"的呼吁，到"迈向亚洲命运共同体"的方案，传达出中国愿与世界共同把握人类利益和价值的通约性，寻找国与国关系中的最大公约数，共同建设一个更加和平美好地球家园的愿望。

（二）主权国家理论是影响世界和平的根本因素

如果说人类共同体的思想对世界和平主要发挥积极、正面的作用，那么，主权国家的理论对世界和平而言就是一柄双刃剑，既存在有利的一面，也存在不利的一面。国际秩序的大舞台主要由主权国家构成。主权国家是影响世界和平的根本因素。

当代意义上的主权国家诞生于1648年的《威斯特伐利亚和约》。《威斯特伐利亚和约》在结束教皇对主权国家内政的干涉的基础上，确立了主权国家的权力、义务，同时订立了一套通过均势维持国际和平的国际秩序。从那时起，主权国家就具有保卫和平和发动战争的双重性。保卫和平，首先是维持主权国家内部的稳定和秩序，不发生内乱或内战；其次是通过建立军队保卫主权国家不受到别的国家的侵犯和掠夺。发动战争，即不论是正义战争还是非正义战争，主权国家都是发动战争的主体。根据国际法详细而复杂的规

---

① 2015年5月18日《人民日报》，第1~2版长篇评论《为世界许诺一个更好的未来——论迈向人类命运共同体》。

定，主权国家拥有发动战争的权利和缔结和约的权利。目前，全世界的武装力量绝大多数都由主权国家控制。可能成为例外情况的，如北约之类的军事组织也是由主权国家组成的；美国国内民众拥有持枪的权利，但并不构成武装力量；世界上还有一些恐怖组织、反政府组织、游击队组织，甚至贩毒组织拥有自己的武装力量，但实力与规模远远无法与主权国家拥有的武装力量相比。

主权国家通过彼此相互关联，构筑国际秩序来维持和平。一般情况下，国际秩序的稳定化就是和平。此时，主权国家之间处于相对均势的状态。这种相对均势的状态有三种：一种是公正合理的均势状态；一种是以邻为壑的恐怖平衡状态；还有一种是霸权维系的平衡状态。这三种状态中，只有第一种状态是趋向永久和平的。

经过几百年的发展变迁，有些学者认为，主权国家的地位和作用处于衰落之中。导致这一国际秩序衰落甚至走向瓦解的理论依据包括：1. 新干涉主义导致尊重人权和削弱国家自治的条约越来越多；2. 各国可以通过签署"合同"，放弃一部分主权权力，以便使集体受益；3. 更多地采取强制手段，如通过制裁措施或借助联合国、北约等组织使用武力，强迫主权国家接受外来干涉，接受普遍的人权、民主等所谓的普适价值。[①]但上述因素虽然存在，并不能改变主权国家在国际体系中的核心地位。通过参与构建各种多边机制和条约法规体系，主权国家的作用不是削弱了，反而加强了。

中国支持主权国家理论，中国主张国际关系应建立在主权平等、完整的基础上，国家主权神圣不可侵犯。中国的和平理论是国

---

① 【法】夏尔-菲利普·戴维著：《安全与战略》，王忠菊译，社会科学文献出版社2011年版，第63页。

家主导的，同时也主张公平正义的持久和平。

（三）霸权主义是威胁世界和平的根本因素

霸权主义是主权国家或主权国家联合体的一种行为方式，是按照"权力—霸权—霸权主义"的逻辑线索发展而来的。

主权国家必定拥有一定的实力，这是巩固国防的必须，也是巩固政权的必须。实力包括经济实力、军事实力等。最完整的实力概念是"综合国力"，即一个国家所拥有的生存、发展以及对外部施加影响的各种力量和条件的总和。在词义上，"综合国力"（或者"实力"）表示一种状态，是静态的；但"权力"（或者"力量"）表示这种状态的可能性，在静态中蕴含动态的可能性。西方国家有句谚语：对一个手握铁锤的人来说，世界看上去就像是一根铁钉。一个国家拥有的综合国力，绝不会使其仅仅局限于静态地存在，在现实中也不可能仅仅静态地存在。这个国家必须使用它的综合国力。这时候，这种"综合国力"就变成了"权力"（或者"力量"），可以用于锻造世界这个"铁钉"。如果这个国家果真开始锻造世界这个"铁钉"了，那就意味着战争与冲突的发生。

国家不同，其掌握的权力也必然不同。在权力的运行过程中，一方面因为权力越大，其溢出价值越高；另一方面也因为近代以来，在弱肉强食的社会进化论影响下，人类形成了一套残酷而不合理的丛林法则，其结果是强者愈强、弱者愈弱，强者的权力逐渐成为"霸权"。

什么是霸权？这在东西方语境里"有一些微妙而重要的差

别"。① 在中国，霸权是"在国际关系中以实力操纵或控制别国的行为"，由于中国近代以来饱受霸权主义欺压，所以对霸权一直敏感而痛恨，并且多次申明，中国永不称霸。但美国学者也认为，这种对霸权的贬义使用，除了中国外，还包括俄罗斯、中东、法国等其他一些国家的领导人。在今天，霸权常被用于指责美国，或者以美国为首的西方国家。

但在美国语境中，霸权是中性的，并没有明显的贬义。霸权的英文 hegemony 源自古希腊文，含"支配"之意。权威的美国辞典将霸权定义为"领导、权威或影响，常指在联盟或邦联中一个国家或政府的政治支配地位"。一般西方辞典里并没有"霸权主义"（hege-monism）的词条，西方学者也不太使用"霸权主义"的概念。

鉴于上述霸权语义的区别，可以将"霸权"与"霸权主义"进行适当的区分，即，1. 以"霸权"指代西方语义中比较中性的含义，霸权表明权力与能力客观上超强的局面，以霸权为中心，形成具有一定影响辐射范围的国际秩序，通过霸权维系这一范围内的和平与稳定局面；2. 霸权主义则是对霸权的滥用，或者利用霸权对主权国家权利与利益的侵害、剥夺、欺压，一切以霸权为宗，利用霸权进行扩张，以是否臣服霸权来区分敌友，进行一定程度上的主权国家间的敌友画线。就美国而言，美国是目前唯一拥有全球性霸权

---

① 王缉思：《美国霸权的逻辑》，王缉思总主编、秦亚青主编"中国学者看世界丛书"《国际秩序卷》，新世界出版社 2007 年版，第 89 页。本段关于霸权的中西方差异的辨析，均摘引自王缉思此文。另外，类似的观点，在《美国新霸权主义》（周柏林）、《当代西方国际关系理论》（倪世雄等）等国际政治、国际关系、国际战略书籍中也有很多论述。

（中性意义上的）的国家，因此美国霸权（同样是中性意义上的）在一定范围内是有效的。与此同时，中国必须强调国际政治经济秩序仍然不够合理公正，霸权主义是威胁世界和平的根本原因。

与霸权密切相关的还是"力量转移论"。因为主权国家的权力永远不会是一成不变的，此消彼长的情况永恒存在，由此造成世界力量格局总是处于动态之中。当这种动态相对平衡时，就是和平的状态。但当这种动态失去平衡时，则可能发生危及和平的情况。这种情况也就是"力量转移"，即霸权从此方转到彼方，由此产生"霸权稳定—权力转移—均势—霸权交替"的所谓"权力周期论"。国际上普遍认为，霸权的衰落与转移是影响和平的重大事件。但这一重大事件并不必然意味着战争，如一战至二战及以后的时间里，英国从日不落帝国这一绝对霸权国家转为俯仰在美国背后的"次霸权国家"的过程，就被人们称为"享受衰落"。其中的主要原因在于，在英国力量转移过程中，英国国民本身没有受到安全、富足方面的重大影响，同时，英国的霸权还通过美国接力的方式得到了一定程度的保留。和平地实现力量转移，也成为当今世界和平研究较多的理论问题。

（四）文明冲突论、国际贸易、国际恐怖活动对和平的影响

人类共同体、主权国家、霸权主义对世界和平的利弊关系基本涵盖了影响当今世界和平安定的根本因素。同时，文明间碰撞、国际贸易、国际恐怖活动也常被认为是影响当今世界和平的重大原因。但仔细分析，文明冲突、国际贸易、国际恐怖活动对世界和平的影响均可以归结到人类共同体、主权国家、霸权主义之中。

文明冲突论起源于美国政治学者亨廷顿1993年发表在美国《外

交》季刊夏季号上的文章《文明的冲突?》。该文章提出,在美苏两
大阵营对抗的冷战结束后,国际上的冲突将不再以意识形态划分,
而主要表现为不同文明之间的斗争。亨廷顿认为,"文明的冲突是对
世界和平的最大威胁,建立在文明之上的国际秩序是防止世界大战
的最可靠的保障"①。文明冲突论强调的最显著的两对文明冲突是
基督教文明与儒家文明的冲突、基督教文明与伊斯兰教文明的冲
突。从历史上分析,文明冲突论有一定的道理,因为文明裹挟着民
族、宗教等问题也是影响人类命运的重大因素。但在今天,由于国
际秩序仍然以主权国家为核心构建,文明冲突必然表现为主权国家
之间的冲突,如表现为美国与中国的冲突、美国与伊拉克等阿拉伯
国家的冲突等。为什么倡导文明冲突论的学者不以美国与较温和的
伊斯兰教国家马来西亚冲突为例,不以美国与同样属于儒家文化圈
的韩国之间的冲突为例? 其背后的原因仍然离不开主权国家之间的
利益冲突,或者说是霸权有效性的冲突。因此,文明冲突论无非是
裹在文明外衣之下的权力冲突而已。

　　同样,国际贸易是全球化的主要推动者和利益攸关方。1840 年
发生的使中华民族开始坠入民族命运低谷的鸦片战争就是殖民半殖
民时代国际贸易对世界和平影响的典型案例。今天,经济全球化的
趋势不可阻抑,国际贸易成为影响许多国家经济命脉的重大因素,
世贸组织对一国经济繁荣抑或衰退具有重大影响,由贸易关系引发
的冲突也比比皆是。但是,国际贸易并不是影响世界和平的根本因
素。首先,今天的世界已经不再是 19 世纪的鸦片战争时期,由贸易

---

① 【美】塞缪尔·亨廷顿著:《文明的冲突与世界秩序的重建(修订版)》,周
琪、刘绯、张立平、王圆译,新华出版社 2010 年版,前言第 1 页。

摩擦导致的战争与冲突的情况越来越少，贸易摩擦可以谈判，谈判不成可以互相制裁，战争已经不再是解决国际贸易争端的必然选项。其次，即使因为国际贸易引发破坏和平的活动，其发起方仍旧必然是主权国家，必然存在强国欺压弱国的霸权主义行径，因此仍然离不开此前论述的三项根本因素。

最后，关于国际恐怖主义对和平的威胁问题。"9·11"事件之后，以国际恐怖主义为典型的非传统安全问题已经在很大程度上成为威胁世界和平的突出问题。但从根本上说，国际恐怖主义既不是文明冲突的结果，也不是"人类本能复仇论"的产物。产生国际恐怖主义的深层原因仍然植根于从近代以来延绵数百年的西方霸权主义，以及由于霸权主义的推行造成国际政治经济秩序的失衡。正如有的学者指出的："在不平等的国际政治经济秩序下，各种极端民族主义和宗教极端主义日益成为国际恐怖主义泛滥的思想根源，也为其提供了群众基础。"①要改变国际恐怖主义威胁世界和平的局面，除了加强对国际恐怖主义的防范和打击外，最根本的解决方案仍然是使现有的不公正不合理的国际政治经济秩序彻底改善。

三、当今世界和平架构与中国和平理论的关系

通过分析当今世界和平架构及其根本影响因素，结合当代中国和平理论的有关内容，可以得出以下结论：在和平与发展的时代主题下，维护中国的和平与维护世界的和平总体上是协调一致的，无

---

① 杨晖：《反恐新论》，世界知识出版社2005年版，第31页。

论是与和平有关的国际秩序架构，还是影响和平的根本因素，世界向着更加和平安宁方向发展的大趋势与中国的和平态势是一致的，二者之间可以有许多交叉互动之处；与此同时，中国的和平理论与西方的和平理论也存在不少差异，这些差异有些有利于维护中国的和平，有些则不利于维护中国的和平，需要中国审慎应对。

（一）当代中国和平理论与世界和平架构的总体同构关系

当代中国和平理论与世界和平架构的总体同构关系主要表现在以下几个方面：

首先，维护中国和平与维护世界和平的国际秩序架构相近。联合国及其安理会担当了维护世界和平的主要功能。联合国的会员国覆盖了世界绝大多数国家和地区，以及绝大多数人口。维护和平、建设和平是联合国的主要宗旨和工作重心。联合国是第二次世界大战之后国际秩序的产物，至今，这一国际秩序的总体框架没有改变，因此，联合国的功能与作用并没有受到很大削弱。反而，随着时间推衍，联合国加强了自身改革，特别是上世纪50年代到70年代吸纳了大量第三世界国家加入，联合国已经成为对国际事件进行仲裁的具有最高权威性的国际机构。国际上的条约法规体系主要在联合国的框架下发挥作用，联合国不但是国际秩序的规范者，而且是国际秩序的仲裁者。联合国安理会常任理事国由几个主要大国组成，直到今天，这几个主要大国仍然在世界安全方面具有重要影响力，在全世界具有广泛的代表性。安理会常任理事国与非常任理事国的工作协调机制受到了世界广泛认可与好评。联合国在维护世界和平方面的功能和作用也对维护中国和平发挥着重要作用。同时，中国是联合国安理会的常任理事国。中国主张在联合国的框架内维护世界和平。在这一方面，通过联合国维护中国和平与世界和平的国际秩序架构是相近的。

其次，中国与世界的和平诉求和目标指向相近。中国充分认识到，维护中国的和平绝不能单纯地满足于非战状态，也不可能把自己封闭起来超然独在地实现和平。中国的和平必须与中国的发展联系在一起。只有中国发展壮大了，中国的和平才有更多保障；只有中国的和平巩固了，中国的发展才能没有后顾之忧。将和平与发展联结在一起，这是中国的和平最根本的目标指向。同时这也是世界和平的根本目标指向。要实现世界持久和平，除了要努力平息战争、暴力、冲突，保障人民的和平与安全外，还必须努力消除影响和平的结构性因素，其中最根本的是要努力实现共同发展，包括消除贫困、解决贫富差距不断拉大的情况、切实帮助发展中国家实现经济增长。只有和平与发展相互协调、相互统一了，世界的持久和平和共同繁荣才有保障。

第三，中国与世界面临的和平威胁因素相近。目前，中国与世界面临着相似的和平威胁因素。其中，最根本的威胁因素是霸权主义、强权政治。这是近代以来"均势—霸权"和平的遗留问题，同时也是当前世界和平面临的突出问题。霸权主义与强权政治也是导致中国周边不和平不稳定的根本原因。随着中国的快速发展，国际地位不断提高，霸权主义、强权政治对中国发展的疑虑也大大增加，导致出现围堵中国、平衡中国发展等种种不良迹象，为中国的和平发展埋下了暗钉。同时，各种非传统安全威胁也是中国与世界需要共同面对的和平威胁因素。其中，最突出的是恐怖主义活动。

恐怖主义具有跨越国界、非政府的特点，覆盖面广，受影响人群隐蔽性强。联合打击恐怖主义活动特别是国际恐怖主义活动，已经成为国际社会的共识。另外，金融安全、信息安全、粮食安全、气候变暖等共同安全问题也往往具有全球性，并且有着深刻复杂的经济社会原因。这些问题处理不善，也会对世界和平和中国和平造成威胁，需要世界人民与中国人民共同面对。

总之，无论从维护和平的角度，还是从保卫和平的角度，中国与世界总体上都存在着一种同构关系。这是和平与发展的时代主题决定的，也是世界和平发展大势已经进入积极的、推动持久和平的大背景决定的。这种总体上的同构关系既有利于世界和平，也有利于中国和平。

（二）当代中国和平与世界和平的交叉互动之处

当代中国和平与世界和平的交叉互动之处主要指，在中国和平与世界和平的总体同构关系中，存在着许多相互交织、相互补充、相互促进之处。当代中国和平与世界和平的交叉互动之处主要包括：

1. 在发挥联合国作用上交叉互动。

中国是联合国安理会常任理事国，在世界安全问题上拥有特殊而重要的地位，发挥特殊而重要的作用。中国有责任和义务促进联合国在维护世界和平方面发挥更大作用，同时，世界也需要联合国更好地维护世界和平，二者之间存在相互交叉、相互促进的关系。如在朝核问题上，2013年2月12日，朝鲜不顾全世界的反对进行了第三次核试验。次日，时任中国外交部长杨洁篪就召见朝鲜驻华大使，对朝鲜的行动提出严正交涉。这个罕见的强硬表态表明了中国坚持朝鲜半岛无核化的坚定立场。同时，中国积极参与联合国的有关决议磋商与表决工作。2013年3月7日，联合国安理会一致通过表决，要求朝鲜收回其宣布退出核不扩散条约的声明，重申"朝鲜应当以一个完整的、可核实的和不可逆转的方式，放弃所有核武器和现有的核项目"。朝核问题虽然目前还难以彻底解决，但中国坚持把这个问题放在联合国框架下、以六方会谈为最佳对话协调方案，从总体上维持了东北亚局势的稳定，有利于地区和平。

2. 在加强大国协调上交叉互动。

当前，对世界和平影响最大的仍然是各种全球性与地区性大国。大国对世界和平负有更大责任。中国既是全球性大国，又是地区性大国，中国加强与其他全球性大国和地区性大国的协调互动，探索新型大国关系，既有利于世界和平，也有利于地区和平。中国致力于与美国共同构建相互尊重、合作共赢的新型大国关系，致力于与俄罗斯建立高水平的战略协作伙伴关系，与欧盟加强沟通，全面发展战略伙伴关系。在中国周边，日本因单方面"购买"钓鱼岛的行径，使中日关系跌入谷底，也使亚洲和平稳定大局受到影响，中国既坚决捍卫核心利益，又多次重申，为维护中日健康稳定大局，双方应努力通过对话磋商管控和解决有关问题。对于印度，中国认为，中印关系超越双边范畴，具有全球和战略意义，两国应加强互利合作。对于巴基斯坦，中国与巴基斯坦加强全天候友谊和全方位合作，无论国际地区形势和两国国内情况如何变化，两国关系始终不断向前发展。中国除了与这些大国加强双边沟通交流之外，还重视参与多边活动，通过多边舞台加强大国之间的互动交流，增进彼此共识，减少分歧，推动世界稳定繁荣。

3. 在促进和平发展上交叉互动。

停滞就会落后，落后就会影响稳定，在和平与发展问题上，中国与世界有着共同目标、共同利益。中国的和平发展是世界的机遇，世界的和平发展也是中国的机遇，二者可以形成良性互动局面。2001年中国加入世贸组织以来，年均进口近7500亿美元商品，相当于为世界创造了1400万个就业岗位；中国吸纳了大量外国投资，同时中国的直接对外投资也年年递增，活跃了世界经济；在1997年亚洲金融危机、2008年世界金融危机中，中国都扮演了负责任的大国的角色，稳定了世界经济。自上世纪50年代开始，截至2009年，中国援外金额总额达到2562.9亿元人民币，包括161个国家以及30多个国际和区域组织，其中，经常接受中国援助的发展中国家有123个，世界上贫困人口最集中的亚洲和非洲接受了中国80%左右的援助。近年来，中国对世界经济的贡献率年均达到10%以上。中国的这些贡献离不开世界繁荣稳定的大环境，中国的发展也促进了世界的繁荣稳定。

第二节　当代西方主要和平理论及其与中国和平理论的关系

在当今世界，与中国和平理论相对应的是一些西方的和平理论。中国不可能孤立于世界而独自和平，因此，中国的和平理论必然要与世界其他主要的和平理论存在相互对比借鉴之处，而这些和平理论主要是西方的和平理论。通过对西方和平理论的分析，并将之与中国和平理论进行比较，有助于看清当代中国和平理论的地位和作用。

一、当代西方主要和平理论

由于和平问题的基础性特点，西方世界涉及和平的理论流派与理论观点相当繁杂，本文未能对所有西方和平理论一一进行分析。下文分析的六种西方主要和平理论都具有一定的代表性，大致涵盖了西方学术界对当代世界和平研究的主要方面。

（一）"积极和平"论

积极和平论是当今世界和平学领域最流行的理论。概括而言，这个理论的要义正如这个理论的倡导者、西方"和平学之父"加尔通的书名所示："以和平的方式实现和平"，即积极和平论希望和平是以和平方式实现的，而不是以暴力、强制、战争等方式实现。与积极和平论相对的，是消极和平论。消极和平论是指和平虽然可以实现，但实现后的和平并没有消除威胁和平的根源，因此这样的和平不是持久的。消极和平与积极和平的区别在于："消极和平是一种比较保守的目标，它试图将事物保持为它们的原样（如果战争事实上没有发生）；而积极和平更为积极和大胆，意味着某些普遍不存在事物的创建。"①

为了与积极和平、消极和平相对，加尔通将暴力分为人为暴力（或者说是直接暴力）和结构暴力（或者说是间接暴力）。与人为暴力相对应的和平是一种消极和平，即人们平时常说的无战争状态；与结构暴力相对应的和平就是积极和平。"消极和平倾向于治疗性的疗法或补救措施，积极和平倾向于预防性的疗法或补救措施。"②加尔通认为，要实现持久和平，必须从政治、军事、经济、文化等方面，兼顾消极和平与积极和平。为此，加尔通拟制了一套"21世纪的和平策略"，加尔通也将之称为和平的八重路径：

	消极和平	积极和平
政治的	政府民主化 普遍人权,但非西方化倡议权 公民复决 直接民主 地方分权	联合国民主化 一国一票 无大国否决权 第二联合国大会直接选举(1席/百万人) 邦联
军事的	自卫防御 禁用武力 非军事化防御	维和部队 非军事化技能 国际和平旅

---

① 【美】大卫·巴拉什、查尔斯·韦伯著：《积极和平——和平与冲突研究》，刘成等译，南京出版社2007年版，第9页。

② 【挪】约翰·加尔通著：《和平论》，陈祖洲等译，陈仲丹审校，南京出版社2006年版，第4~5页。

经济的	自力更生 内化外部效应 利用自身要素 也是本地的	自力更生 分享外部效应 横向交流 南南合作
文化的	挑战 一元论 普遍性 上帝选民的观念 暴力，战争 对话 在强硬与温和两者间	全球文明 各处皆"中心" 舒缓的时间 整体的，全球的 与自然的伙伴关系 平等，正义 生活的改善

【挪】约翰·加尔通著：《和平论》，陈祖洲等译，陈仲丹审校，南京出版社2006年版，第5页。

从上表可以看出，积极和平论具有相当大的理想主义成分，并且涉及面广泛，其根本目的是在世界普及和平文化，使这种和平文化深入政治、经济、军事、文化的方方面面，从而从根本上铲除暴力与战争。

当代中国和平理论与积极和平论最主要的共同之处是，二者都主张从根本上铲除威胁和平的因素，推动世界向持久和平发展。中国的目标是建立公正合理的国际政治经济新秩序，而积极和平论的目标更加宽泛，甚至包括致力于减少性别暴力、父权压力等。因此，二者也有许多不同之处。二者最重要的区别是，当代中国的和平理论是国家主导的，主要针对战争、冲突、安全、发展等宏观层面的和平。而积极和平论是按照和平最宏观的概念范畴进行理论推演的，国家非但不是积极和平的根本决定因素之一，反而被积极和平论认为是结构暴力因素，由国家缔造的和平只能是消极和平，要实现积极和平，必须对现在的主权国家进行彻底改造。这一点，是与中国的和平理论相背离的。

值得注意的是，日本首相安倍晋三当政之后，几次三番宣称要施行"积极和平主义"，但他要施行的"积极和平主义"与西方和平学中的"积极和平"论可谓南辕北辙，完全相反。因为西方的"积极和平"论推崇的是实行政治、经济、安全、文化由暴力向和平的结构性转变，而安倍晋三鼓吹的"积极和平主义"却是基于右倾的修正主义历史观，妄图改变战后国际秩序特别是日本的和平宪法，更加"积极"地介入美国主导的东亚秩序，更加"积极"地参与国际安全事务以便争取"政治大国"的国际认同感，更加"积极"地策应美国的亚洲再平衡战略以制衡日益强大的中国。实际上，安倍晋三妄称的"积极和平主义"必将威胁亚洲整体和平局面。

（二）非暴力思想

积极和平论的一个最重要的思想源泉是非暴力思想。非暴力思想是从佛教、印度教、基督教里的一些思想演化而来的，主要是要告诫人们不应以暴易暴，如甘地所说，以眼还眼，以牙还牙，那么，世界就没有眼、没有牙了。非暴力思想最重要的四个代表人物是俄罗斯文豪列夫·托尔斯泰、印度的圣雄甘地、美国民权领袖马丁·路德·金、南非国父曼德拉。通过这四位代表人物的理论与实践，非暴力思想在全世界形成巨大影响，并被广泛遵从。其中，圣雄甘地是非暴力思想的集大成者，他将理论与实践融合，开辟了非暴力不抵抗的行动方式。甘地强调："有许多事业可以让我愿意为它们献身，但是没有一个事业可以让我为它杀人。"[1] 2007年，联合国通过决议，将每年10月2日即圣雄甘地的诞生日定为"国际非暴力日"，以重申"非暴力原则的普遍重要意义"以及"巩固和平、宽容、谅解和非暴力文化"。[2]

但对于和平而言，非暴力思想存在显著的局限，即，非暴力不抵抗的方式往往只对国内冲突、抗议、骚乱、抵抗活动有效，而对于国家间的战争与冲突则缺乏干预力度。挪威和平学者加尔通列举了9次非暴力行动起作用的例子：1. 甘地为争取印度独立从1920年开始发起的自治运动；2. 1943年2月柏林被捕犹太人的解救；3. 马丁·路德·金从1956年起在美国南方发起的民权运动；4. 在越南国内和国外的反越战运动；5. 布依诺斯艾利斯"五月广场母亲"的反军事独裁运动；6. 1986年菲律宾"人民力量"运动；7. 从1986年开始的南非的"儿童力量"运动；8. 从1987年开始的被占领巴勒斯坦的"就地起义"运动；9. 结束冷战的波兰团结工会和民主德国运动，[3] 几乎都是该国国内事务。[4] 一旦非暴力思想用于国际冲突，往往效果欠佳。圣雄甘地本人在第二次世界大战期间组织战地医疗队

---

[1] 引自圣雄甘地《我的真理实践经历》（国内翻译为《我体验真理的故事》或《甘地自传》），见联合国官网：http://www.un.org/zh/events/nonviolenceday/

[2] 联合国官网：http://www.un.org/zh/events/nonviolenceday/

[3] 【挪】约翰·加尔通著：《和平论》，陈祖洲等译，陈仲丹审校，南京出版社2006年版，第172页。

[4] 其中，第4条美国越战时期的反战运动，主要是美国国内反战活动，而不涉及跨国行动；第8条巴勒斯坦起义运动，主要是指以色列占领地区的"起义"行动，因此也不是严格的国际冲突。

为英军服务，就曾引起争议。

我国的和平理论以及传统哲学中也含有大量非暴力思想，如我国主张的和平共处五项原则，还有被写入法国人权宣言中的孔子哲学"己所不欲、勿施于人"等。[①] 但一直以来，中国对非暴力思想持一定的批评态度。在上世纪五六十年代，中国的批评态度主要针对于非暴力思想不够"革命"，认为对资产阶级搞非暴力，而不是暴力革命，不可能推动帝国主义总灭亡，是软弱的表示，不但无效，反而有害。近年来，非暴力思想又成为西方意识形态输出的一个工具。在2011年10月2日的联合国非暴力日的致辞中，联合国秘书长潘基文认为，阿拉伯之春的推动力"正是追求民主与人权的非暴力斗争"。虽然潘基文谈到了联合国后来同意在利比亚使用强制措施，但强调"其目的是为了保护平民，而且只是在面对暴力时使用的最后手段"。[②] 但利比亚事件发展的结果证明，这场以非暴力的"美好愿望"为开端的政治风波最终演变成了暴力的滥用。对此，中国也保持审慎的警惕态度。

总之，非暴力思想是纯粹而彻底的、具有浓厚理想主义色彩的和平思想。无论在理论中还是在实践中，非暴力思想都影响巨大。但在实践中，非暴力思想的局限性又非常明显，一是其效果主要见于国内的非暴力抵抗；二是易被用于意识形态输出与干涉，成为强制暴力的借口。中国的和平思想中也包含了深刻的非暴力因素，但

---

① 骆承烈：《"万邦师表"孔夫子》，转引自王杰主编《领导干部国学大讲堂（国道篇）》，中共中央党校出版社2011年版，225页。

② 潘基文2011年国际非暴力日致辞，见联合国官网：http://www.un.org/chinese/sg/2011/nonviolence.shtml

对非暴力思想在实践中的运用抱有审慎的警惕态度。

（三）均势理论

严格地说，均势理论并非和平理论，而是国际关系、国际战略、外交理论，而且实践色彩与个案方式更加突出。但在实践中，均势理论的目的是缔造和平，一旦均势被破坏，结果也往往是和平无存，因此，均势理论也是涉及战争与和平、安全与冲突的重要理论。

均势理论起源于1648年签订的《威斯特伐利亚和约》，该和约规定了签约各方通过力量平衡、制衡的方式对和平状态予以维持。此后，在均势理论中，力量的平衡、制衡是影响和平与否的核心因素。一般情况下，均势分为两种，一种是不受外来力量干扰的均衡，如19世纪初奥地利外交家梅特涅对拿破仑之后欧洲秩序的设计，19世纪后期德国铁血宰相俾斯麦对德国统一之后欧洲秩序的设计；还有一种是受到外来力量影响的均衡，如近代以来英国在欧洲大陆的政策，英国希望欧洲大陆维持均势，避免出现可能挑战英国全球地位及欧洲利益的霸权国家。总体而言，近代以来，在欧洲，这两种均势是相互交织的。

均势理论至今仍然在实践与理论方面都具有强大的影响力，被认为是和平的保证。这是因为均势理论具有一定程度上的客观性，即不论均势各方政治制度、意识形态、文明类型、经济活动等有多大不同，只要他们的力量均衡，即综合国力均衡，尤其体现为军事实力与经济实力均衡，均势的格局就有可能得到保证，和平就能得到维持。即使是在冷战时期，相互对抗的两大阵营出现了"恐怖平衡"（丘吉尔语），即核武器的破坏力不但会把世界人口消灭一次，还会消灭好多次，这种极端状态中的均势理论的变种，仍然维持了世界的总体和平。也正因为如此，西方有学者认为："从本质上，均势只是一项意在阻止一国兴起为世界统治者的规则。它只是化装成了貌似和平规则。"①

当代中国的和平理论并不使用均势这一概念，并且对均势理论的欧洲起源及长期为帝国主义者所用的历史持批判态度。但因为均势理论的上述客观性，以及均势理论与和平的关联性，当代中国和平理论并不否认均势的存在及客观上的合理性。中国的世界多极化战略构想就包含着多极化导致国际力量对比更加均衡的内容。中国倡导的国际政治经济新秩序，并不是彻底改造当前的国际政治经济秩序，而是使国际政治经济秩序更加公正合理，即国际政治经济秩序的均衡态势向发展中国家做出更大倾斜，以便改善当前的世界均势格局。

（四）霸权稳定论

"均势—霸权"的和平是近代以来主要和平方式。均势理论与霸权稳定论既相互联系，又相互区别；既有重大不同，又在很大程度上相互重叠。一般而言，均势中必然含有霸权稳定的成分；霸权稳定时期必然包含某种程度的均势。与均势理论相同，霸权稳定论也是影响当今世界和平的重大理论问题。

霸权稳定论最早渊源于"罗马统治下的和平"，即从公元前27

---

① 【澳】杰弗里·布莱内著：《战争的原因》，时殷弘译，商务印书馆2011年，第101页。

年古罗马奥古斯都皇帝开始，一直延续到公元180年古罗马五贤帝中的最后一位奥勒留皇帝去世为止，前后差不多整整200年的繁盛稳定时期。近代以来又有英国维多利亚时代的"不列颠统治下的和平"、今天的"美国统治下的和平"等。不同的霸权体系通过"力量转移"实现转换。近代以来就发生了西班牙（1516年—1580年）、荷兰（1580年—1688年）、英国（1688年—1914年），及美国（1914年之后，包括1945年—1989年冷战时期两极格局的特殊时期，这一时期并非美国独霸）的转换。历史上看，"力量转移"往往通过战争手段实现的，因此，如果说霸权稳定意味着和平的话，那么，力量转移往往就意味着战争。今天提到霸权稳定，一般就是指"美国统治下的和平"，即在美国主导的国际秩序下出现的相对和平。美国著名地缘战略学者、前总统国家安全事务助理布热津斯基认为，美国总统自封为"全球领袖"是一个没有具体日期的历史性时刻，它发生在苏联解体和冷战结束之后；美国成为世界领袖在某种程度上令人联想起拿破仑从罗马教皇手中抢来皇冠戴在自己头上的自我加冕。①

　　前面的论述中提到，对于霸权，中西方语境里并不相同②。中方倾向于霸权的贬义，而西方更多地认为霸权是个中性的词汇。但具体到霸权稳定论，西方却有不少溢美之词。如西方有的学者认为，霸权与帝国不同，"霸权"是"通过达成共识来间接实施领导"，而"帝国"是指"通过强制来直接征服"；"当被统治的臣民和国家都没有感觉到这种统治，因为他们认为这种统治合情合理的时候，这种统治就

---

① Zbigniew Brzezinski, Second Chance, New York: Basic Books, 2007, p.1~2

② 有关内容见本章第一节。

是霸权。"① 还有西方学者认为，以美国为首的单极的国际体系不但可以保持和平，还可以促进世界的和平与繁荣；目前的单极格局不会加剧大国之间的竞争，因此也不是世界不稳定的根源；美国与其潜在对手差距太大，所以挑战美国的至尊地位毫无意义，但美国必须"不要四处插手、蛮横无理、真想称王称霸"，因为那样会导致单极世界的终结。② 这样的溢美之词当然值得商榷。

那么，霸权究竟能否给世界带来和平稳定？美国《新闻周刊》主编扎卡里亚在《后美国的世界》中讲述了一个故事：2002年，摩洛哥与西班牙因为直布罗陀海峡中的一个小岛发生争执，调停的任务没有落到联合国，或者欧盟，或者任何一个与这两个国家都友好的欧洲国家身上，而是落到了美国时任国务卿鲍威尔身上。经过一通热火朝天的电话外交，鲍威尔决定在自己孙子辈回家游泳前结束这场争端，于是他就在自家计算机上是拟了一份协议，很快促使争议双方达成谅解，并同意继续通过对话解决争端。后来，两国政府都发表声明感谢美国，而鲍威尔也得以与孙辈一起游泳了。③

这是一个关于霸权稳定论的近乎神话的故事。而事实上，我们看到，在国际形势总体稳定的有利条件下，世界仍然很不安宁。无论在理论上，还是在实践上，中国都没有承认霸权能够带来稳定。

---

① 【法】夏尔-菲利普·戴维著：《安全与战略：战争与和平的现时代解决方案》，王忠菊译，社会科学文献出版社2011年版，第13页。

② 【法】夏尔-菲利普·戴维著：《安全与战略：战争与和平的现时代解决方案》，第72~73页。

③ Fareed Zakaria, The Post-American World, New York: W.W.Norton & Company, p.239~240。

即使是在西方中性的语境下，中国也没有承认一国占据明显优势的国际秩序是有利于和平的。中国倡导的是国际关系民主化，希望推动国际秩序和国际体系朝着公正合理的方向发展。对于中美关系，中国认为："中美分别是当今世界最大的发展中国家和最大的发达国家，中美关系持续健康稳定向前发展，不仅能给两国人民带来实实在在的利益，而且将为促进世界和平、稳定、繁荣作出宝贵贡献。"因此，中国希望"打破大国必然冲突对抗的所谓'历史宿命'"，与美国共同"走出一条相互尊重、合作共赢的新型大国关系之路"①。2013年6月7日，习近平在同美国总统奥巴马共同会见记者时明确指出："中美建设新型大国关系前无古人，后启来者。中美需要在加强对话、增加互信、发展合作、管控分歧的过程中，不断推进新型大国关系建设。"②

因此，即使在中性意义上，当代中国和平理论也不包含霸权稳定论的有关内容。中国历来反对任何形式的霸权主义、强权政治。同时，中国也明确表示，中国将"坚定不移走和平发展道路，是国际体系的维护者、国际责任的践行者、国际规则的遵守者"。③对此，美国人的解读是：1. 中国视美国为世界上最强大的国家，因此不允许中美关系出现大幅逆转；2. 中国鼓励权力中心的多极化发展，削弱美国的主导地位，同时谨慎避免因此而被打上公开反美的

---

① 《第四轮中美战略与经济对话在京开幕》，2012年5月4日《人民日报》第1版。
② 习近平：《构建中美新型大国关系》，《习近平谈治国理政》，外文出版社2014年版，第280页。
③ 《杨洁篪谈中美战略与经济对话》，人民日报2012年5月4日第21版。

印记。①上述观点从另一个视角解读了中国对霸权的态度。

（五）民主和平论

民主和平论最早由美国学者梅尔文·斯莫尔（Melvin Small）与戴维·辛格（J. David Singer）1976年发表于《耶路撒冷国际关系》杂志上的文章《民主政制的战争倾向，1816—1865年》中提出。民主和平论的核心理论是"民主国家无（很少）战争"。民主和平论的精髓也是这句话，并由此派生出"非民主国家"是战争的根源，扩大民主是维护和平的必然要求等观点。民主和平论通过以下方法推断而出：1. 通过逻辑推绎：实行民主政治的国家，政治行为是自下而上的，政治人物必须考虑选民的好恶，决策过程也存在权力制衡的情况，因此很难做出战争决策；同时，民主国家习惯于通过磋商解决争端，在国内即为民主，在国际间即减少了战争；2. 通过历史考察：（1）有外国学者认为，一战中，民主国家联合反对德国；二战中，民主国家联合反对轴心国；二战后，民主国家联合反对苏联的共产主义，北约国家中，只有最不民主的希腊和土耳其因塞浦路斯发生过战争；②（2）还有国外学者研究了过去150年里的战争，

---

① 摘自美国"新美国安全中心（Center for a New American Security）"2009年9月发布的大型对华战略研究报告《中国登场：面向全球关系的战略框架（China's Arrival：A Strategic Frameword for a Global Relationship）》，第162页。"新美国安全中心"的创始人米歇尔·弗鲁努瓦与库尔特·坎贝尔当时分别担任美国国防部负责政策的副部长与美国国务院负责东亚与太平洋事务的助理国务卿。详见该机构网站：www.cnas.org。

② 【美】詹姆斯·多尔蒂、小罗伯特·普法尔茨格拉夫著：《争论中的国际关系理论》，阎学通、陈寒溪等译，世界知识出版社2003年版，第341页。

得到结论：民主国家之间没有爆发过战争；① （3）更有甚者，有国外学者研究了从古希腊直到 1994 年的漫长历史，证明：民主国家之间虽然发生过对抗，动用过军队，但最终并没有走向战争，因此"完善的民主国家之间从来没有爆发过战争"。②

值得注意的是，赞同民主和平论的大都是国际关系、国际政治、国际战略领域的学者，而和平学者则普遍认为，民主与和平并没有必然的联系。挪威和平学者加尔通指出："没有必要再用国家内部的和平会自动转化为国家之间和平的假设（最好是不证自明，最差则是赤裸裸的谬误）来证明一个更民主的国家存在的合法性。如果真是那么回事的话，今天世界上最先进的民主国家就不会同样也奴役他人、充满殖民气息以及普遍都极度好战了。"③ 加尔通还列出了民主与好战之间 9 条关系法则：1. 文化越发个体化并越有竞争性，这个国家就越有可能是民主国家；这个国家有了能力后就越有可能好战；2. 一个国家有越多的给其他国家造成伤痛的历史，这个国家就越民主，也就越好战；3. 在世界各国的经济金字塔中，所处的地位越高，这个国家就越有可能是民主的、好战的；4. 国内结构与国际社会结构之间越是类质同形，而且国家越民主，这个国家就越好战；5. 国家越民主，就越是共同参与决策；越是共同参与决策，这个国家就越不好战；6. 国家越民主，就越注重人权；越注重

---

① 【美】詹姆斯·多尔蒂、小罗伯特·普法尔茨格拉夫著：《争论中的国际关系理论》，阎学通、陈寒溪等译，世界知识出版社 2003 年版，第 341 页。

② 前引书，第 346~347 页。

③ 【挪】约翰·加尔通著：《和平论》，陈祖洲等译，陈仲丹审校，南京出版社 2006 年版，第 6~7 页。

人权，就越要承担人的责任；7. 国家越民主，内部的权力竞争就越激烈；内部的权力竞争越激烈，通过对外侵略获得支持的诱惑就越大；8. 国家越民主，内部就越有和平盈余，也就越适合对外行动，不管是好战的还是不好战的；9. 国家越民主，领袖和人民就越自以为是；领袖和人民越自以为是，这个国家就越好战。[①] 从上述9法则可以看出，只有第5条和第6条，民主与和平正相关；第8条，民主是中性的，既可能引向好战，也可能引向和平；其余六条中，民主与和平全部负相关，越民主越意味着越好战。至于民主国家之间为什么不发生战争，则是因为这些国家由于历史原因，积累了大量和平盈余，在面对冲突的时候行有余裕。加尔通的理论从历史、政治、经济，包括人性等角度对和平民主论进行了批判性分析，这种分析显然更加科学合理。

中国也从来不承认民主制度与和平存在必然联系。中国认为，一个国家选择什么样的政治制度，是这个国家的内政，外国无权干涉，当然也不能打着民主的旗号加以干涉；同时，在国际上，国际关系民主化有利于世界的和平稳定，各国应在国际关系准则的基础上加强磋商和对话，要合作不要对抗。

（六）贸易和平论

贸易和平论探索的是人类经济活动特别是国际贸易对和平的影响问题。早在近代经济学兴起之际，就有学者根据战争的经济属性认为，如果贸易能够带来与战争相同的收益，那么跨国贸易会使不

---

① 【挪】约翰·加尔通著：《和平论》，陈祖洲等译，陈仲丹审校，南京出版社2006年版，第75~85页。

同国家互相依赖并实现和平。启蒙主义者孟德斯鸠、经济学家亚当·斯密和大卫·李嘉图、哲学家康德都曾论述过商业精神与和平的关系。19世纪50年代，英国曼彻斯特学派的代表人物理查德·科布顿正式提出贸易和平论，认为"自由贸易是上帝赐予人类的最好的外交手段，没有比自由贸易更好的方法能够让人类和平相处"[①]。科布顿认为，自由贸易可以把不同国家的企业和工人的利益联结在一起，使其相互依赖，相互理解，共同实现繁荣和幸福；这样，人们由于相互隔阂而引发战争的情况就不会发生，国家也会放弃通过战争谋取利益，因而可以实现永久的和平。科布顿的观点是早期贸易和平论的代表。到了20世纪，英国作家和政治家诺尔曼·安吉尔于1910年发表的《大梦幻》中提出，"金融与贸易和工业的联系以及国际金融的互为依赖，已达到如此紧密的程度，使任何军事和政治强国实际上已无力加以左右"，[②] 因此，军事征服已经毫无意义。安吉尔的论点又被称为"国际金融相互依赖论"。1986年，理查德·罗斯克兰斯在《贸易国家的兴起》中指出，二战以后，人们发现，和平贸易战略比以往任何时候都更加有效；国家可以通过工业发展和技术进步，改变自己在国际政治中的地位，同时可以使自己通过贸易增长获利；而且，贸易会使国家内部产生一个反对战争的社会结构。罗斯克兰斯因此成为当代"贸易和平论"的代表。

---

① 王兰芳：《马克思恩格斯对早期贸易和平论的批判》，《东岳论丛》2010年第6期，第166~170页。

② 张慧君：《美刊文章认为经济全球化不能避免世界冲突》，《国外理论动态》1998年第3期，第23页。

　　总体看来，无论是早期的贸易和平论，还是当代的贸易和平论，宣扬的都是自由主义的国际贸易观点，认为自由贸易是救治国际关系病症的良药，能够使世界趋向和平。贸易和平论明确排斥通过战争谋利的手段，也不主张利用战争干涉贸易自由，通过军事手段设置贸易壁垒，因此有其进步与合理之处。但贸易和平论的前提和基础是资本主义国家在贸易中的支配地位，以及通过贸易获得的利益不受影响，是一种通过贸易维持和扩大霸权的理论。马克思恩格斯早在 19 世纪就对这种观点进行过批判。马克思指出："如果认为曼彻斯特派的和平论具有深刻的哲学意义，那就大错特错了。它只是把问题说成应当用商业方法代替打仗这种封建方法，应当用资本代替大炮。"[①] 时至今日，马克思批判的贸易和平论的固有缺陷依然客观存在。尤其是在经济全球化深入发展的情况下，发达国家利用其资金、技术、管理等多方面优势加快进行资源占有、金融转移，加剧了国际经济不平衡的局面，扩大了南北差距。一方面，发达国家在贸易和平中获利，另一方面，广大发展中国家经济发展停滞不前，导致国内矛盾不断演化，从总体上仍然对世界和平不利。

　　对于贸易和平论，当代中国和平理论既看到了这种理论将和平与发展联系起来的合理性，又对其以贸易手段加大世界经济失衡的可能抱以警惕。实际上，中国近代以来积贫积弱的重要原因之一，就是极端不合理的全球殖民贸易体系。因此，中国既强调通过发展维护和平、通过和平促进发展，建设兼顾持久和平和共同繁荣的世界；同时也倡导同舟共济、合作共赢，强调要将谋求本国发展与促

---

① 《马克思恩格斯全集》第8卷，人民出版社1961年版，第582页。

进共同发展结合起来，反对各种形式的贸易保护主义，推动世界经济强劲、可持续、平衡增长。

二、当代中国和平理论与西方和平理论的差异分析

根据上面的分析，可以得出结论，虽然中国与世界在维护和平方面存在良性的同构关系，但中国的和平理论与西方的和平理论还有许多不同之处。世界的和平架构总体上对中国是有利的，但其中的差异之处仍然需要我们审慎应对。这些差异之处包括：

（一）历史观的差异

在关于和平的历史观方面，中国与西方世界最突出的差异在于：中国是用历史发展的视野看待和平问题的，认为随着制约战争的力量不断增长，和平越来越有保障，持久和平终将实现；而西方世界常常用静态的观点看待和平问题，重在分析各种危害和平的因素，并通过管控这些危害因素维护和平。这种差异导致中国的和平观总体上趋于乐观，更加注重和平的宏观发展趋势，倾向于从大战略的角度掌握和平变动的规律，推动和平更加持久、更能造福于中国与世界。而西方的和平观在宏观上"罗马和平—不列颠和平—美利坚和平"的循环论与"民主和平"的"历史终结论"背景下，更加注重微观的操作性，更加注重技术层面，如常用安全的观念处理和平问题；联合国的建设和平任务往往指具体的战乱地区的和平重建；和平学中的和平教育观念主要指在学校及社区推行和平教育。导致这种差异的原因是中国与西方世界所处的历史发展阶段不同。

中国和平发展的历史为时尚短，且发展速度很快，因此乐观地着眼于未来。西方世界总体上处于优势地位，和平更加巩固，自身受到的和平威胁也较小，关注点往往在非传统安全领域，如恐怖主义、气候、金融安全等，虽然比中国更加习惯于谈论威胁，但往往并不是着眼于宏观上的和平，而是头痛医头、脚痛医脚地进行修补。

（二）和平性质的差异

前面提到，人类和平总体上经历了三个阶段，分别是"征服—同化"形成的和平；以"均势—霸权"为特征的和平；由和平力量推动的持久和平。其中，"征服—同化"形成的和平已经荡然无存，目前世界上以"均势—霸权"为特征的和平、由和平力量推动的持久和平并存。总体上，由于和平力量的壮大，世界持久和平越来越有保证。中国就是推动世界持久和平的和平力量，广大第三世界国家大都也是，欧洲国家许多也是。但是，不能否认，以"均势—霸权"为特征的和平依然存在，许多第一、第二世界国家的和平力量增长的同时，还保持着"均势—霸权"的思维和行为方式。这种推动"均势—霸权"式和平建立的力量并不完全是和平力量，很大程度上沿袭了其历史上的战争力量、征服力量、相互制衡的力量。这种力量的性质与和平力量的性质是不同的。而相对于和平力量而言，这种力量更加强大，更加根深蒂固，掌握更大的国际话语权，拥有更强的国际行动能力。这种和平性质的差异是中国与西方世界在对和平追求方面的根本差异，即中国属于和平力量，而在当前世界上占据优势的则是近代以来的西方的霸权（从中性的角度说）力量。

（三）历史传统差异

中国在历史上酷爱和平，这一传统不仅体现在中国的文化上，更重要的是体现在中国的行为方式上。中国不好战，中国不称霸，中国不扩张。近代以来的屈辱史，更使中国痛恨好战、称霸、扩张的资本主义、帝国主义行径。因此，中国坚持防御性的国防政策。当代中国坚守国家核心利益与发展利益，坚决维护国家统一和领土主权完整，与此同时，中国坚持以和平、正义的方式参与维护世界和平。中国不会采用战争的方式推动世界和平，也不支持使用战争的方式推动世界和平。

与此同时，在西方世界里，西方中心论的思想还有很大市场，西方人相信自己是上帝的选民；相信西方的宗教观与价值观是唯一的真理；相信西方文明是普世的，有必要向全世界推广；西方人希望整个世界都由他们的历史文化统御。而这种推广方式又倾向于战争，因为近代以来的几百年里，西方人都是这样做的。"进攻是最好的防御""如果你要赢得和平，那就准备战争吧"，这样的西方谚语生动表明了西方的历史传统。不可否认，这样的历史传统，在当今世界的总格局下是占据优势的。

这是中国与西方世界在和平的历史传统上的差异之处。

（四）文明方式差异

"西方是非此即彼之乡，东方兼而有之之乡"①，挪威和平学者

---

① 【挪】约翰·加尔通著：《和平论》，陈祖洲等译，陈仲丹审校，南京出版社2006年版，第322页。

加尔通对东西方文明的这句概括，实际上也反映了东西方文明在处理和平问题上的差异。西方人强调个人主义，从个人主义出发，通过民主竞争担当领袖，并进而占据优势地位。在西方人的心目中，民主是具有普世性的。但实际上，西方式的民主并不完全符合东方的文明传统。西方人批评东方有专制集权的传统。这种批评往往是贬义的，正如霸权在东方的语境里是贬义的一样。但如果从中性角度理解专制集权，则东方的文明方式是集体主义的。在中国，核心价值观之一就是集体主义。而这种集体主义又是和平的。这也是西方文明传统难以理解的。在西方人的心目中，个人主义=民主=和平，同时，专制主义=集权=好战或者有侵略倾向。这显然是完全错误的。

同样的差异还表现在对待战争方面。与中国战争观将"不战而屈人之兵"作为最高境界不同，克劳塞维茨在《战争论》作出了几乎完全相反的表述："使敌人无力抵抗是战争行为的目标。"东方一贯注重战争目的的有限性，"止戈为武"。传统上，中国保持军力的目的几乎都是防御，防止内部骚乱同时防止草原上游牧民族的掠夺。即便如此，中国也一贯主张先礼后兵，尽力避免诉之兵戈。而在西方文明中，战争与荣誉是崇高的追求，近代以来的西方扩张除了掠夺资源与殖民地的目的外，很大程度上的另外一个目的是传播基督教的天启哲学，使世界跪倒在十字架前。因此，在处理先进文明与落后文明的关系方面，中国虽然自认为是天子，其他是藩国，但二者之间的关系可以归纳为"君君臣臣父父子子"的"差序格局"，中国不强迫藩国接受中国的文明，但相信藩国会自然向化；而西方人则自认为是核心，其他是边缘，核心有必要扩张到边缘，实现文明的扩张。为了扩张，西方人不惜一手持剑，一手持十字架。

这种文明方式的差异导致今天中国首先维护自身和平，在此基础上促进世界和平，通过自身的发展维护世界和平；而西方人将和平作为一种手段，与人权、外交等手段相似，用于传播西方的价值观。中国的和平相对而言是防御性的，比较被动，但中国更讲和平；西方的"和平"相对而言比较主动，因而具有很强的强制性。套用西方和平学的观点，中国和平是一种积极和平，而在西方，由国家主导的和平在很大程度上是一种消极和平。

总之，当代中国与世界尤其是西方世界在和平架构与和平理论方面的相同与差异，使中国与世界在维护和平方面处于利弊并存的状态。从有利的方面看，中国的和平符合时代潮流与历史发展趋势；中国是一支坚定的和平力量，致力于用和平方式促进世界和平；中国与大多数国家，尤其是广大发展中国家在和平问题上拥有广泛共识，随着和平力量的增长，中国将与世界上一切主张和平的国家和人民一起致力于建设持久和平、共同繁荣的世界；中国尊重联合国的权威性，支持联合国按照其宗旨及要求推动世界和平，中国作为安理会常任理事国，在联合国维护和平、建设和平工作中发挥了重要而积极的作用；中国通过加强大国关系、周边关系、发展中国家关系和多边关系，在全世界范围内营造了有利的和平环境，对世界和平作出了巨大贡献；尤其是在中国所在的亚洲，特别是东亚，中国将自身的和平与自身的发展协调统一，发挥了良好的和平稳定作用；中国坚持积极有所作为，积极承担相应国际责任，积极参与全球治理，力所能及地帮助世界、帮助别国摆脱经济、安全困境，在世界上树立了热爱和平、维护和平的正面形象。

从不利的方面看，由于历史、政治、经济、军事、文化等多方面原因，中国在多方面居于弱势地位，包括和平问题；中国国土辽阔，拥有世界上最多陆地邻国和多达300万平方公里的管辖海域，中国与周边国家的不少领土及海洋权益争端没有得到彻底解决；中国的祖国统一大业还没有完成；中国国内宗教、民族问题与国际上的宗教、民族问题连在一起，影响着地区和平稳定；中国作为独存的社会主义大国，意识形态方面受到西方世界的敌视，行动上受到西方世界的猜疑；中国经济发展迅猛，引起世界关于中国崛起、国强必霸的猜忌；中国经济结构不够合理，引起世界关于中国经济崩溃、内部陷入混乱的猜测……

值得注意的是，上述利弊关系处于相互交织状态，甚至某些方面既有有利之处，又有不利之处。如在反恐问题上，中国坚定反对恐怖主义，维护了世界和平；与此同时，中国自身也面临着国内恐怖主义的危害，而中国国内的恐怖主义又与国际恐怖主义密切联系在一起。尤其进入21世纪后，上述利弊关系相互交织的情况更加严重，使中国的和平局势更趋复杂，更需要中国加强和平理论建设，认真应对中国和平理论面临的挑战，为保持中国和平发展的良好势头作出理论思考。

第五章

当代中国和平理论面临的挑战和发展趋势

　　虽然中国的和平发展道路得到了全世界的欣赏，但未来的路仍然不能过于乐观。这是因为无论中国国内，还是在国际上，存在着不少对中国的和平发展抱有敌意、疑虑的理论。这些理论有的与国际思潮有关，有的则直接针对中国的和平本身。未来，中国要想保持更加长久的和平状态，必须认清这些理论的实质，毫不动摇地坚持、与时俱进地发展当代中国和平理论，为中华民族谋求更加和平的未来，为世界的和平发展作出更大的贡献。

第一节　当前困扰中国和平状况的主要理论流派

　　目前，国内国际困扰当前中国和平状态的主要理论包括遏制论、和平演变论、中国威胁论、中国责任论、新干涉主义、各种"台独"论、"三种势力"、狭隘的民族主义等。这些理论有的在表面上已经少有人提，有的在提出时并不专门针对中国，有的已经改头换面以新的形式和提法影响中国的和平。对这些理论必须严肃对待、预先防范、认清并予以纠正。

一、遏制论

遏制论是一种敌视态度很强的国际战略理论，其出台的背景要追溯到美国对苏联的敌视，以及美国冷战时期的战略需要。可以说，遏制论是伴随着冷战来到世界的。1946年，英国首相丘吉尔在美国密苏里州富尔顿发表"铁幕"演说，标志着影响全球的美国冷战启动。当年，美国驻苏联使馆的临时代办乔治·凯南给美国国务院发出一份8000字的超长电报。1947年，乔治·凯南署名"X"将这份电报公开发表，并署标题《苏联行为的根源》。在这份电报中，乔治·凯南指出"美国对苏政策最主要方面就是长期的、耐心但坚定和保持警惕的对其扩张倾向的遏制"。这份著名的电报后来成为杜鲁门政府遏制政策的主要理论依据。1950年，美国首次提出"遏制政策"，强调要采取战争之外的一切手段：一是阻止苏联强权进一步扩张；二是揭露苏联宣传的欺骗性；三是减弱苏联控制和影响；四是在苏联体制内培植破坏力量，促使苏联改变行为方式，遵守公认的国际准则。

遏制论具有强烈的意识形态色彩，是冷战思维的体现，西方世界已经很少公开宣扬。1989年，美国前总统布什还提出"超越遏制战略"，宣称这是"美国战后对苏政策的彻底改变"。"超越遏制战略"的主旨是积极同苏联发展关系，加强美苏合作，通过促使苏联实现"自由化"，使苏联融合到"国际大家庭"。"超越遏制战略"又被认为是美国及西方和平演变政策的重要战略，但事实上，超越遏制战略仍然没有离开遏制思维，只不过将"硬遏制"改成了"软遏制"。

遏制论的提出和发展虽然主要针对苏联，但由于中国也属于社会主义国家，并且在上世纪70年代之前长期与美国隔绝，所以，防范中国、遏制中国的思维在国际上一直都很有市场。遏制论的核心目的是限制被遏制者的发展，使其被纳入西方人的体系中变垮、变弱、变成附庸。在针对中国的政策、言论和实际行动中，遏制论的思维仍然时时可见，其中就包括对中国和平发展良好势头的怀疑、嫉妒与遏制。

二、和平演变论

和平演变论与遏制论既密切相关，又相互不同，既互为表里，又常常相互对立。和平演变理论与遏制论都是西方资本主义势力为了推翻、颠覆社会主义政权而祭出的理论工具。但遏制论偏向于硬的一手，而和平演变理论偏向于软的一手。早在20世纪40年代遏制论提出之时，和平演变理论也已经出现。美国很早就设想对中国使用和平演变的伎俩。1949年8月，美国国务卿艾奇逊在其发表的《对华政策白皮书》中阐述了对华"和平演变"思想。在当时，毛泽东在《丢掉幻想、准备斗争》《别了，司徒雷登》等新华社社论中进行了批驳。几十年来，西方世界一直没有放弃和平演变的思想。冷战的结束，以及苏东剧变，就被认为是西方和平演变战略的"胜利"。但这一伎俩并没有在中国得逞。

和平演变论打着"和平"的旗号，虽然也主张采取和平的手段，并且常常与民主、自由、人权、非暴力等西方人提倡的所谓"普世价值"联动。但和平演变引起的反响却常常并不和平，而是与骚乱、冲突相伴。虽然冷战结束之后，和平演变的提法逐渐减淡，但颜色革命、阿拉伯之春等涉及众多国家的政治事件，都具有浓重的和平演变色彩。

当前，仍然存在着多种影响中国安宁稳定的和平演变活动，包括以"普世价值"名义推销西方民主价值观；在中国周边拓展"共同价值观的战略伙伴"；利用世界话语强势地位对中国发展"泼脏水"，说三道四；对中国实施"文化倾销"；炒作中国国内社会矛盾和热点敏感问题，把矛头引指向执政党和政府；利用非政府组织和驻华机构作为和平演变的前哨阵地，插手中国热点问题等。和平演变往往着眼于中国内部，但都来者不善，期望达到中国内部"乱"或者"变"的目的。

三、中国威胁论

中国威胁论是西方世界一种典型的丛林法则式本能反应的结果，即在弱肉强食的世界里，如果要保护自己，就必须时刻防范可能出现的对手，泼诬对手，渲染对手可能造成的威胁，从而达到一方面遏制对手，另一方面给自己提神打气的效果。早在19世纪中期至20世纪中期，西方列强基于殖民主义和帝国主义需要，就开始宣传最早的"中国威胁论"，如首倡瓜分中国的德皇威廉二世借助13

世纪蒙古人入侵欧洲的历史，鼓吹"黄祸论"，拿破仑也曾称中国是"东方睡狮"，一旦被惊醒，将震动整个世界。新中国成立后，西方基于意识形态考虑不断大肆宣扬"中国威胁论"，声称中国革命胜利会在东南亚引发多米诺骨牌效应，污蔑中国是"专制、好战的红色恶魔"。冷战结束后，随着中国改革开放取得巨大成功，经济实力迅速增强，国际影响力不断上升，炒作"中国威胁论"的论调更趋多元。如所谓的"中国经济威胁论"，认为中国经济快速发展必将给整个世界带来巨大冲击。中国将消耗大量自然资源、粮食产品，从而加剧全球资源紧张形势；中国劳动力大军将抢占其他国家工人的就业岗位；中国的廉价商品将占领全球市场；中国经济规模庞大且发展迅速，周边国家不得不在经济上依附于中国。再如，"中国制度威胁论"，认为中国的政治体制不符合西方民主制度规范，对"民主政治制度"构成挑战；中国的经济体制未达到"自由市场经济体制"标准，中国经济飞速发展使西方经济体系面临"信任危机"。还有根深蒂固的"中国军事威胁论"，认为中国实力增长必然导致军力扩张，进而促使中国采用军事手段解决同周边国家的领土、领海争端，并在其他国际事务中倾向于"使用武力"。"中国文明威胁论"也是"中国威胁论"新的炒作内容，认为未来国际舞台上的冲突主要在不同的文明之间展开，西方文明将受到伊斯兰文明和儒教文明的严峻挑战。另外还有"中国人口威胁论"、"中国崩溃威胁论"及"中国环境威胁论"等。以上形形色色的"中国威胁论"最主要影响因素是西方人国强必霸的思维定式作祟。

西方世界渲染中国威胁论的根本目的是企图保持居高临下的优越地位，让中国按照西方人的指挥棒转动。因此，对西方人来说，中国和平可以是"威胁"，中国不和平同样可以是"威胁"，从根本上讲，中国威胁论是西方的一个话语霸权工具。

四、中国责任论

与遏制论、和平演变理论和中国威胁论渊源久远不同，中国责任论是21世纪才出现的一种新的理论。进入新世纪后，随着中国的快速发展，西方世界对华借重需求上升，中国责任论由此新鲜出炉。2005年9月，美常务副国务卿佐利克发表题为《中国向何处去》的演讲，正式提出中国应成为国际体系中"负责任的利益攸关方"。2006年10月，欧盟委员会发表新的对华政策文件《欧盟与中国：更密切的伙伴、增长的责任》，第一次明确提出中国责任。此后，中国责任论开始成为西方战略和思想界对华舆论中的一个重要论调。

2008年9月，国际金融危机爆发，经济社会发展陷入困境的西方世界对中国的期待进一步上升，宣扬中国责任论的调门越来越高。其中，较有代表性的有"两国集团"（G2）和"中美国"（Chimerica）等提法。"两国集团"的概念由美智库彼得森国际经济研究所所长伯格斯滕提出。"中美国"概念由哈佛大学历史学教授弗格森提出。这两个概念的核心思想均是强调中美应加强合作，承担领导国际社会走出金融危机的"责任"。此后，美西方学者不断深化和发展这两个概念，将其适用领域由经济扩大至全球治理层面，提出中美应在全球秩序中建立某种"共治"性质的合作关系。之后，由于中国未予以回应，"两国集团"（G2）和"中美国"（Chimerica）的提法逐渐消匿。

中国责任论的实质是要求中国承担维护国际体系，特别是在全球治理方面承担中国应该承担的"责任"。具体内容包括：在经贸方面，进一步开放市场，加快人民币升值步伐，保护知识产权、扩大内需以实现所谓"世界经济再平衡"；在全球公共领域，维护"互联网自由"，与美谈判"网络规则"，维护海洋"航行自由"，提高太空活动"透明度"等；在防扩散方面，参与国际核裁军进程，协助国际社会解决伊核和朝核问题，在维护国际不扩散体系方面发挥更大的作用；在应对气候变化等全球挑战方面，进一步减少温室气体排放，承担强制减排义务，减少环境污染等。除全球治理层面外，美国等西方国家还要求中国在军事和外交领域承担更多"责任"，包括进一步提高"军事透明度"，和平解决涉我领土主权和海洋权益争端等。

对于中国责任论，中国一方面承认中国是负责任的大国，会以更加积极的姿态参与国际事务，与世界各国一道共同应对全球性挑战；另一方面，中国对于西方宣扬中国责任论背后的企图也抱有警惕态度。特别是西方世界提出的中国责任，常常超出中国实际能力之外，以拔苗助长的方式，达到实际上消耗中国国力、规制中国发展的目的。西方的中国责任论还企图用西方的政治制度、政治模式和思想观念来影响、塑造和规制中国，最终将中国纳入西方主导的国际体系。对于中国维护自身和平而言，中国责任论的隐蔽性与欺骗性均较强，如果中国承担的国际责任超出中国的能力之外，以至于在国际上到处承担所谓的"责任"，那么，中国的和平局面就有可能被削弱。

五、干涉主义

作为国际政治学的概念，干涉主义指"文明国家"凭借其自身认定的文明标准充当国际警察，对所谓内乱国家进行武力干涉的行为。实施干涉行动必须以强权为基础，因此常常发展成为强权者对弱小者的侵略或压制，是近代以来的"强权即公理"逻辑打着"文明"旗号在当代的扩展和延伸。应该注意到，在西方强势话语的影响下，联合国在许多决议中也支持干涉行动。对此，中国坚持主权神圣不可侵犯、主权大于人权的原则，多次在联合国进行交涉与斡旋。

今天人们常说的"新干涉主义"始于1994年。当时发生的卢旺达种族屠杀事件催生了国际社会关于保护冲突地区平民的争论，西方由此提出"人道主义干预"等概念。1999年，以美国为首的北约绕过联合国，以人道主义为由，单方面对南联盟实施空袭，标志着"新干涉主义"付诸实践。2001年和2003年，美国以反恐为名先后发动阿富汗、伊拉克战争，将新干涉主义推向顶峰。但在美国因为伊拉克、阿富汗两场战争付出过多军事、政治、经济、国际影响力的代价而难以自拔的情况下，干涉主义又有所收敛。进入21世纪第二个十年后，北约对利比亚发起军事行动，法国军事干涉科特迪瓦政治危机，法国军事介入马里危机等，使西方干涉主义重新抬头。

对于中国的和平而言，无论干涉主义还是新干涉主义都是严重威胁。因为干涉主义不像中国威胁论、遏制论、和平演变理论等只使用"软"的一手，干涉主义是"软""硬"两手都使用，既制造舆论压力，又真正使用军事手段。有时候，西方还以"硬"的一手为依托，用"软"的一手企图达成目的。干涉主义具有很强的动手能力。中国既警惕西方世界对中国使用干涉主义手段，又坚决反对西方世界对其他国家和地区使用干涉主义手段。中国反对干涉主义，自己也绝对不会用此手段进行干涉活动。

六、"台独"论

"台独"主要指台湾岛内及海外产生和发展起来的，谋求将台湾从中国分裂出去，使台湾成为一个"独立国家"的理论思潮。"台独"论产生的历史根源是台湾地理上与大陆分离，历史上先后遭到荷兰、日本等列强入侵，台湾民众的"台湾意识"中具有一定程度的自主性、排他性和狭隘性的特点。"台独"论产生的台湾内部根源是国民党迁台后对内实行独裁统治，激化岛内省籍矛盾，酿成反暴政的二二八事件等。"台独"论产生的国际背景是美、日等国的一些反华势力"以台制华"战略的扶植纵容，使"台独"势力有了较大的产生空间。"台独"论产生的经济社会基础是20世纪60年代台湾经济起飞，崛起的新兴中产阶级要求与其经济实力相适应的政治权力。"台独"论在蒋介石、蒋经国统治台湾期间均被压制，但到了李登辉上台后，鼓吹"台湾生命共同体"，以"金钱外交"拓展台国际空间，并在卸任前抛出"两国论"，使"台独""理论"及"台独"势力快速发展。陈水扁执政后，利用其执政地位恶意推行"台独"路线，抛出"一边一国论"，制造"公投"话题，使"台独"势力气焰嚣张、恶性膨胀。2008年以来，随着国民党重新执政，民进党弊案不断，"台独"势力遭受重创，进入相对弱化期。

"台独"论的主要内容包括："台湾民族论"，即认为台湾已形成异于中华民族的单一的"台湾民族"，因此台湾人不是中国人，台湾文化也不属于中国文化，这是早期"台独"主要理论依据，是"文化台独"的基础理论；"台湾地位未定论"，是借用1950年美国总统杜鲁门提出的"台湾未来地位须等待太平洋恢复安全后决定"，制造所谓"台湾法律地位未定，主权依国际法属于台湾人民"的谬论，这是战后"台独"理论的重要支柱；"住民自决论"，偷换"民族自决"的概念，鼓吹"台湾未来前途由全体台湾住民共同决定"，企图以"公投"形式实现分裂图谋；"法理台独"，指利用所谓"宪法"和"法律"形式，通过"宪改""公投"等方式，为实现分裂国家的目的提供所谓"法律"支持；"两国论"，即1999年7月9日李登辉在接受德国之声专访时提出的，自1991年"修宪"以来，两岸关系是"国家与国家关系"、至少是"特殊的国与国关系"；"一边一国论"，即2002年8月3日，陈水扁在"台独"组织年会上公然宣称"台湾和对岸的中国就是一边一国"。

"台独"论是对我国主权完整、两岸统一赤裸裸的挑衅，是对两岸和平的巨大威胁。我们坚持反对任何形式的"台独"分裂图谋。中国的《反分裂国家法》是应对"台独"分裂活动最重要的法理依据。

七、恐怖主义、分裂主义、极端主义

2001年，上海合作组织在《上海公约》中正式将"宗教极端势力""民族分裂势力"和"国际恐怖势力"定为"三股势力"。这"三股势力"并不仅仅发生在中国,而是蔓延在包括中国西部边疆在内的中亚地区。"三股势力"包含破坏和平的"理论"工具,但更突出地表现为依靠理论工具实施暴力犯罪活动。"三股势力"已经成为国际公害。

在中国新疆,"三股势力"出现于19世纪末。当时,英国、沙俄利用"泛伊斯兰主义"和"泛突厥主义"对中国边疆地区进行渗透,企图分裂和控制新疆。在其支持下,伊敏等分裂分子在新疆建立了数个非法政权,打出"东突"分裂旗号。新中国成立后,伊敏等新疆分裂头目逃往国外,在中亚、西亚、南亚和欧美地区拼凑成立50多个分裂和恐怖组织,形成"艾沙"和"孜牙"两大集团,继续开展分裂活动。20世纪90年代初开始,中国境外成立艾山·买合苏木领导的"东伊运"等60余个暴力恐怖和分裂组织,新疆内部暴力恐怖和极端活动也同时激增。"9·11"事件后,在全球反恐的大背景下,"东突"势力一方面掩盖暴力恐怖主义的本质,另一方面贴近西方反华势力,加大组织整合,成立了热比娅领导的"世维会"为首的70多个分裂组织,加紧推进"东突问题"国际化。近年来,"三股势力"虽然屡遭打击,但仍然不断制造暴力恐怖事件,给中国民族地区的安全稳定造成严重破坏。在中国境外,现有各类"东突"组织近百个,形成了欧美、中亚、南亚和土耳其四大活动基地,分为"政治派"和"暴力派"两大派别。"世维会"为首的"政治派"积极推进组织建设,加快推进联合化进程;倚靠西方反华势力,以人权、民族、宗教为幌子,确立"民族自决"斗争路线,推进"东突问题"国际化。"东伊运"为首的"暴力派"继续加强募员扩编，企图增强组织实力；加大网络反宣渗透力度，拉人出境入伙，煽动开展"圣战"；强化同国际恐怖势力合流勾连，派人前往中东及叙利亚培训或参战。

"三股势力"无论其理论，还是行动，都是对中国与世界和平的严重威胁。中国通过与有关各国加强合作、共同应对，对"三股势力"进行有效打击。自2005年开始，中国、俄罗斯及中亚各国多次举行"和平使命"演习，其中很重要的内容就是合作演练打击"三股势力"的能力。

八、民粹主义、激进主义

民粹主义、激进主义都是对民族主义的片面强调，在失去民族主义客观、严肃立场的同时，表现出极端主义倾向，从而对国家安全与和平稳定产生危害。

民粹主义，也称平民主义，是近现代历史上在世界范围内具有一定影响的政治思潮。在19世纪后期的俄国社会变革、20世纪60年代的亚非拉民族复兴运动以及80、90年代两极格局解体过程中，民粹主义都起到了动员群众、掀起革命高潮的重要作用。但纵观历史，民粹主义的极端平民化倾向否认精英群体在社会历史发展中的重要作用，因此主要是一种有破无立、影响社会稳定的政治主张。激进而狭隘的民族主义则是一种披着"维护民族利益"外衣，挑动民众激进和非理性情绪，结果却可能最终损害民族和国家根本利益的极端思潮。

进入新世纪后，随着中国实力地位的迅速上升以及信息网络的发展与普及，民粹主义、激进主义有所滋长和蔓延。一些民众特别是部分青年群体在处理和看待国际事务与处理对外关系等问题上存在着情绪化与非理性倾向，如盲目的历史优越感，对传统不加分析，认为只要是本民族历史所创造的就是好的，不承认其他民族的历史发展成就；不切实际的成就感，不能客观看待中国目前所处的历史发展阶段，看不清中国所处的国情以及所存在的困难与问题，而是偏激地认为现在中国的实力地位可以"包打天下"，主张一味示强，四面出击；有时还表现为过于敏感的心态，在分析看待国际关系与安全环境时，总是过于消极地看待中国的处境，不切实际地夸大中国所面临的外部风险与挑战，特别是在与西方国家交往中，一遇到问题就与历史上的八国联军、列强入侵联系在一起，认为西方世界要重新侵略中国；同时存在极端的报复心态，认为随着国家的发展壮大，应对那些侵略过中国的国家寻找一切机会给以惩治，要实现真正的"扬眉吐气"。

狭隘的民族主义已成为当前我国社会中一股不容忽视的不和谐因素。特别是当这种狭隘的民族主义与民粹主义相合流后，往往从曲解甚至对抗国家的大政方针出发，偏激宣扬本民族利益高于一切，煽动民族仇恨，从而进一步激化了社会矛盾。这种表面上爱国、爱民族的情绪，实际上却会产生害国、害民族的效果，如任其恣意发展则会破坏国内社会的安定团结、影响中国和平发展的大局。

第二节　当代中国和平理论发展需要解决的问题

面向未来，中国在脚踏实地走和平发展道路，实践中华民族伟大复兴之梦的同时，还需要加强理论建设，使理论与实践相统一，相匹配，相互促进。要适应中国维护自身和平、促进世界和平的需要，当代中国和平理论需要解决以下问题：

一、处理好自身和平发展与世界和平发展的关系

维护中国的和平是维护世界整体和平的一个重要组成部分，中国的和平发展绝不是封闭起来保一地之平安、谋一室之富足。无论机遇，还是挑战，中国的和平发展都必然与世界的和平发展联系在一起。处理好自身和平发展与世界和平发展关系问题的重要性在于，第一，这是中国根本利益的要求。中国与世界存在休戚与共的关系，脱离世界的和平发展，中国的和平发展就没有可能，中国当前和未来的根本利益也就得不到保障。第二，这是中国根本性质的要求。热爱和平、反对侵略，这是中国根本性质决定的。中国既是社会主义国家，又是具有深厚历史与革命传统的国家，综合起来，中国的根本性质要求中国走一条具有中国特色的社会主义道路，这条道路必然是和平发展道路。因此，和平是中国的根本性质决定的。第三，这是中国道义担当的要求。在近代史上，中国备受外来势力侵略、掠夺之苦，中国能够深深体会到缺乏积极有效的和平保

障对一个国家及其人民的灾难，因此，新中国成立之初，中国的和
平理论就不仅仅局限于中国本身的和平，而是着眼于世界的和平。
这是中国对世界的道义担当。中国要成为也必然会成为世界上一支
重要的和平力量。

当代中国的和平理论要处理好中国的和平发展与世界和平发展
的关系，首先必须把握中国和平发展与世界和平发展的利益共同
点，既使中国与世界联系在一起，又使和平与发展联系在一起，用
世界的眼光看待中国，用发展的眼光看待和平，阐明中国的和平对
于中国的发展以及世界的发展的根本利益关系。其次必须作好中国
和平发展与世界和平发展的趋势分析，无论是短期发展趋势，还是
长期发展趋势，无论是有利的因素，还是不利的因素，都应该自觉
把中国的和平发展放到世界视野中进行衡量，以实现中国和平发展
与世界和平发展步伐协调、相互促进为目的进行分析。第三，必须
充分认清中国和平发展与世界和平发展的威胁因素，要充分认识到
和平是"易碎品"，对和平微小的损害可能造成大面积的影响，对和
平短暂的损害可能造成长远的影响，在认清中国与世界和平发展威
胁因素的基础上，加强理论预研和应对预案分析，尽力争取长治久
安，实现自身发展并促进世界发展。

二、加强世界话语权竞争，参与世界话语权建设

和平解决国际争端的一项重要原则是以对话代替对抗。要进行
对话，必须有相应的沟通与磋商的平台。世界话语体系就是这一平
台的重要内容之一。在世界话语体系内存在着某种程度上公共的、

公认的概念、意义、逻辑、分析判断等话语范式，有助于国际范围内的意见传达，总体上是有助于世界和平的。

当前世界话语体系最重要的是联合国及国际法的表述及行为逻辑体系。中国在此方面具有重要影响力和权威性。但是，不可否认的是，中国仍然总体上处于世界话语体系的弱势及边缘性状态。其主要原因在于，1. 当前世界话语体系主要的仍然在西方意识形态控制之下，当今世界体系的形成主要是近代以来西方世界全球扩张的结果，众多国际秩序和国际规范都由西方世界创制，由此形成了当今世界话语体系。虽然今天的世界已经很大程度上在主客观许多方面都告别了"西方中心论"，但作为上层建筑的话语体系，西方中心论的影响仍然存在，并且将长时间占据主导地位。2. 中国现代化历程为时尚短，中国的现代化是在西方船坚炮利的侵略行径中被迫开始的，迄今不过170多年，而现代化的语言和思维工具起步更晚，直到1919年五四运动后才提倡白话运动，因此今天的中国话语体系大量借鉴于西方世界，与中国的现代化历程一样，处于后发劣势状态。3. 当前世界话语体系总体上体现了国际力量格局的状态，即西强东弱、北强南弱，中国的实力虽然已有长足进步，但中国实力大而不强，"含金量"偏低，并且长期面临可持续发展的挑战，而西方世界经过几百年的积累，总体实力仍然超过中国甚多。4. 当前世界话语体系是西方发达资本主义国家操控国际事务的重要工具，由于掌握世界话语体系，西方世界动辄祭出人道主义干涉、人权大于主权、传播自由民主价值观等语言霸权工具，行使强制性干涉之实，影响世界及地区安全稳定，居于弱势地位的中国经常处于防守状态，虽然义正词严，但难免被动局面。

　　鉴于此，中国应加强世界话语权竞争，参与世界话语权的建设。中国应努力做到，首先，积极吸纳当今世界话语体系中的正面的、有积极意义的成分，成为世界话语体系建设的重要参与方。例如，"9·11"事件之后，国际恐怖主义问题突显，如何定义恐怖主义，成为国际社会普遍关注、对世界战争与和平有重大影响的一个问题。中国及时研究这一重大理论性问题，将国际恐怖主义活动纳入非传统安全的范畴，同时认为不能采用"国家恐怖主义"或"恐怖主义国家"的概念①。中国的定义既符合世界的主流思想，又匡正了国际流行观念里的一些谬误，既适合于世界话语体系，又对世界话语体系有所补益，对中国在世界反恐怖主义行动中发挥作用产生了积极影响。其次，接受世界话语体系中客观、正确的新观点，并进行有益于中国利益的补充。如2005年，针对美国前副国务卿佐立克提出的"利益攸关方"的中美关系定位，中国在接受这一提法的同时，提出"中美不仅是利益攸关方，更应该是建设性合作者"，②从而更加准确、全面地把握了中美关系大势，也同时避免了被西方强势话语牵着鼻子走的被动局面。第三，在适当的时候提出中国特色的国际性主张，从而在世界话语体系建设中占据主动。例如，中国提出的建设持久和平、共同繁荣的和谐世界，其中，和谐的概念既适用于中国国内社会建设方向的"社会主义和谐社会"，又富于中国传统文明中"和合""和而不同"的思想内涵，还借鉴了空想社会主义者傅立叶"世界和谐"的理念，是对世界话语的创新。

---

① 杨晖：《反恐新论》，世界知识出版社2005年版，第13页。

② 胡锦涛2006年4月20日会见美国时任总统布什时的讲话，《人民日报》2006年4月21日，第1版。

当然，和谐世界离不开"持久和平、共同繁荣"的界定。第四，中国还应该及时纠正并随时警惕西方世界利用话语强权干涉中国内政的企图，对别有用心的话语陷阱必须严正指出，并从理论与实践等各方面予以坚决抵制。需要注意的是，由于世界话语体系西强东弱的局面将长期不会改变，中国虽然参与世界话语权的竞争，但还不具备争夺世界话语体系主导权的实力。中国必须着眼于中国实际，埋头做好中国国内事务，在加强世界话语权竞争的同时，适时适度地参与世界话语体系建设。

三、解决和平理论与国内思潮的关系

当代中国和平理论的提出及运用虽然主要着眼于国际事务与世界潮流，但首先还要作用于中国国内的和平稳定与经济发展。解决好当代中国和平理论与国内思潮的关系问题也是关乎中国和平理论走向的重大方向性问题。其原因在于，1. 当代中国和平理论与国内思潮存在背离的可能性。当代中国的和平理论是由国家主导的。国家从自身整体利益出发，提出和平的理论并予以阐述。国家既是和平的行为体，又是和平理论的提出者，是理论与实践的统一。但国内思潮并不完全由国家主导，尤其是在改革开放的大背景下，过去一元化思想指导的局面已不复存在，国内思潮日益多元化。这些思潮并不一定与和平理论合拍，存在背离的可能性，既有可能对和平的重要性熟视无睹，更有可能与当前中国主要的和平理论背道而驰。这是不以人的意志为转移的客观现实，需要我们予以正视。2. 国内思潮有可能对和平理论形成牵制甚至误导。在国内思潮与和平理论相背离的情况下，最不利的局面是国内思潮对和平理论可能形成的牵制甚至误导。一般情况下，国内思潮的"音量"盖不住国家主导的和平理论，但因为和平是"易碎品"，具有基础性强的特点，而国内思潮的特点却是在短时间内积聚大量能量，形成一波高的潮流，因此，国内思潮常常可以引起众议纷纷，使人选择性地忘记基础性的和平理论。当前，中国国力激增，国际影响力迅速扩大，国际地位不断攀升，导致国内民族主义思潮高涨，是可能对和平理论造成牵制甚至误导的主要思潮。如2010年出版的一本书，提出"后美国时代"中国需要的大国思维与战略定位，渲染中国应该冲刺"世界第一"，争当"冠军国家"，在世界范围内开辟"中国时代"，创造"无霸世界"。此类思潮显然与中国和平理论不符，如果任其产生影响，很可能会对和平理论产生牵制甚至误导。

要努力解决好当代中国和平理论与国内思潮的关系问题，首先必须加大中国和平理论的宣传普及力度，真正使中国和平理论成为中国人民基础性的共识。其次，应该加强中国和平理论的体系构建，使中国和平理论的思想精华渗透到当代中国的各种理论体系之中，成为中国理论界的共识。第三，应该对国内思潮加强引导，避免出现极端化。虽然思想多元化的趋势难以避免，但中国仍然要坚持指导思想的一元化，坚持以马列主义、毛泽东思想和中国特色社会主义理论体系武装中国人的思想，并保持一元化指导思想的强大说服力与感召力，对国内思潮加强引导疏通，切实避免"浮躁和脱离国情的极端主义"。①

---

① 俞正声在全国政协十二届一次会议闭幕式上的讲话。参见新闻稿《全国政协十二届一次会议闭幕》，2013年3月13日《人民日报》头版。

第三节　当代中国和平理论的发展前景

当代中国的和平理论既是中国和平发展道路的理论总结，又体现了中国的基本制度，体现了中国改革开放的革命性成果。展望未来，中国特色社会主义的伟大道路、中华民族的伟大复兴仍然必须沿着和平的道路发展前进，加强和完善当代中国和平理论仍然任重道远。

一、在中国特色社会主义理论体系中占据愈益重要的地位

从以毛泽东为核心的党的第一代中央领导集体开始，当代中国和平理论诞生迄今已经70多年了。虽然早在土地革命时期，毛泽东就设想过革命胜利之后的和平问题，但当时的和平思想零星而不系统。只有到了抗日战争时期，当中国抗日战争的洪流汇入世界反法西斯战争的大潮之中后，毛泽东在对中国与世界、资本主义与社会主义、战争与和平等关系全面而系统的思考过程中逐渐开创性地形成了有关和平的一些思想观点，成为毛泽东思想的一个组成部分。新中国成立以后，战争与和平出现了此消彼长的关系，和平问题的重要性更显突出，当代中国和平理论实现了理论化、系统化，并在实践中发挥了重大作用。从毛泽东思想，到包括邓小平理论、"三个代表"重要思想以及科学发展观等在内的中国特色社会主义理论体系，当代中国和平理论与时俱进，在继承中不断得到发展。未来，

在中国特色社会主义理论体系中，应进一步加强和提高和平理论的地位和作用，使中国特色社会主义具有更加鲜明的和平底色，也使世界更加明确地看清中国快速发展的和平性质。

要使当代中国和平理论在中国特色社会主义理论体系中占据更加重要的地位，必须做到，首先，进一步明确当代中国和平理论从毛泽东思想到中国特色社会主义理论体系之间继承与发展的关系。当代中国和平理论既是毛泽东时期的和平理论，又是改革开放新时期的和平理论，二者是一脉相承的继承与发展的关系。加强当代中国和平理论在中国特色社会主义理论体系中的地位和作用，离不开以毛泽东为核心的第一代党的中央领导集体对和平问题的开创性思考与实践。饮水不忘挖井人，只有充分认清战争与和平对于当代中国的重大战略意义，才能充分重视和平与发展在中国特色社会主义建设道路上的重要地位和作用，才能把和平问题摆到更加重要的位置上。其次，加强和提高当代中国和平的基础地位，进一步强化中国特色社会主义理论体系的和平底色。如果说，毛泽东思想回答了世界东方一个半殖民地半封建的传统大国如何进行社会主义革命、探索社会主义道路的问题；那么，中国特色社会主义理论体系回答的是拥有世界最多人口的社会主义大国实现什么样的发展、怎样发展等一系列问题。所有这些问题都离不开、绕不开对和平问题的理论与实践。只有进一步强化中国特色社会主义理论体系的和平底色，才能充分加强和提高当代中国和平问题的基础性地位。第三，进一步理顺当代中国和平问题的基本理论及其与中国特色社会主义理论体系各个组成部分的相互关系问题。由于和平问题的基础性，和平问题必然与战争问题、发展问题、安全问题等联系在一起才能得到彰显，这使和平问题的研究一直相对滞后。例如和平发展道路问题，有时是对中国改革开放的总体概括，有时又是对中国对外政策的总体概括，二者存在主从关系。如果不加区分地笼统使用，容易流于宣讲口号；若要严格区分，理论上的阐述就不够扎实细致了。同样，中国特色社会主义理论体系涉及十四个方面的主要内容，[①] 其中，直接与和平相关的就有国防和军队建设、和平统一、外交与国际战略三个方面的问题，但实际上，和平问题涉及所有方方面面。要提高当代中国和平理论的作用，必须理清和平问题这其中方方面面的关系。

二、指导中国人民团结一心走和平发展道路

当前，中国仍然处于建设中国特色社会主义的重要战略机遇期。但由于国际局势的变化和中国自身的发展，中国面临的机遇与挑战均达到了前所未有的程度，而且，机遇与挑战相互交织重叠，形成了一系列前所未有的难题。打铁还需自身硬。中国最可能出现问题的地方恰恰在于中国内部。纵观中国历史，从来没有一个外来力量能够让中国按照他们的指挥棒转动。从古代元朝、清朝的异族入侵征服，到近代的列强欺凌，直到解放战争时期美国企图帮助蒋介石阻止中国共产党的胜利、新中国成立后苏联企图按照自己意志左右新中国。这些外来力量虽然强大，但中国仍然按照自身的逻辑运转。因此，只有13亿中国人团结一心地坚定和平发展道路，中国

---

① 中共中央宣传部理论局：《理论热点面对面2009》，学习出版社、人民出版社2009年版，第23页。

才有可能抓住机遇，迎击挑战，取得新的更大的辉煌。

要使当代中国和平理论真正能够起到团结中国人心、共同走和平发展道路的作用，应努力做到，首先，使当代中国的和平理论与中华民族伟大复兴这一伟大实践活动更加紧密结合在一起，使人们认识到，没有和平的国际环境和和平的国内环境，就不可能有中华民族的伟大复兴；没有中国共产党的领导，就不可能有中华民族的伟大复兴；没有捍卫和平、保卫和平、维护和平必需的国家综合实力，就不可能有中华民族的伟大复兴。只有真正把当代中国的和平理论与中华民族的伟大复兴这一实践活动紧密结合在一起，才能彰显和平的极端重要性，从而起到凝聚人心的作用。其次，力争使当代中国和平理论与每一位中国人的具体实践活动更加紧密地结合起来。"实践的观点是马克思主义哲学的首要的基本的观点"[①]，马克思主义理论的本质是其实践性，来自实践，又用于实践。当代中国和平理论是马克思主义的理论，其真谛必然体验在实践上。中国实施改革开放的伟大变革，目的就是改变中国又穷又落后的面貌，使每一个中国人享有自由幸福的生活。当代中国和平理论也应该服务于这个目的，力争与每一位中国人的具体实践活动更加紧密地结合起来，使每一位中国人自由幸福的生活建立在牢固的和平基石之上。无论是大陆的中国人，还是港澳台的中国人；无论是拥有中华人民共和国国籍的中国人，还是流布全球、认同中国血脉渊源的炎黄子孙，都能够自豪地享有和平，并通过自身的实践活动建设和平、保卫和平、巩固和平。

---

① 肖前主编，黄楠森、陈晏清副主编：《马克思主义哲学原理》，中国人民大学出版社1998年版，第37页。

三、促进世界持久和平、共同繁荣

永久和平的理想亘古如新。无论是中国的先秦，还是西方的早期基督教；无论是卢梭，还是康德；无论是马克思，还是毛泽东，都提出过永久和平的问题。但在现实中，"永久和平"还必须以"持久和平"来替代。因为自从人类进入阶级社会以来，自从生产力与生产关系的矛盾、阶级之间的矛盾出现难以调和的状况以来，绝对的没有战争与暴力的和平就已不复存在。因此，"永久和平"是理想，"持久和平"才是努力的方向。和平必须切合实际。同样的，和平理论也必须切合实际才能真正起到促进世界持久和平、共同繁荣的良好愿望。

要使当代中国和平理论充分发挥促进世界持久和平、共同繁荣的作用，有必要努力做到，首先，使当代中国和平理论更加具有广泛性，赢得更多国家、地区和世界各地人民的信赖。始终与最广大人民群众站在一起，是中国社会主义道路的重要原则基础。在国内，体现为中国共产党把全心全意为人民服务作为唯一宗旨，坚持以人为本、立党为公、执政为民。在国际上，体现为团结一切可以团结的力量，反对霸权主义和强权政治，坚决维护世界和平，促进共同发展。中国在国际上不但团结第三世界和发展中国家，而且团结主张和平的发达国家；不但团结周边国家，开展睦邻外交，而且加强与大国的互动协调；不但开展政府外交，而且加强公共外交，做外国的人民群众的工作。未来，中国和平理论还应该在增强广泛性上继续努力，面向更多更丰富的国际层面，使中国和平理论具有更广泛的适用性。例如，中国可以加大和平问题的研究与宣讲力度，当西方宣扬和平、民主、自由、人权等"普世价值"时，中国可以适时提出自己的"和平"价值准则，既针锋相对，又是对世界和平的促进与贡献。其次，使当代中国和平理论更好地与世界其他和平理论交叉互动，取长补短。当代中国的和平局面既是世界和平的重要组成部分，又具有鲜明的中国特色。中国的和平理论也与世界主要和平理论有同有异，有相互借鉴之处，也有矛盾冲突之处；有竞争的关系，也有合作的关系。为赢得最大的和平红利，中国有必要加强与世界其他和平理论的交叉互动。在谨慎与警惕的前提下，加强包容性，与世界一些主要的和平理论取长补短。例如，非暴力理论既是主流的世界和平理论，又得到联合国的广泛认可，但中国始终对此理论警惕有余，支持不足。针对非暴力理论的广泛影响力，中国似可以认同非暴力理论中的积极因素，加大宣扬中国和平理论中的非暴力因素，并正面阐明中国和平理论与非暴力理论的异同。第三，使当代中国和平理论更加贴近世界和平的现实状况，发挥更加具体、积极、有效的实践作用。在当前，尤其需要进一步加强当代中国和平理论的实践色彩，使中国和平理论更好地服务于中国抓住机遇、应对挑战、完成国家发展大计的需要。当前，世界和平理论发展的一个重要倾向，是从宽泛地谈论和平发展到具体地建设和平，因此，世界的和平问题更多集中到了促进和解、和平教育、和平建设、应对冲突、维护安全上。在这些方面，中国和平理论存在着一定程度的涉及不多、介入不深、研究不透的情况。例如，世界著名的瑞典斯德哥尔摩国际和平研究所就将和平问题置于"安全与冲突"的研究类别之下。这反映了在当前世界时代主题是和平与发展的背景下，研究问题的重点已经从传统上"战争与和平"的宏观对比，逐渐过渡为"安全与冲突"的微观对比。如果我们仍然过多地就和平谈和平，恐会流于宽泛虚浮的喊口号的状态，不利于使中国和平理论切实发挥实践指导作用。

结　论

坚持和发展中国和平理论，
坚定不移走中国和平发展道路

回顾历史，着眼当下，展望未来，70多年来，两段非常相似的表述所包含的深刻理论蕴藉尤其发人深省。一是1938年毛泽东在《论持久战》中指出的："没有任何一个历史时期像今天一样，战争是接近于永久和平的。""目前开始了的战争，接近于最后战争，就是说，接近于人类的永久和平"；[①] 另一个是2012年11月29日习近平与新一届中央政治局常委一同参观《复兴之路》展览时强调的："经过鸦片战争以来170多年的持续奋斗，中华民族伟大复兴展现出光明的前景。现在，我们比历史上任何时期都更接近中华民族伟大复兴的目标，比历史上任何时期都更有信心、有能力实现这个目标。"[②] 这两段话深刻指明了"中国—世界""和平—复兴"的重大

---

① 《毛泽东外交文选》，中央文献出版社、世界知识出版社1994年版，第9~10页。

② 《习近平在参观复兴之路展览时强调，承前启后、继往开来，继续朝着中华民族伟大复兴目标奋勇前进》，新华社北京2012年11月29日电。

理论关联。通过前面比较系统、全面地梳理当代中国和平理论及其相关畛域的有关理论问题，可以得出以下结论：

第一，当代中国和平理论是对马克思主义和平理论和中华民族爱好和平的优秀传统的继承与发展，必将在实践中促使中国成为世界和平发展潮流重要的参与者与推动者。人类自从原始社会向奴隶制社会过渡期间产生战争以来，原始的和平就被打破。在经历了古代社会以"征服—同化"方式取得和平，以及近代以来长期占据统治地位的以"霸权—均势"维系和平的方式之后，以第二次世界大战期间形成世界反法西斯阵营为标志，人类的和平力量不断壮大，进入积极缔结并成功维护持久和平的新的历史发展阶段。中国共产党既继承了马克思、恩格斯和列宁、斯大林的和平理论，又继承了中华民族的优秀和平传统，同时结合中国革命与建设的实际，发展出了具有鲜明中国特色的和平理论，从而成功地成为世界和平、发展、合作、共赢潮流重要的参与者与推动者，为世界和平和人类文明进步事业作出了伟大贡献。

第二，当代中国和平理论凝聚了中国共产党领导人民的创新性探索与实践，体现了中国特色社会主义道路、理论、制度在和平问题上的高度自觉与自信。当代中国和平理论虽然肇端于新中国创建过程中的和平实践，但是作为毛泽东思想的重要组成部分，渊源可以追溯到新民主主义革命时期。以毛泽东为核心的党的第一代中央领导集体成功地开辟了战争与革命的道路，并在革命成功后开始了和平的探索与实践，巩固了革命成果，探索了独立自主的和平道路。以邓小平为核心的党的第二代中央领导集体通过把时代主题确定为和平与发展这一重大理论判断，开启改革开放伟大革新的大门，开辟了和平发展道路。以江泽民为核心的党的第三代中央领导集体顶住冷战之后极端复杂严峻的挑战，积极推动世界多极化，倡导建立公正合理的国际政治经济新秩序，成功地把和平发展道路推向21世纪。党的十六大、十七大期间，以胡锦涛为总书记的党中央面对世界局势深刻复杂的大变动大调整大动荡，将和平发展的思想纳入指导性的科学发展观中，并倡导建立持久和平、共同繁荣的和谐世界。党的十八大以来，以习近平为总书记的党中央又反复强调和平发展的重要性，倡导合作共赢，要求中国在不牺牲国家核心利益的前提下做和平发展的实践者、共同发展的推动者。通过一代代共产党人的接力前行，中国在和平问题上实现了道路、理论、制度的统一。当代中国和平理论深刻揭示了中国和平所处的独特历史方位和全球地位，突出了中国和平的社会主义性质与中国特色。当代中国和平的理论体系，其基础是"和平与发展是当今时代主题"，主干是和平发展道路，重要支柱是独立自主的和平外交政策、和平共处五项原则、积极防御的国防战略，以及"和平统一、一国两制"的祖国统一方略，体现了稳定性、国家主导、自主性、综合性、防御性和发展性等特点。在实践中，当代中国和平理论强调要在联合国框架下维护世界和平与安全、倡导多极世界化、推动睦邻外交、团结发展中国家和新兴国家、积极参与多边舞台和平发展活动。当代中国和平理论的科学体系既有历史视野，又有时代精神；既着眼全球，又富于中国特色；既从理想主义出发，又注重现实的可操作性，堪称促进中国和平、维护世界和平的理论指南。

第三，当代中国与世界在维护和平方面整体上处于良性互动状态，中国与世界在维护和平方面相互促进，有利于世界的持久和平与共同繁荣。当代中国和平理论与西方世界关于和平的主要理论，包括积极和平论、非暴力理论、均势理论、霸权稳定论、民主和平论、贸易和平论等，时有交叉，时有争斗。但在总体上，当代中国与世界在维护和平方面存在一定程度的同构状态，存在诸多交叉互动之处，表现为维护中国和平与维护世界和平的国际秩序架构相近、目标指向相近、面临的威胁因素相近，中国与世界可以在发挥联合国作用上交叉互动、在加强大国协调上交叉互动、在促进和平发展上交叉互动。这一切，既有利于中国的和平，也有利于世界的和平。

第四，当代中国还面临着一系列困难与挑战，为了维护和平，必须加强当代中国和平理论建设。当前，无论是国际上的中国威胁论、中国崩溃论、国强必霸论、新干涉主义，还是以国内因素为主的形形色色的"台独"论、极端民族主义、民粹主义理论、"三种势力"，均对中国的和平局面提出了挑战。为进一步维护世界和中国的和平，必须进一步加强和提高当代中国和平理论的建设工作，使中国的和平理论处理好中国自身发展与世界和平发展潮流的关系问题，进一步参与世界话语权的竞争，参与世界话语权建设，并解决好和平理论与国内思潮的关系问题。未来，中国和平理论必将在中国特色社会主义理论体系中占据更加重要的地位，更加有利于中国人民团结一心走和平发展道路，更加有利于促进世界持久和平、共同繁荣。

总之，当代中国和平理论是马克思主义中国化的和平理论，是社会主义的和平理论，是中国特色的和平理论，是科学系统的理论体系。当代中国和平理论的形成与发展，恰逢世界和平迈入一个新的发展阶段，人类和平迎来更加光明的未来之际。这是世界给中国的机遇，也是中国给世界的机遇。中国的和平既是13亿中国人民的福祉，也是全世界、全人类的期盼。为了世界的持久和平，必须坚定地走中国的和平发展道路，使中国人民和世界人民一道拥有富裕、安宁、幸福的未来。

中外文参考文献

经典著作及重要文献

《马克思恩格斯全集》（第一版），人民出版社 1956~1985 年版

《马克思恩格斯全集》（第二版），人民出版社 1995~2007 年版

《马克思恩格斯文集》，人民出版社 2009 年版

《列宁全集》，人民出版社 1984~1990 年版

《列宁专题文集》，人民出版社 2009 年版

《斯大林选集》，人民出版社 1979 年版

《马克思、恩格斯、列宁、斯大林论战争与和平》，人民出版社 1964 年版

《毛泽东选集》，人民出版社 2003 年版

《毛泽东外交文选》，中央文献出版社、世界知识出版社 1994 年版

《建国以来毛泽东军事文稿》，中央文献出版社、军事科学出版社 2010 年版

《毛泽东同志论战争与和平》，人民出版社 1964 年版

《刘少奇选集》（上卷），人民出版社 1981 年版

《周恩来选集》（上卷），人民出版社 1980 年版

《周恩来选集》（下卷），人民出版社 1984 年版

《周恩来年谱（1949~1976）》（上卷），中央文献出版社 1997 年版

《邓小平文选》，人民出版社1993~1994年版

《邓小平思想年谱》，中央文献出版社1998年版

《邓小平论国防和军队建设》，军事科学出版社1992年版

《江泽民文选》，人民出版社2006年版

《江泽民思想年编》，中央文献出版社2010年版

胡锦涛：《高举中国特色社会主义伟大旗帜，为夺取全面建设小康社会新胜利而奋斗——在中国共产党第十七次全国代表大会上的报告》，人民出版社2007年版

胡锦涛：《推进互利共赢合作，发展新型大国关系——在第四轮中美战略与经济对话开幕式上的致辞》，2012年5月4日《人民日报》第2版

胡锦涛：《坚定不移沿着中国特色社会主义道路前进，为全面建成小康社会而奋斗——在中国共产党第十八次全国代表大会上的报告》，人民出版社2012年版

胡锦涛：《与时俱进，继往开来，构筑亚非新型战略伙伴关系——在亚非峰会上的讲话》，外交部网站 http：//www.fmprc.gov.cn/mfa_chn/ziliao_611306/zyjh_611308/t192875.shtml

《习近平谈治国理政》，外文出版社2014年版

《习近平总书记系列重要讲话读本》，学习出版社、人民出版社2014年版

习近平：《关于中国特色社会主义理论体系的几点学习体会和认识》，选自《十七大以来重要文献选编》（上），人民出版社2009年版

习近平：《携手合作、共同维护世界和平与安全——在"世界和平论坛"开幕式上的致辞》，《人民日报》2012年7月8日第2版

《习近平在参观复兴之路展览时强调，承前启后、继往开来，继续朝着中华民族伟大复兴目标奋勇前进》，新华社北京2012年11月29日电

《习近平同外国专家代表座谈时强调，中国是合作共赢倡导者践行者》，2012年12月6日《人民日报》第1版

《习近平在中共中央政治局第三次集体学习时强调，更好统筹国内国际两个大局，夯实走和平发展道路的基础》，2013年1月30日《人民日报》

第1版

《习近平总书记会见连战一行》，新华社北京2013年2月25日电

习近平：《顺应时代前进潮流，促进世界和平发展》，《人民日报》2013年3月24日第2版

习近平：《共同创造亚洲和世界的美好未来——在博鳌论坛2013年年会上的主旨演讲》，《人民日报》2013年4月8日第1版

《三中全会以来重要文献选编》（上、下）》，人民出版社1982年版

《十一届三中全会以来重要文献选读（上、下）》，人民出版社1987年版

《十六大以来党和国家重要文献选编》，人民出版社2005年版

《改革开放三十年重要文献选编（上、下）》，中央文献出版社2008年版

《十七大以来重要文献选编》（上），中央文献出版社2009年版

《十七大以来重要文献选编》（中），中央文献出版社2011年版

《十八大以来重要文献选编》（上），中央文献出版社2014年版

《建国以来重要文件选编》（1），中央文献出版社1992年版

《孙子兵法》

《礼记》

《吕氏春秋》

《中国大百科全书》（第二版），中国大百科全书出版社2009年版，第9卷

《辞源》，商务印书馆1983年修订版

国内著作

鲍世修著：《马克思、恩格斯军事理论研究》，军事科学出版社1999年版

蔡德贵著：《中国和平论》，山东人民出版社2007年版

常欣欣著：《后冷战时期的和平》，中央党校研究生院2001年博士论文

陈孔立著：《走向和平发展的两岸关系》，九州出版社2010年版

陈乐民主编：《西方外交思想史》，中国社会科学出版社1995年版

邓永昌著：《中国和平发展与西方的战略选择》，社会科学文献出版社2008年版

邓永昌著：《中国和平发展战略》，社会科学文献出版社2008年版

宫力、刘德喜、刘建飞、王红续：《和平为上：中国对外战略的历史与现实》，九州出版社2007年版

郭树勇、郑桂芬著：《马克思主义国际关系思想》，军事谊文出版社2004年版

韩景云编著：《和平方略：后冷战时期党的外交战略思想研究》，湖南人民出版社2010年版

何方著：《论和平与发展时代》，世界知识出版社2000年版

黄瑶著：《论禁止使用武力原则（联合国宪章第二条第四项法理分析）》，北京大学出版社2003年版

《建设有中国特色的社会主义》（增补本），中央文献出版社1991年版

靳辉明著：《靳辉明文集》，上海辞书出版社2005年版

靳辉明、李崇富主编：《马克思主义若干重大问题研究》，社会科学文献出版社2011年版

靳辉明、罗文东著：《当代资本主义新论》，四川人民出版社2005年版

金冲及主编：《周恩来传》（3），中央文献出版社1998年版

康绍邦、宫力主编：《马克思主义国际战略理论》，九州出版社2006年版

邝艳湘著：《全球化背景下经济相互依赖的和平效应研究》，经济科学出版社2010年版

李际均著：《论战略》，解放军出版社2002年版

李际均著：《新版军事战略思维》，长征出版社2012年版

李巨廉著：《战争与和平——时代主旋律的变动》，学林出版社1999年版

李君如著：《毛泽东与毛泽东后的当代中国》，福建人民出版社1997年版

李慎明、刘国平、王立强等编：《马克思主义国际问题基本原理》（上、下卷），社会科学文献出版社2008年版

李慎明著：《全球化背景下的中国国际战略》，人民出版社2011年版

李慎明著：《战争、和平与社会主义》，社会文献出版社2000年版

李慎明著：《中国和平发展与国际战略》，中国社会科学出版社2007年版

李松林、祝志男著：《中共和平解决台湾问题的历史考察》，九州出版社2012年版

李天祐著：《古代希腊史》，兰州大学出版社1991年版

李元龙、梁雪美主编：《军事条约：管控兵争的协和约定》，蓝天出版社2011年版

李云霞、靳利华等著：《全球化时代的国际政治理论》，社会科学文献出版社2005年版

梁守德、洪银娴著：《国际政治学概论》，中央编译出版社1994年版

刘成著：《和平学》，南京出版社2006年版

刘成、金燕、魏子任编著：《和平之困——20世纪战争与谈判》，南京出版社2006年版

刘明福著：《中国梦》，中国友谊出版公司2010年版

刘子玮著：《"新和平观"初探》，军事科学院2010年博士论文

罗文东著：《中国特色社会主义理论与实践》，社会科学文献出版社2013年版

罗文东主编：《当代西方资本主义理论流派研究》，安徽人民出版社2008年版

罗文东主编：《中国特色社会主义理论体系新论》，人民出版社2008年版

马德宝著：《现代战争与和平基本问题研究》，国防大学出版社2002年版

糜振玉主编：《中国军事学术史》，解放军出版社2008年版

倪世雄等著：《当代西方国际关系理论》，复旦大学出版社2001年版

沈骏著：《中共三代领导集体与祖国和平统一》，华中师范大学出版社2002年版

滕建群等著：《国际军备控制与裁军概念》，世界知识出版社2009年版

王缉思总主编：《中国学者看世界》丛书，新世界出版社2007年版

王逸舟著：《西方国际政治学：历史与理论》，上海人民出版社1998年版

吴根友著：《和平：中国人的文化根底（Peace：The Roots of the Cultural Tradition and Values of the Chinese People）》，外文出版社2007年版

肖前主编，黄楠森、陈晏清副主编：《马克思主义哲学原理》（合订本），中国人民大学出版社1998年版

熊向晖著：《历史的注脚》，中共中央学校出版社1995年版

徐崇温著：《中国的和平发展道路》，重庆出版社2009年版

阎学通著：《中国国家利益分析》，天津人民出版社1997年版

杨凡著：《中国外交方略：和平共处五项原则与中国》，河北人民出版社2006年版

杨晖著：《反恐新论》，世界知识出版社2005年版

姚洪越著：《21世纪前期世界和平问题研究》，知识产权出版社2009年版

叶兴平著：《和平解决国际争端（修订本）》，法律出版社2008年版

俞良早著：《马克思主义东方学》，人民出版社2011年版

俞新天主编：《在和平、发展、合作的旗帜下 中国战略机遇期的对外战略纵论》，中央党校出版社2005年版

俞正梁著：《全球化时代的国际关系》，复旦大学出版社2000年版

叶自成著：《陆权发展与大国兴衰：地缘政治环境与中国和平发展的地缘战略选择》，新星出版社2007年版

曾令良等著：《中国和平发展的重大前沿国际法律问题研究》，经济科学出版社2011年版

张晶、姚延进著：《积极防御战略浅说》，解放军出版社1985年版

张维为著：《中国震撼》，世纪出版集团2011年版

赵磊著：《建构和平：中国对联合国外交行为的演进》，九州出版社2007年版

郑海麟著：《两岸和平统一的思维与模式》，（台北）海峡学术出版社2001年版

《中国的国防》白皮书，1998年—2010年，每两年一本

《中国的和平发展》白皮书，2011年

《中国的和平发展道路》白皮书，2005年

中国国际问题研究所编：《论和平共处五项原则：纪念和平共处五项原则诞生50周年》，世界知识出版社2004年

中国军控与裁军协会编：《国际军备控制与裁军》年度报告，世界知识出版社

中国社会科学院历史所编：《简明中国历史读本》，中国社会科学出版社2012年版

《中国武装力量的多样化运用》白皮书，2013年

中央文献研究室、中央电视台：《邓小平》，中央文献出版社1997年版

中共中央宣传部理论局编：《理论热点面对面2009》，学习出版社、人民出版社2009年版

王杰主编：《领导干部国学大讲堂（国道篇）》，中共中央党校出版社2011年版

中文译著

【古希腊】阿里安著，《亚历山大远征记》，【英】E.伊利夫·罗布逊英译，李活译，商务印书馆1979年版

【美】保罗·肯尼迪编：《战争与和平的大战略》，时殷弘、李庆四译，世界知识出版社2005年版

《不列颠百科全书》（国际中文版），中国大百科全书出版社2007年版，第12卷

【美】B.M·摩根著：《地球上的人们：世界史前史导论》，云南民族学

院历史系民族学教研室译，文物出版社1991年版。

《大美百科全书（第一卷）》，（台湾）光复书局企业股份有限公司1990年版

David M. Walker著，《牛津法律大辞典》，李双元等译，法律出版社2003年版

【美】大卫·巴拉什、查尔斯·韦伯著：《积极和平——和平与冲突研究》，刘成译，南京出版社2007年版

【意大利】但丁著：《论世界帝国》，朱虹译，商务印书馆1985年版

《德黑兰、雅尔塔、波茨坦会议文件集》，三联书店1978年版

【法】范妮·库仑著：《战争与和平的经济理论》，陈波、阎梁主译，经济科学出版社2010年版

【美】费正清著：《美国与中国》，张理京译，世界知识出版社2001年版

【美】傅高义著：《邓小平时代》，冯克利译，香港中文大学出版社2012年版

【英】富勒著：《战争指导》，钮先钟译，解放军出版社1985年版

【荷】格劳秀斯著，《战争与和平法》，【美】A.C·坎贝尔英译，何勤华等译，上海人民出版社2005年版

【美】詹姆斯·多尔蒂、小罗伯特·普法尔茨格拉夫著：《争论中的国际关系理论》，阎学通、陈寒溪等译，世界知识出版社2003年版

【英】霍布斯著：《利维坦》，黎思复、黎廷弼译，杨昌裕校，商务印书馆2009年版

【澳】杰弗里·布莱内著：《战争的原因》，时殷弘译，商务印书馆2011年版

【德】康德著：《永久和平论》，何兆武译，上海人民出版社2005年版

【普鲁士】克劳塞维茨著：《战争论》，中国人民解放军军事科学院小组译，商务印书馆1982年版

《朗文现代英汉双解词典》，现代出版社1993年版

【英】劳特派特修订：《奥本海国际法（上卷第二分册）》，王铁崖、陈

体强译，商务印书馆1989年版

【法】勒尼·格鲁塞著：《草原帝国》，魏英邦译，青海人民出版社1991年版

【美】理查德·塔克著：《战争与和平的权利：从格劳秀斯到康德的政治思想与国际秩序》，罗炯等译，译林出版社2009年版

【英】利德尔·哈特著：《战略论》，中国人民解放军军事科学院译，战士出版社1981年版

【美】罗伯特·吉尔平著：《世界政治中的战争与变革》，武军、杜建平、松宁译，中国人民大学出版社1994年版

【英】迈克尔·格兰特著，《罗马史》，夏遇南、石彦陶译，国际文化出版公司1990年版

【意大利】莫米利亚诺著：《古代世界的自由与和平》，王恒、林国华译，世纪出版集团、上海人民出版社2010年版

《牛津当代大辞典》，（台湾）旺文社股份有限公司出版，世界图书出版公司重印1997年版

《丘吉尔、杜勒斯、尼赫鲁、艾森豪威尔、戴高乐、肯尼迪关于和平共处和人道主义的言论》，三联书店1965年

【日】入江昭著：《20世纪的战争与和平》，李静阁、颜子龙、周永生译，世界知识出版社2005年版

《世界百科全书（国际中文版）》，海南出版社、三环出版社2006年版

【美】塞缪尔·亨廷顿著：《文明的冲突与世界秩序的重建（修订版）》，周琪、刘绯、张立平、王圆译，新华出版社2010年版

【瑞典】斯德哥尔摩国际和平研究所编：《SIPRI年鉴：军备、裁军和国际安全》，中国军控与裁军协会议，时事出版社2010年版

【美】斯塔夫里阿诺斯著：《全球通史：1500年以前的世界》，吴象婴、梁赤民译，上海社会科学院出版社1988年版

《苏联军事百科全书中译本（第一卷）》，中国人民解放军军事科学院编译，战士出版社1982年版

【加】T.V·保罗著：《不使用核武器传统研究》，中国国际战略学会军

控与裁军研究中心编

【法】夏尔—菲利普·戴维著:《安全与战略》,王忠菊译,社会科学文献出版社2011年版

《新约》

【古希腊】修昔底德著:《伯罗奔尼撒战争史》,谢德风译,商务印书馆1960年版

【法】雅克·泰克西埃著:《马克思恩格斯论革命与民主》,姜志辉译,社会科学文献出版社2012年版

【荷兰】伊拉斯谟著:《论基督君主的教育》,李康译,上海人民出版社2003年版

【荷兰】伊拉斯谟著:《愚人颂》,许崇信译,辽宁教育出版社2001年版

【挪威】约翰·加尔通著:《和平论》,陈祖洲等译,陈仲丹审校,南京出版社2006年版。

【美】约翰·麦克里兰著:《西方政治思想史》,彭淮栋译,海南出版社2003年版

【日】猪口邦子著,《战争与和平》,刘岳译,经济日报出版社1991年版

国内论文

艾四林:《康德和平思想的当代意义——哈贝马斯、罗尔斯对康德和平思想的改造》,《复旦学报(社会科学版)》,2004年第4期

柏申:《邓小平和平思想研究》,华东师范大学2005年硕士论文

常欣欣:《国际组织与国际和平关系的理论考察》,《新视野》2011年第4期

陈承红:《维护世界和平,促进共同发展》,《新乡师范高等专科学校学报》2004年第3期

戴秉国:《坚持走和平发展道路》,选自《〈中共中央关于制定国民经济和社会发展第十二个五年规划的建议〉辅导读本》,人民出版社2010

年版

戴轶：《联合国集体安全制度改革与中国和平发展的交互影响》，《武汉大学学报（哲学社会科学版）》2006年第6期

《第四轮中美战略与经济对话在京开幕》，2012年5月4日《人民日报》第1版

丁韶彬：《自由主义国际关系理论的新发展——三角和平论评析》，《欧洲研究》2004年第3期

龚群：《中国和合思想与21世纪的人类和平》，《学习与探索》2003年第4期

宫世霞：《列宁、周恩来、邓小平和平共处思想之比较》，《江苏教育学院学报》（社会科学版）2003年第1期

龚泽宣：《论"民主扩展论"对康德"民主和平论"思想的价值背离》，《世界经济与政治》2001年第12期

耿小曼：《和平研究与和平政治学——探讨实现和平可能性的科学》，《政治学研究》1985第03期

郭树永：《评"国际制度和平论"》，《美国研究》2000年第1期

郝图安、吴小平：《和平与和解——挪威追求世界和平的努力》，《世界经济与政治》2007年第8期

胡德坤，韩永利：《第二次世界大战与战后世界和平》，《武汉大学学报》（哲学社会科学版）2004年第4期

胡国栋、陈文鑫：《对"民主和平论"的理论修补——评析约翰·M·欧文的〈自由主义怎样造就民主和平〉》，《同济大学学报（社会科学版）》2004年第2期

居阅时：《19世纪70年代后马克思关于和平过渡理论的形成》，《华东理工大学学报》（社科版）1999年第3期

邝艳湘：《国际贸易和平效应的演化：理论与实证研究》，《数量经济技术经济研究》2009年第5期

郎平：《贸易何以促成和平：以中美关系为例》，《世界政治与经济》，2006年第11期

李宝俊，李志永：《"和谐世界观"与"霸权稳定论"：一项比较分析》，《教学与研究》2008年第6期

李慎明：《全球化背景下关于国际国内形势的相关思考》，《国外理论动态》2011年第12期

李慎明：《中华战略文化及其发展的机遇与挑战》，《毛泽东邓小平理论研究》2010年第5期

李慎明：《对新中国成立后毛泽东战争与和平思想及实践的几点辨析、概述和思考》，《当代中国史研究》，2004年第2期

李世安：《十月革命与世界和平》，《中国人民大学学报》2007年第6期

李淑珍：《正确认识和把握邓小平关于和平与发展问题的论述》，《北京大学学报（哲学社会科学版）》2002年第5期

李向平：《中国和平学研究构想（笔谈）——作为文化理念的和平学》，《上海大学学报（社会科学版）》1997年第05期

林冈：《美国因素在两岸关系和平发展进程中的影响》，《台湾研究集刊》2008年第3期

刘炳香：《历史的另一面：欧洲和平主义思潮（1889—1914年）》，《历史教学（下半月刊）》2011第3期

刘成：《和平研究视角下的和平与战争问题》，《复旦学报》（社会科学版），2008年第4期

刘成：《西方国家和平研究综述》，《国外社会科学》，2005年第2期

刘红：《实现和平发展与和平统一的光辉文献——学习胡锦涛在纪念〈告台湾同胞书〉发表30周年座谈会上的重要讲话》，《北京联合大学学报（人文社会科学版）》2009年第1期

刘淑梅，金海斌：《和平共处·和平发展·和谐世界》，《内蒙古师范大学学报》（哲学社会科学版）2008年第5期

刘小林：《探索实现人类持久和平的理论思考——国外和平问题研究现状及中国开展和平基础理论研究的途径》，《世界经济与政治》1995年第4期

卢先明：《相互尊重、平等互利与和平共处——从伦理视角解读"和平

共处五项原则"》,《伦理学研究》2008年第6期

罗文东:《马克思主义的"世界历史"和"国际化"理论与超国家垄断资本主义的新发展》,《思想理论教育导刊》2009年第6期

罗文东、郭志法:《"三大预言"的思想脉络与时代背景》,《人民论坛》2009年第6期

罗文东:《全球化时代的社会主义观》,《马克思主义研究》2001年第4期

罗文东:《社会主义与人的全面发展》,《人学与现代化——中国人学学会会员代表大会暨全国第四届人学研讨会论文集》,中国北京2002年1月

吕炳斌:《康德〈永久和平论〉与当代国际法律秩序的构建及困境》,《学术探索》2010年第4期

马德宝:《从"民主和平论"看民主与和平的关系》,《南京师大学报》(社会科学版)2000年5月

马全奎:《试论胡锦涛和平外交思想》,山东省委党校2011年硕士学位论文

潘忠岐:《西方"民主和平论"剖析》,《国际政治研究》1997年第3期

彭怀东:《论和平形态演变的历史规律》,《欧洲》1998第4期

蒲利民:《卡托—康布雷奇和约——16世纪欧洲和平宪章》,《首都师范大学学报》(社会科学版)2010年第2期

饶戈平:《国际法律秩序与中国的和平发展》,《外交评论(外交学院学报)》,2005年第6期

沙健孙:《毛泽东关于战争与和平问题的思想论略》,《党的文献》2009年第2期

尚伟:《列宁和平共处思想的当代价值》,《马克思主义研究》2006年第12期

施诚:《论中古西欧"上帝的和平"运动》,《历史研究》2001年第1期

孙晓玲:《"霸权稳定论"与中国新安全观:一种比较视角》,《世界经济与政治》2004年第2期

田涛:《欧美和平运动与近代中国》,《天津师范大学学报》(社会科学

版）2011年第4期

万俊人：《正义的和平如何可能？——康德〈永久和平论〉与罗尔斯〈万民法〉的批判性解读》，《江苏社会科学》2004年第5期

王海艳：《三十年战争与威斯特伐利亚和约》，《唐山师范学院学报》2005年11期

王兰芳：《马克思恩格斯对早期贸易和平论的批判》，《东岳论丛》2010年第6期

王丽庆：《略论威斯特伐利亚和约的历史及现实意义》，《山西高等学校社会科学学报》2008年第7期

王盛辉：《"和平变革"思想的经济学解读》，《华东理工大学学报》（社会科学版）2007年第2期

王昌英：《"和平共处"：从策略与策略与战略的统一》，《南京政治学院学报》2007年第3期

汪维余，李桂玲，胡松：《人类对和平的永恒追求》，《学术论坛》2009年第5期

王义桅：《"三角和平论"与国际关系的"三维世界"》，《太平洋学报》2003年第3期

汪铮：《和平运动：历史与现实》，《欧洲》1996年第1期

王祖奇：《原子弹、冷战与当代世界和平进程》，《长白学刊》2010年第2期

《我党关于时代主题的论断是如何发展的》，《北京日报》2012年12月17日"理论周刊"

奚兆永：《恩格斯晚年放弃暴力革命了吗?》，《红旗文稿》2007年第10期

夏征难：《新中国成立后毛泽东论战争与和平》，《中国军事科学》2011年第3期

熊昊：《罗斯克兰斯贸易和平论的固有缺陷——以欧俄能源关系引致的矛盾为例》，《东莞理工学院学报》，2008年第2期

熊建华：《国外和平学研究动向》，《国外社会科学》1990年第2期

徐佳：《对霸权稳定论的解读与评判》，《学术交流》2009年第4期

杨和平：《维也纳体制与欧洲和平》，《西华师范大学学报（哲学社会科学版）》2004年第2期

《杨洁篪谈中美战略与经济对话》，《人民日报》2012年5月4日第21版

杨洁勉：《为人类和平与发展的崇高事业不懈努力》，《人民日报》2012年12月3日第23版

姚洪越：《创建中国特色的和平学——兼论中国和平大国形象的塑造》，《石家庄经济学院学报》2006年第2期

叶险明：《关于"和平与发展"的方法论辨析》，《北京大学学报（哲学社会科学版）》2005年第6期

于洪君主编、柴尚金副主编：《探索与创新——冷战后的世界社会主义》，当代世界出版社2006年版

于小英：《三十年来中国共产党对台政策的发展》，《中央社会主义学院学报》2009年第2期

曾令良：《论中国和平发展与国际法的交互影响和作用》，《中国法学》2006年第4期

张飞岸：《恩格斯晚年的合法斗争思想》，《马克思主义研究》2007年第7期

张慧君：《美刊文章认为经济全球化不能避免世界冲突》，《国外理论动态》1998年第3期

章京：《联合国维和行动的历史与现状》，《国际问题研究》1994第4期

张楠、张强：《〈奥古斯都功德铭〉译注》，《古代文明》2007年第3期

张肖雯：《和平学视野下的中国与西方：访和平学之父约翰·加尔通》，2010年10月28日《中国社会科学报》第5版

张月：《第四帝国的崛起——贸易和平论与联邦德国外交政策》，《现代商业》2005年第6期

周刚志：《中国宪法文本中的"和平发展"战略条款》，《太平洋学报》2010年第4期

周世兴：《论恩格斯晚年议会和平斗争策略思想》，《湖南科技大学学

报》（社会科学版）2004年第6期

外文资料

Bates, Gill, Rising Star, China's New Security Diplomacy, Brookings Institution Press, 2007

Biallymattern, Janice, Why Soft Power Isn't So Soft: Representational Force and the Socialinguistic Construction of Attraction in World Politics, Millenium: Journal of International Studies, 2005

Brzezinski, Zbigniew, Second Chance, New York: Basic Books, 2007

Craft, Lester, Rising China Will Change Our World, America's Network, 2005

Foot, Rosemary, The Responsibility to Protect and China, Conference Paper on "the Nexus Traditional and Nontraditional Security Dynamics: Chinese experiences meet global challenges", 2009

G. Sutter, Robert, Australian Perspectives on China's Approach to Asia and Implications for the United States, China's Rise in Asia: Promises and Perils, 2005

Garrett, Banning, Bonnie Glaser, China's Pragmatic Posture toward the Korean Peninsula, Korean Journal of Defense Analysis, 1997, Vol. 9, pp. 63-91

Glaser, Charles, China's Search for a Grand Strategy [J]. Foreign Affairs. March/April, 2011

Goldstein, Avery, Rising to the Challenge: China's Grand Strategy and International Security [M]. Stanford: Stanford University Press, 2005

J.Mearsheimer, John, China's Unpeaceful Rise, Current History, 2006

Joanna, Waley-Cohen, Cultural Realism: Strategic Culture and

Grand Strategy in Chinese History, Pacific Affairs, 1996

IMF, The Global Implications of the U.S. Fiscal Deficit and of China's Growth. World Economic Outlook, 2004

Kissinger, Henry, On China, The Penguin Press, 2011

Kurlantzick, Joshua, Charm Offensive, How China's Soft Power is Transforming the World, YALE University Press, 2007

L. Friedberg, Aaron, The Future of U.S.-China Relations Is Conflict Inevitable? [J]. International Security. 30/2, 2005

MacDonald, Paul, Joseph Parent, Graceful Decline: The Surprising Success of Great Power Retrenchment. International Security, 35/4, Spring, 2011

Medeiros, Even Taylor Fravel, China's New Diplomacy, Foreign Affairs, 2003, Volume 82, Number 6

M. Cronin, Patrick, Cooperation from Strength the United States, China and the South China Sea [M]. Center for a New American Security, 2012

Peerenboom, Randall, The Fire-Breathing Dragon and the Cute, Chicago Journal of International Law, 2006

R. Lardy, Nicholas, The Economic Rise of China: Threat or Opportunity, Federal Reserve Bank of Cleveland Research Department, 2003

S Nye, Joseph, Soft Power, The Means to Success in World Politics, Public Affairs, 2004

S Nye Jr. Joseph, Security and Smart Power. American Behavioral Scientist. 2008

S. Ross, Robert, Balance of Power Politics and the Rise of China: Accommodation and Balancing in the East Asia [J]. Security Studies, 15/3, Fall 2006

Shambaugh, David, A Bibliographical Essay on New Sources for the Study of China's Foreign Relations and National Security, Chinese Foreign Policy: Theory and Practice, 1997

Vatikiotis, Michael, The Architecture of China's Diplomatic Edge, Brown Journal of World Affairs, 2006

Yoshihara, Toshi, James R. Holmes, Can China Defend a "Core Interest" in the South China Sea? [J]. The Washington Quarterly. 34/2, 2011

Zedillo, Ernesto, On China's Rise, Forbes, New York: Vol.46, 2004

Zakaria, Fareed, The Post-American World, New York: W.W. Norton & Company, 2011

Zheng Shenxia, China's Peaceful Development and Asia-Pacific Security, Korean Journal of Defense Analysis, 2006, Vol.18（4）, pp.171-181

网络资料

Shalom 释意：维基百科 http://en.wikipedia.org/wiki/Shalom

Ahimsa 释意：维基百科 http://zh.wikipedia.org/wiki/%E4%B8%8D%E5%AE%B3

中俄联合声明（2004年10月14日）：外交部网站

http://www.fmprc.gov.cn/mfa_chn/ziliao_611306/1179_611310/t164522.shtml

戴秉国在布鲁金斯学会纪念中美建交30周年晚宴上的演讲：外交部网站

http://www.fmprc.gov.cn/mfa_chn/wjdt_611265/zwbd_611281/t526065.shtml

联合国宪章：联合国网站 http://www.un.org/zh/documents/charter/preamble.shtml

国际非暴力日：联合国网站 http://www.un.org/zh/events/nonviolenceday/

潘基文2011年国际非暴力日致辞：联合国网站

http：//www.un.org/chinese/sg/2011/nonviolence.shtml

《中华民国成立孙大总统告友邦人士书》：http：//baike.baidu.com/view/3211997.htm

中国和平发展基金会章程：http：//www.cfpd.org.cn/Article_List2.aspx？columnID=184

黄卓坚、党建军、毛玉西：《多想想自己的事情，慎提"中国崛起"：专访前外交部长李肇星》，2013年1月1日《广州日报》A4版，

http：//gzdaily.dayoo.com/html/2013-01/01/content_2097770.htm